高职高专教育“十三五”规划教材

计算机文化基础
实训教程

主　编　杨　辉　刘春燕
副主编　张　鹏　黄　萌
主　审　刘福臣　齐现伟

黄河水利出版社
·郑州·

内容提要

本书是高职高专教育“十三五”规划教材，是《计算机文化基础（第2版）》（杨辉、高晓黎主编，黄河水利出版社出版）的配套实训教材。本书主要以Windows 7操作系统的各种应用为基础，通过实际案例让学生全面系统地掌握计算机硬件组装、字处理系统Word 2010、数据处理软件Excel 2010、演示文稿软件PowerPoint 2010、数据库应用与Access 2010、计算机网络与安全、网页制作、数字多媒体等应用技能。本书突出实践环节，旨在提高学生的学习兴趣，促进学生全面发展，以便更好地面对未来的工作和生活。

本书适合作为高职高专院校本科、专科计算机专业与非计算机专业的教材，也可作为学习使用计算机的培训教材或自学用书。

图书在版编目（CIP）数据

计算机文化基础实训教程/杨辉，刘春燕主编．—郑州：黄河水利出版社，2015.9

高职高专教育“十三五”规划教材

ISBN 978-7-5509-1225-0

Ⅰ.①计… Ⅱ.①杨…②刘… Ⅲ.①电子计算机-高等职业教育-教材 Ⅳ.①TP3

中国版本图书馆CIP数据核字（2015）第209911号

组稿编辑：王路平 电话：0371-66022212 E-mail：hhslwlp@163.com

出 版 社：黄河水利出版社

地址：河南省郑州市顺河路黄委会综合楼14层 邮政编码：450003

发行单位：黄河水利出版社

发行部电话：0371-66026940、66020550、66028024、66022620（传真）

E-mail：hhslcbs@126.com

承印单位：河南承创印务有限公司

开本：787 mm×1 092 mm 1/16

印张：12.25

字数：280千字 印数：1—5 500

版次：2015年9月第1版 印次：2015年9月第1次印刷

定价：26.00元

前　言

计算机在各行各业的应用日益普及,地位越来越重要,已逐渐成为人们提高工作质量和工作效率的必要工具。计算机、网络及多媒体等技术,正深刻地影响着人们的日常工作、学习、交往、娱乐等各种活动,在很大程度上改变着人们的生活、学习和工作方式。

多年以来,计算机文化基础这门课程,一直作为高等院校与职业院校非计算机专业的一门重要的公共课来开设。由于目前的计算机教育越来越早,有的地区在中学,甚至小学就开设了计算机的一些基本操作课程,加之家庭计算机也比较普及,大学生对计算机的熟悉程度已经比过去提高了许多,所以大学阶段的计算机文化基础教育也需要与时俱进,积极改革,增加新的教学内容,加强基础知识学习。

为了使计算机文化基础教育上一个新的台阶,进一步提高大学计算机文化基础实践教学的深度和广度,我们结合教育部高等学校计算机文化基础课程的教学大纲,组织了从事多年计算机文化基础课程教学、具有丰富教学实践经验的一线任课教师,多方参考其他优秀教材的优点与精髓,总结多年的教学经验,根据新的教学要求编写了本书。另外,本书从实际出发,以应用为目的,注重易学性和实用性,符合职业教育培养应用型人才的要求,注重操作技能的训练,力求内容新颖全面,技术先进实用,讲解深入透彻,论述通俗易懂,注重基础知识与操作技能的有机融合。

本书与《计算机文化基础(第2版)》(杨辉、高晓黎主编,黄河水利出版社出版)教材配套使用。

本书由山东水利职业学院主持编写工作,编写人员及编写分工如下:杨辉编写项目一、项目二和项目四,高晓黎编写项目三、项目六,董昌艳编写项目五,刘春燕与杨辉合作编写项目七和项目八,郭芹、张鹏和杨辉编写项目九,张鹏和黄萌组织编写了各项目的综合练习题。全书由杨辉和刘春燕担任主编,对全书进行统稿;由张鹏和黄萌担任副主编;由刘福臣、齐现伟担任主审。

本书在编写过程中主要参考了中国石油大学出版社2014年出版的《计算机文化基础》(解福主编)和高等教育出版社2014年出版的《计算机文化基础》(龙天才主编)等教材,还得到了山东水利职业学院各级领导及计算机相关专业的教师的关心和支持,在此一并表示深深的感谢!同时还要感谢黄河水利出版社对本书出版的大力支持。

由于编者水平有限,本书难免会有疏漏与谬误之处,恳请广大师生与同行不吝指正。

编　者

2015年6月

目 录

项目一　计算机基础知识

任务一　微机硬件组装

一、实训要点

掌握微机的硬件组成、常规装机步骤及要点。

二、实训过程

(一)装机注意事项

(1)通过洗手或触摸接地金属物体的方式释放身上所带的静电,防止静电对电脑硬件产生损害。在组装计算机的过程中,手和各部件不断地摩擦,也会产生静电,因此应多次释放。

(2)在拧各种螺丝时,不能拧得太紧,拧紧后应往反方向拧半圈。各种硬件要轻拿轻放,特别是硬盘。

(3)插板卡时一定要对准插槽均衡向下用力,并且要插紧;拔卡时不能左右晃动,要均衡用力地垂直插拔,更不能盲目用力,以免损坏板卡。

(4)安装主板、显卡和声卡等部件时应平稳,并将其固定牢靠,对于主板,应尽量安装绝缘垫片。

(二)常规装机顺序

(1)安装机箱内部硬件,包括电源、CPU、散热风扇、内存主板、显卡、声卡、网卡、硬盘、光驱。

(2)连接机箱内的线缆,包括主板电源线、硬盘数据线和电源线、光驱数据线和电源线、内部控制线和信号线。

(3)连接主要外部设备,包括显示器、键盘和鼠标、音箱、主机电源。

(三)装机过程

1. 安装电源

用十字螺丝刀卸下机箱的侧面板,再用尖嘴钳拆掉机箱后部的挡板,然后安装主板附带的挡板。放置电源,将其后的螺丝孔与机箱上的孔位对齐,使用机箱附带的粗牙螺丝将电源固定在电源固定架上,如图 1-1 所示。

2. 安装 CPU

将主板放置在附带的防静电绝缘垫上,推开 CPU 插座拉杆,打开 CPU 挡板。将 CPU 的缺口对准插座缺口垂直放入插座中,盖好 CPU 挡板并压下拉杆。在 CPU 中心挤出少许导热硅脂并将其涂抹均匀,如图 1-2(a)所示。将 CPU 风扇的 4 个膨胀扣对准卡入主板

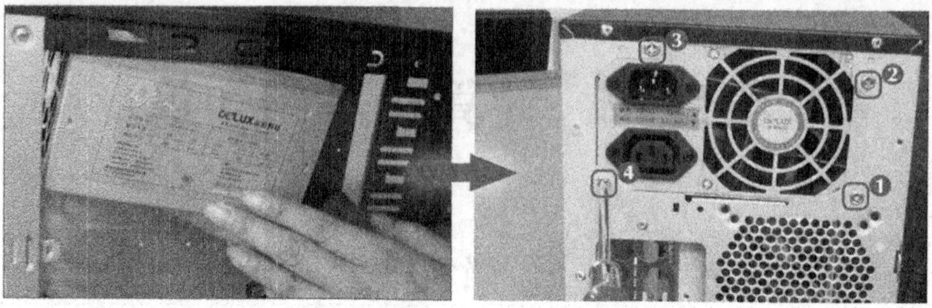

图 1-1　安装电源

上的风扇孔位。旋转膨胀扣上的把手，使风扇完全固定在主板上，然后将风扇的电源线插在主板上的 3 针电源插座上，如图 1-2(b)所示。

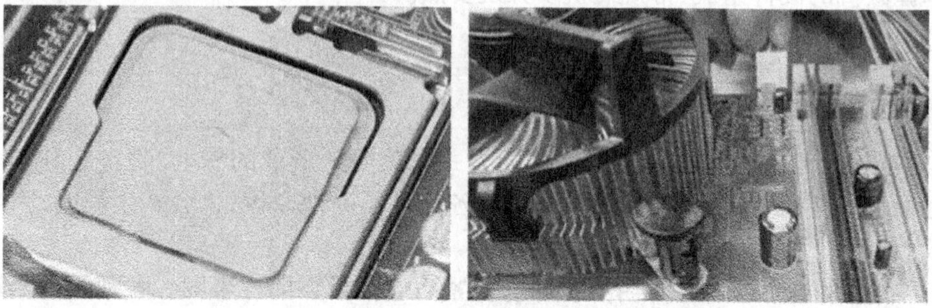

(a)　　(b)

图 1-2　安装 CPU

3. 安装内存

将内存条插槽上的固定卡座向外轻微用力扳开，打开内存条卡扣。将内存条上的缺口与插槽中的防插反凸起对齐，向下均匀用力将内存条水平插入插槽中，直到内存条的金手指和内存插槽完全接触，再将内存卡座扳回，使其卡入内存卡槽，如图 1-3 所示。

图 1-3　安装内存

4. 安装主板

使用螺丝刀或者尖嘴钳将六角螺栓逐个拧紧，如图 1-4(a)所示。将主板平稳地放入机箱内，使其外部接口与机箱背面的该主板专用挡板孔位对齐，用螺丝将主板固定在机箱侧面板上，如图 1-4(b)所示。

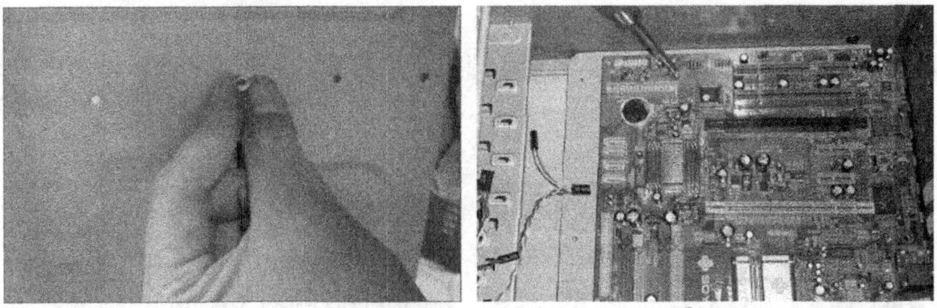

(a)　(b)

图 1-4　安装主板

5. 安装显卡、声卡和网卡

向下按压显卡插槽上的卡扣将其打开，将显卡的金手指对准主板上的 PCI – Express 接口，然后轻轻按下显卡，如图 1-5(a)所示。衔接完全后用螺丝将其固定在机箱上。将网卡的金手指对准 PCI 插槽插入，用螺丝刀拧紧螺丝，将其固定在机箱上，如图 1-5(b)所示。

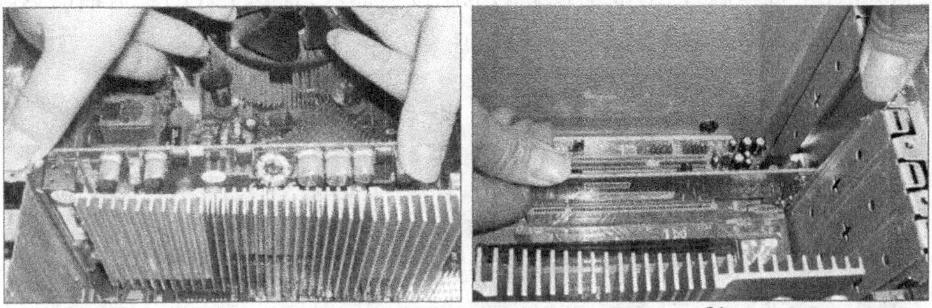

(a)　(b)

图 1-5　安装显卡、声卡和网卡

6. 安装硬盘

将硬盘带有标签的一面朝向机箱上方，平直地将其推入机箱的 3.5 英寸驱动器支架上。使硬盘的螺丝孔位与支架上的相应孔位对齐，然后用细牙螺丝将硬盘固定在支架上，如图 1-6 所示。

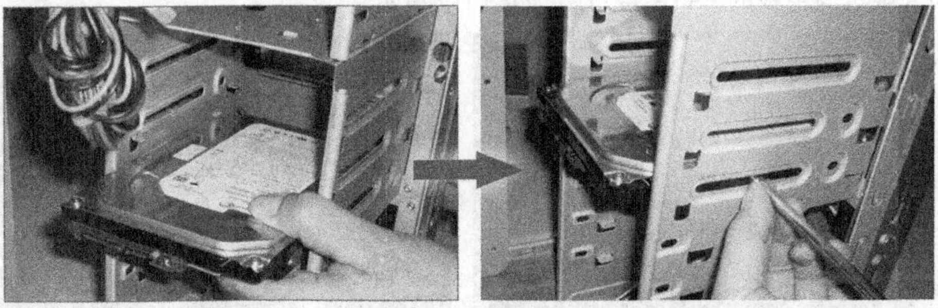

图 1-6　安装硬盘

7. 安装光驱

从机箱内部将驱动器支架外部的塑料挡板用力推出，将光驱由机箱外向内平行推入支架，使其螺丝孔与支架上的孔位一一对应，并与挡板平面对齐，在机箱的两侧分别用螺丝钉固定光驱，如图 1-7 所示。

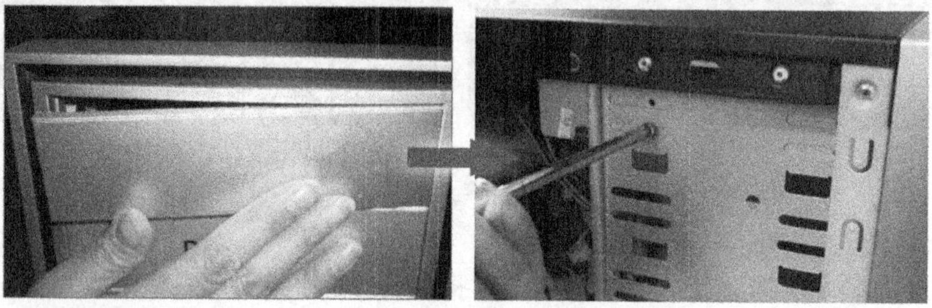

图 1-7　安装光驱

8. 连接主板电源线

找到 20 针主板电源线，对准主板上的电源接口插入；找到 4 针的主板辅助电源线，对准主板上的辅助电源接口插入，如图 1-8 所示。

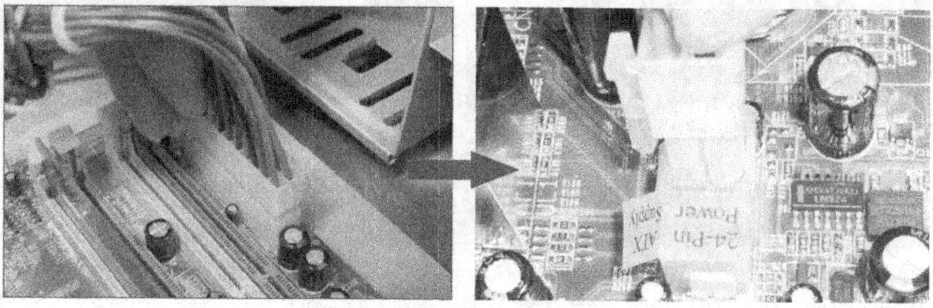

图 1-8　连接主板电源线

9. 连接硬盘数据线和电源线

SATA 接口的硬盘电源线一端为“L”型，在主机电源的连线中找到该电源线插头，将其插入硬盘对应的接口中。SATA 硬盘的数据线两端接口都为“L”型，按正确的方向分别将其插入硬盘与主板的 SATA 接口中，如图 1-9 所示。

图 1-9　连接硬盘数据线和电源线

10. 连接内部控制线和信号线

将机箱喇叭信号线和主板上的SPEAKER接口相连。

将电源开关控制线插头和主板上的POWER SW或PWR SW接口相连。

将硬盘工作状态指示灯信号线插头和主板上的HDD LED接口相连。

将重启键控制线插头和主板上的RESET SW接口相连。

将主机开关电源工作状态指示灯信号线的插头和主板上的POWER LED接口相连。

将前置USB连线的插头插入主板相应的接口上。

将音频连线的插头插入主板相应的接口上。

11. 连接显示器

将显示器电源线插入显示器的电源接口中,再将显示器数据线插入显示器的VGA接口中,拧紧插头上的两颗固定螺丝。将显示器数据线另一个VGA接头插入显卡的VGA接口中,然后拧紧插头上的两颗固定螺丝,如图1-10所示。

图1-10　连接显示器

12. 连接键盘和鼠标

将PS/2键盘连接线插头对准主机后的紫色键盘接口并插入,使用同样的方法将PS/2鼠标插头插入到主机后的绿色接口上,如图1-11所示。

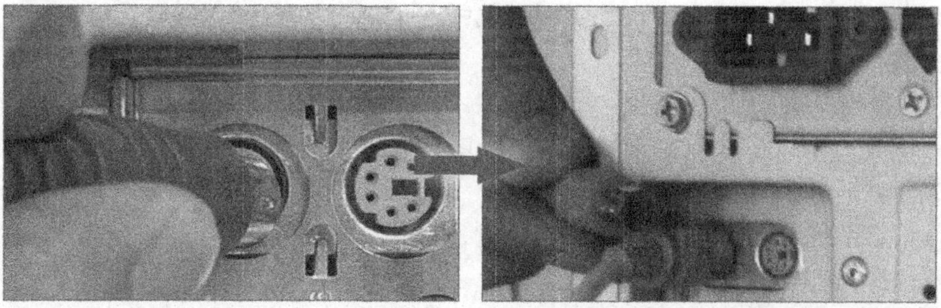

图1-11　连接键盘和鼠标

13. 安装侧面板并连接主机电源线

将拆除的两个侧面板装上,然后用螺丝固定侧面板。确认各种连线连接无误后,将主机电源线连接到主机后的电源接口,将电源插头插入电源插线板中,如图1-12所示。

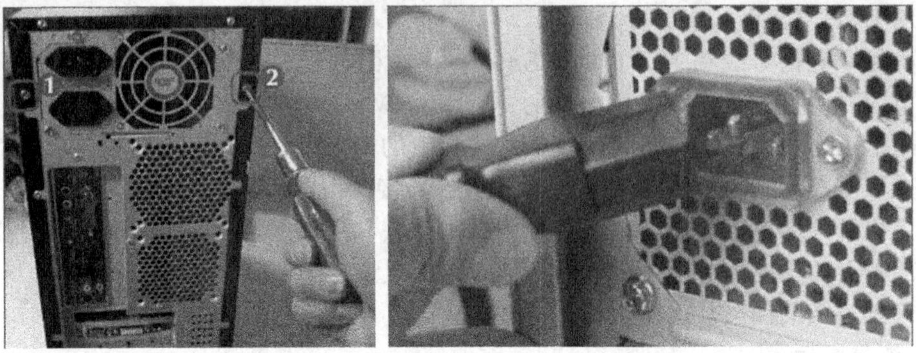

图 1-12　安装侧面板并连接主机电源线

三、拓展操作

1. 按照本任务介绍的流程,组装计算机。
2. 拆卸并安装一台笔记本电脑。

任务二　Windows 7 安装实训

一、实训要点

掌握 Windows 7 的安装过程,能够独立安装操作系统。

二、实训过程

(一)准备工作

(1)将电脑 BIOS 启动项设置成 U 盘启动。

(2)准备好具有启动功能的 U 盘,包含安装文件。

(二)安装过程

(1)U 盘启动电脑。

(2)将 U 盘中 Windows 7 所有安装文件复制到硬盘某文件夹中,建议使用英文的文件夹名称,如 d:\win7。

(3)重启系统,进入 WINPE,格式化 C 盘,快速格式化即可。

(4)选择“正常安装 Windows 7”。

(5)进入系统安装界面,会出现选择语种的窗口,此时点【下一步】,如图 1-13 所示。

(6)阅读许可条款,直接点“我接受许可条款”,然后点【下一步】,如图 1-14 所示。

(7)选择安装方式,需要全新安装。

(8)选择安装到哪个分区,选磁盘 0 分区 1,即 C 盘,然后点【下一步】,如图 1-15 所示。

(9)现在开始安装 Windows 7 文件了,这个过程需要点时间,如图 1-16 所示。

(10)文件安装完毕,提示输入用户名,用户名可以自定义,然后点击【下一步】,如图 1-17 所示。

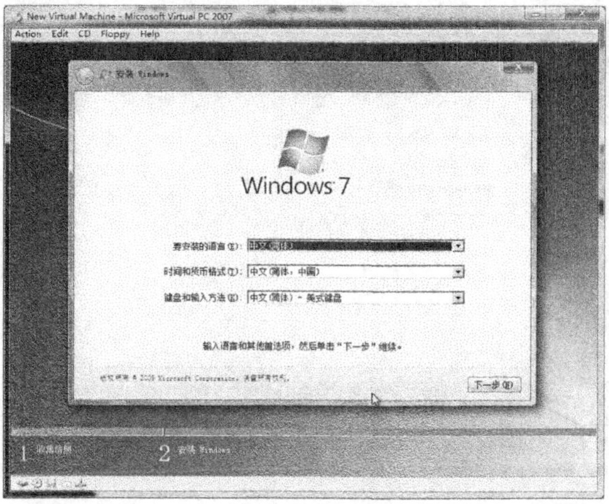

图 1-13　安装界面

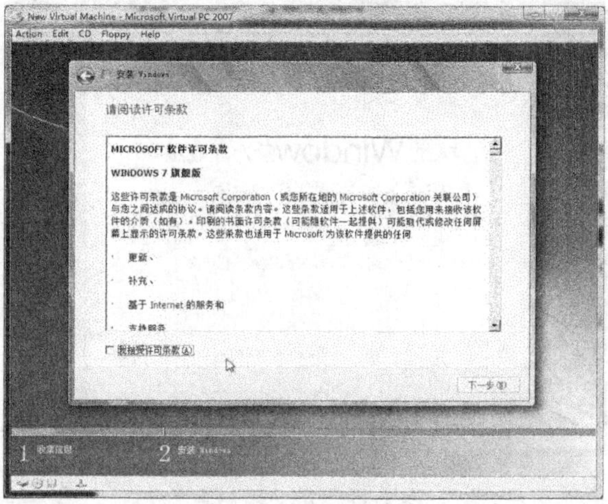

图 1-14　协议条款

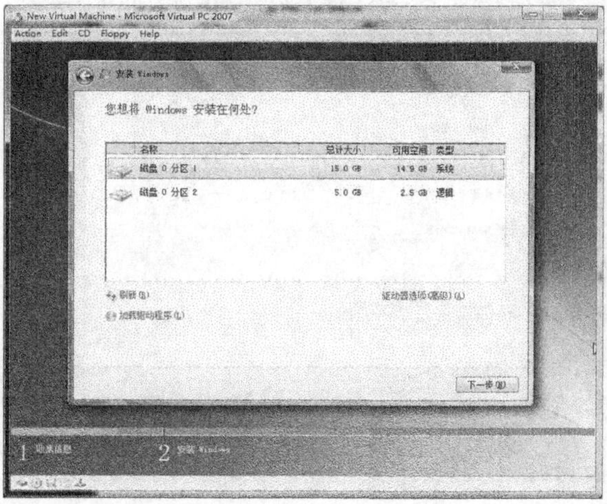

图 1-15　选择安装磁盘

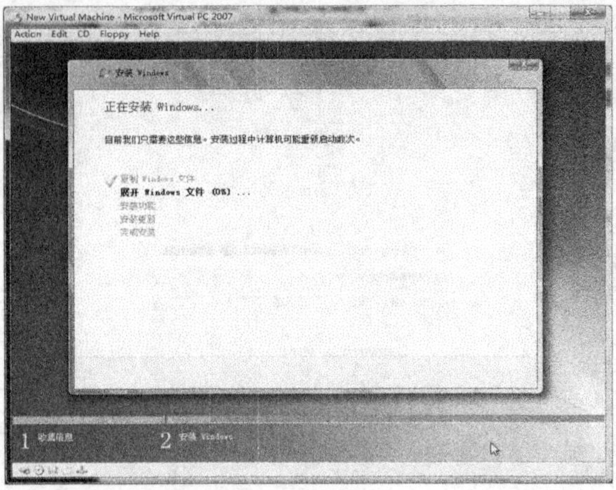

图 1-16　文件安装

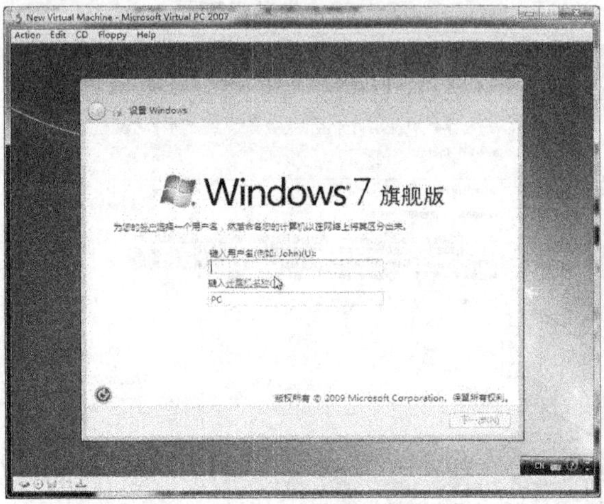

图 1-17　定义用户名

(11)设置密码,注意不要太简单,也别太复杂,如图 1-18 所示。

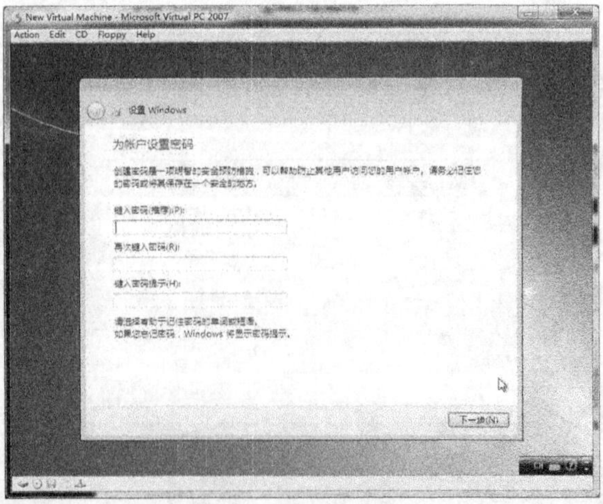

图 1-18　密码设置

(12)输入序列号,如图 1-19 所示。

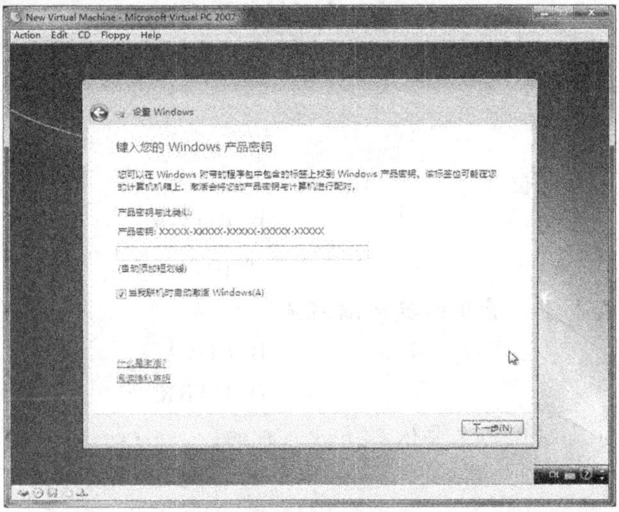

图 1-19　输入序列号

(13)设置时区和时间、日期,选择(UTC +08:00)。

(14)选择计算机当前位置,下面有家庭网络、工作网络、公用网络,可根据自己的情况选择,如图 1-20 所示。

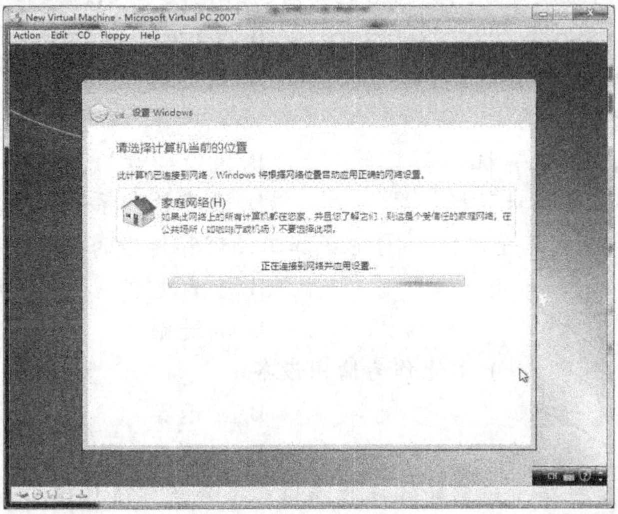

图 1-20　网络类型选择

(15)安装结束。

三、拓展操作

1. 安装 Windows 7 主板、显卡等硬件驱动程序。
2. 激活 Windows 7 的使用许可。

综合练习

一、选择题

1. 第一台电子计算机诞生于(　　)。

A. 1958 年　　B. 1942 年

C. 1946 年　　D. 1948 年

2. 世界上第一台电子计算机的英文缩写是(　　)。

A. ENIAC　　B. EDVAC

C. EDSAC　　D. MARK

3. 将计算机划分为四代的主要依据是计算机的(　　)。

A. 规模　　B. 功能

C. 性能　　D. 构成元件

4. 一个完整的计算机系统应当包括(　　)。

A. 计算机与外设　　B. 硬件系统与软件系统

C. 主机、键盘与显示器　　D. 系统硬件与系统软件

5. 计算机硬件的组成部分主要包括运算器、控制器、输入设备、输出设备和(　　)。

A. 存储器　　B. 显示器

C. 磁盘驱动器　　D. 鼠标器

6. “裸机”是指(　　)。

A. 没有外包装的计算机　　B. 没有硬盘的计算机

C. 没有外部设备的计算机　　D. 没有软件系统的计算机

7. 在计算机内部,数据是以(　　)形式加工处理和传送的。

A. 十进制　　B. 十六进制

C. 八进制　　D. 二进制

8. 在下列设备中,(　　)不能作为输出设备。

A. 打印机　　B. 显示器

C. 绘图仪　　D. 键盘

9. 用高级程序设计语言编写的程序要转换成等价的可执行程序,必须经过(　　)。

A. 编辑　　B. 汇编

C. 解释　　D. 编译和连接

10. 用户用计算机高级语言编写的程序,通常称为(　　)。

A. 目标程序　　B. 源程序

C. 汇编程序　　D. 二进制代码程序

11. 下列存储器中,存取速度最快的是(　　)。

A. 软盘　　B. 内存

C. 光盘　　D. 硬盘

12. 一条计算机指令中,规定其执行功能的部分称为(　　)。
A. 源地址码　B. 目标地址码
C. 数据码　D. 操作码
13. 计算机内存容量可能不同,而计算容量的基本单位是(　　)。
A. 字　B. 页
C. 字节　D. 位
14. 冯·诺依曼为现代计算机的结构奠定了基础,他的主要设计思想是(　　)。
A. 存储程序　B. 采用电子元件
C. 虚拟存储　D. 数据存储
15. 计算机中运算器的主要功能是完成(　　)。
A. 代数和逻辑运算　B. 代数和四则运算
C. 算术和逻辑运算　D. 算术和代数运算
16. 计算机采用二进制数的最主要理由是(　　)。
A. 数据输入输出方便　B. 存储信息量大
C. 易于用电子元件表示　D. 符合我们的习惯
17. 下面各组设备中,同时包括了输入设备、输出设备和存储设备的是(　　)。
A. CTR、CPU、ROM　B. 绘图仪、鼠标器、键盘
C. 鼠标器、绘图仪、光盘　D. 磁带、打印机、激光打印机
18. 计算机存储器中一个字节包含的二进制位是(　　)。
A. 4 位　B. 8 位
C. 16 位　D. 32 位
19. 计算机的应用范围很广,下列说法中正确的是(　　)。
A. 数据处理主要应用于数值计算
B. 辅助设计是用计算机进行产品设计和绘图
C. 过程控制只能应用于生产管理
D. 计算机主要用于科学计算
20. 微型计算机中的“奔 3”(PⅢ)或“奔 4”(PⅣ)指的是(　　)。
A. CPU 的型号　B. 显示器的型号
C. 打印机的型号　D. 硬盘的型号
21. 在计算机中表示存储容量时,下列描述中正确的是(　　)。
A. 1 KB = 1024 MB　B. 1 KB = 1000 B
C. 1 MB = 1024 KB　D. 1 MB = 1024 GB
22. 系统软件中最重要的是(　　)。
A. 语言处理程序　B. 操作系统
C. 工具软件　D. 数据库管理系统
23. 为了避免混乱,二进制数在书写时常在后面加上字母(　　)。
A. B　B. 32
C. H　D. O

24. 计算机最早的应用领域是(　　)。

A. 数据处理　　B. 过程控制

C. 科学计算　　D. 文字处理

25. “信息高速公路”主要体现了计算机在(　　)方面的发展趋势。

A. 巨型化　　B. 网格化

C. 智能化　　D. 超微型化

26. 计算机硬件系统中最重要的核心部件是(　　)。

A. 主板　　B. CPU

C. 内存储器　　D. 输入输出设备

二、判断题

1. 计算机中的内存容量 128 MB 就是 128×1024×1024×8 个字节。(　　)

2. 7 位二进制编码的 ASCII 码可表示的字符个数是 127。(　　)

3. 超市收款台检查货物的条形码,属于计算机系统应用中的索引技术。(　　)

4. 操作系统是用户与计算机的接口。(　　)

5. 将鼠标指针移到窗口的状态栏上可以移动窗口。(　　)

6. 在资源管理器中,要选定多个连续文件,应按住【Shift】键,再单击要选定的文件图标。(　　)

7. 硬盘和光盘的存储原理是不相同的。(　　)

8. 计算机中,数据总线可以传输地址信号。(　　)

9. 计算机处理数据的基本单位是文件。(　　)

10. 继传统因特网、Web 之后的第三个大浪潮,可以称之为第三代因特网的是网络。(　　)

11. 计算机技术给我们带来的是文明进步,不会产生负面影响。(　　)

12. 适配器是系统总线和显示器之间的接口。(　　)

13. 键盘上键的功能不可以由程序设计者改变。(　　)

14. 信息的符号化就是数据。(　　)

15. 操作系统是计算机应用软件和硬件之间的桥梁。(　　)

16. 只读存储器内所存的数据在断电后也不会丢失。(　　)

17. 高速缓存解决的是 CPU 和外部设备之间的速度不匹配问题。(　　)

18. 运算器是完成算术和逻辑操作的核心处理部件,被称为 CPU。(　　)

19. 微型计算机中显示器和打印机都是输入设备。(　　)

20. 计算机存储器的基本存储单位是比特。(　　)

21. 计算机的允许速度由 CPU 的主频决定,与其他因素没关系。(　　)

项目二　中文操作系统 Windows 7

任务一　Windows 7 基本操作

一、实训要点

掌握 Windows 7 系统中窗口、任务栏、系统配置及快捷方式等设置操作。

二、实训过程

(一)“窗口”基本操作

窗口是 Windows 系统中最常用的图形界面。Windows 7系统的窗口操作加入了许多新模式,大大提高了窗口操作的便捷性与趣味性。

1. 打开和关闭窗口

在 Windows 7 中,用户可以使用鼠标双击某个程序或图标打开窗口,也可以通过点击鼠标右键,选择【打开】菜单项,打开“计算机”窗口,如图 2-1 所示。

关闭窗口一般通过单击窗口右上角的关闭按钮来完成。

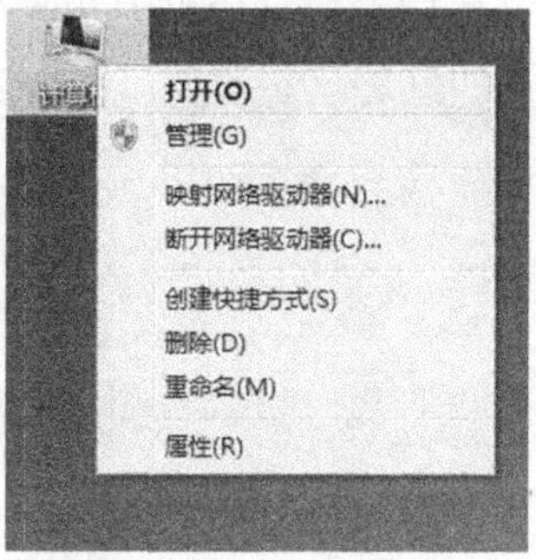

图 2-1　打开窗口

2. 改变窗口大小

在 Windows 7 中,用户可以使用窗口标题栏中的最小化按钮、最大化按钮来操作窗口,如图 2-2 所示。此外,用户可通过对窗口的拖曳来改变窗口的大小。

图 2-2　改变窗口大小

3. 排列和预览窗口

当用户打开多个窗口,需要它们同时处于显示状态时,排列好窗口就会让操作变得很方便。Windows 7 系统中提供了层叠、堆叠、并排等 3 种窗口排列方式。

具体操作可以在任务栏右击,出现选择菜单,如图 2-3 所示。

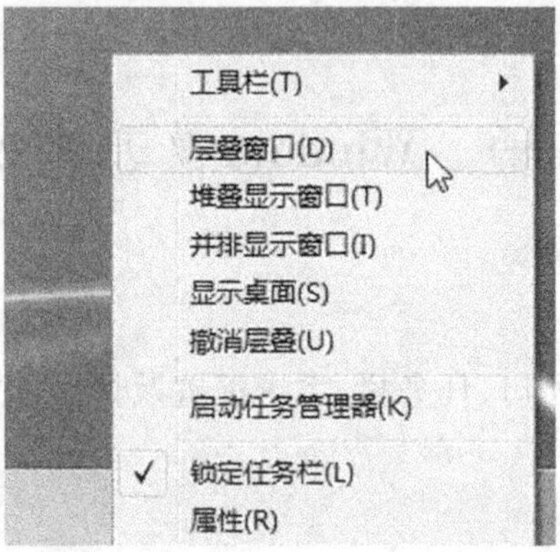

图 2-3　排列和预览窗口

(二)任务栏操作

在任务栏空白处右击鼠标,选择【锁定任务栏】,可以实现任务栏锁定,如图 2-4 所示。

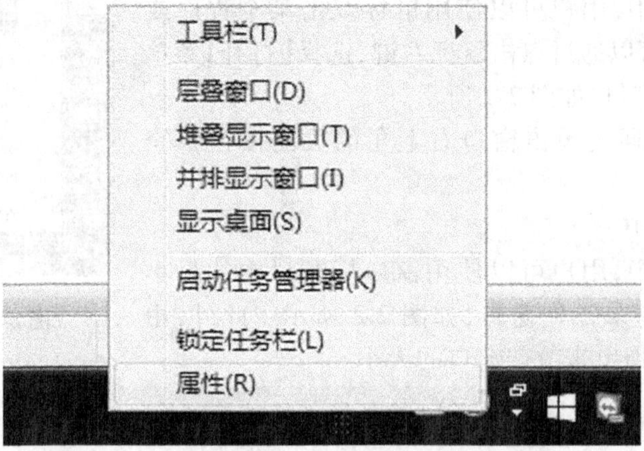

图 2-4　任务栏

在打开的【任务栏和『开始』菜单属性】对话框的【任务栏】选项卡中,如图 2-5 所示,勾选【自动隐藏任务栏】复选框,单击【确定】或【应用】按钮即可。

(三)系统配置

(1)单击【开始】,在"搜索"框中输入"Msconfig",显示【系统配置】对话框,如图 2-6 所示。

(2)单击【开始】,在"搜索"框中输入"Msinfo32",显示【系统信息】对话框,如图 2-7 所示。

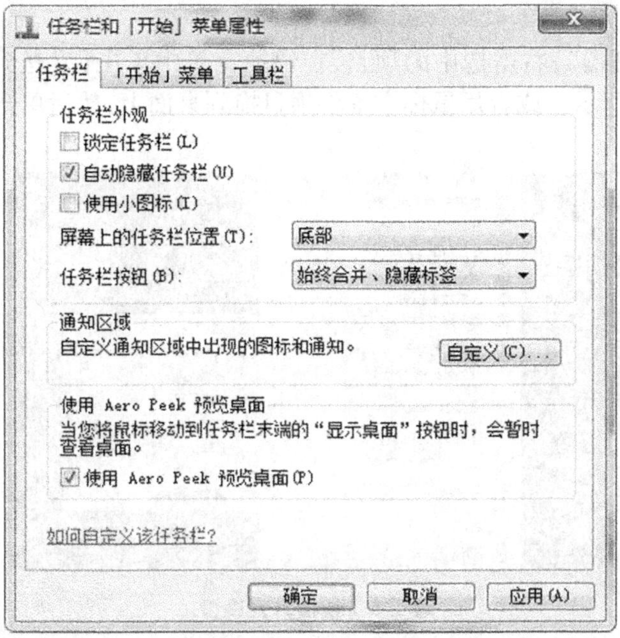

图 2-5　任务栏设置

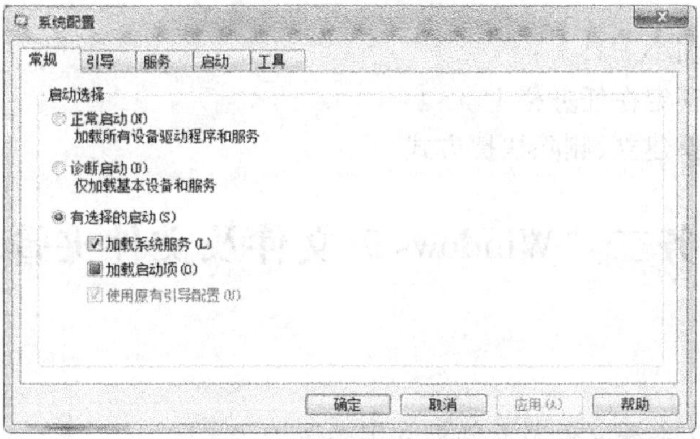

图 2-6　【系统配置】对话框

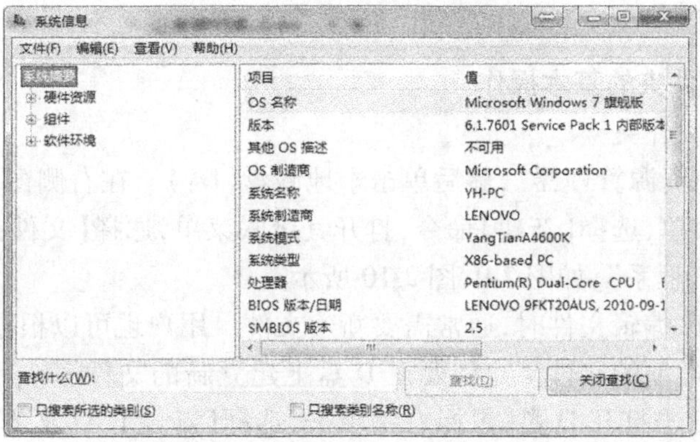

图 2-7　【系统信息】对话框

(四)设置快捷方式

打开"资源管理器",右击选中的项目,在快捷菜单中单击【发送到】→【桌面快捷方式】命令,如图 2-8 所示。或者用鼠标右键将项目拖到桌面上,然后单击【在当前位置创建快捷方式】选项。

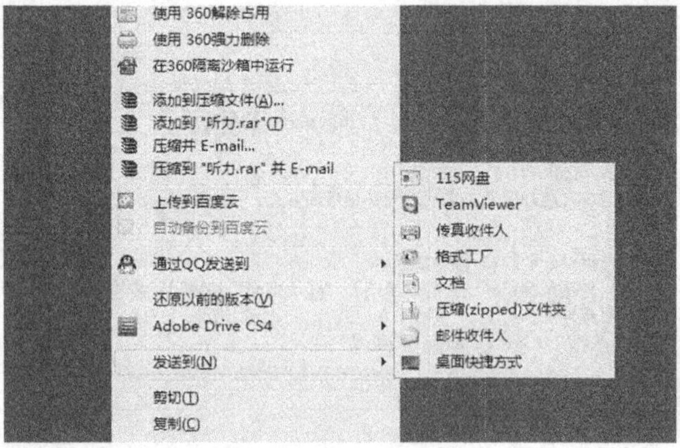

图 2-8　快捷方式设置

三、拓展操作

1. 在桌面上添加小工具。
2. 将常用程序锁定在任务栏上。
3. 为不同的对象建立、删除快捷方式。

任务二　Windows 7 文件及文件夹管理

一、实训要点

掌握 Windows 7 系统文件及文件夹常用操作。

二、实训过程

(一)文件和文件夹的基本操作

1. 创建文件及文件夹

打开"Windows 资源管理器",然后单击本地磁盘(D:)。在右侧窗口的任意空白处右击,出现一个快捷菜单,选择【新建】命令,打开其级联菜单,选择【文件夹】,然后输入新建文件夹名称"信息工程系",如图 2-9、图 2-10 所示。

在使用应用程序编辑文件时,通常需要新建文件。用户也可以根据自己的需求,创建文件夹来存放相应类型的文件。比如要在 D 盘上建立新的文件 computer. txt,步骤为:打开【计算机】,然后双击打开 D 盘,鼠标右键单击,选择【新建】→【文本文档】,如图 2-11、图 2-12 所示。

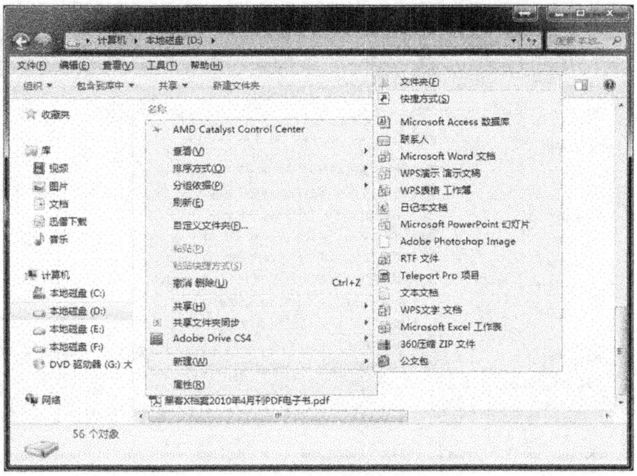

图 2-9　创建文件夹

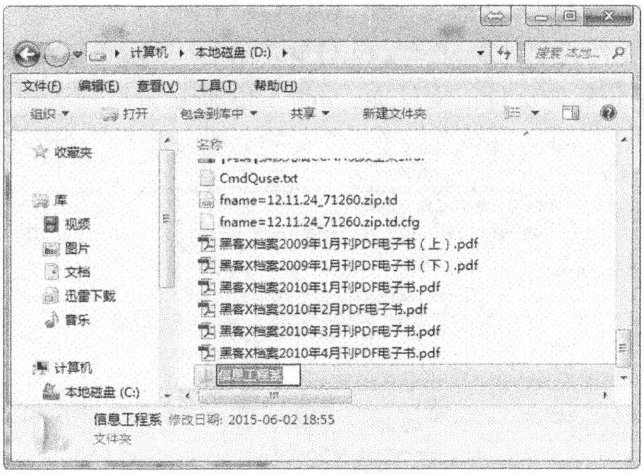

图 2-10　文件夹命名

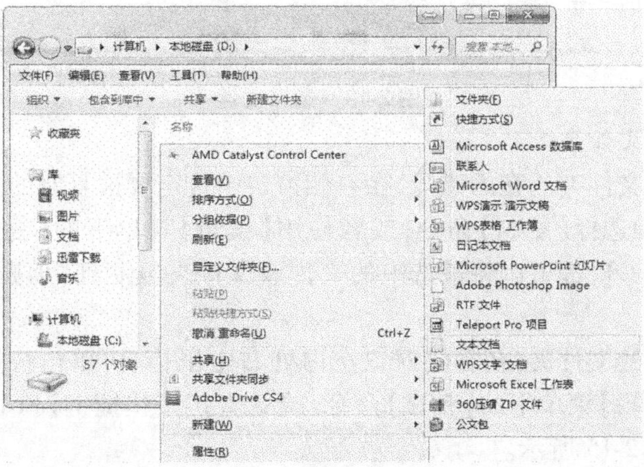

图 2-11　创建文本文档

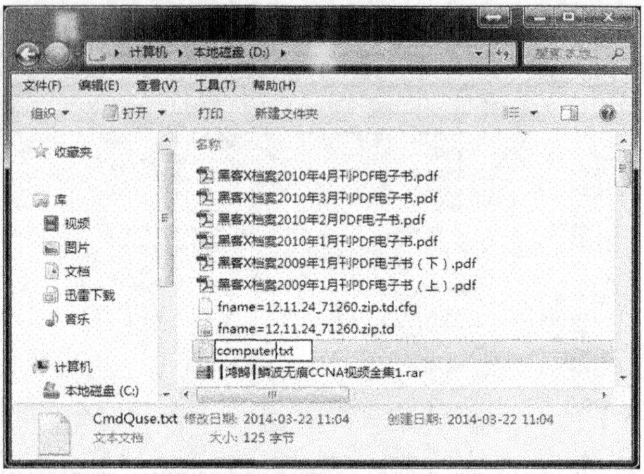

图 2-12　文本文档命名

2. 选择文件和文件夹

首先选中一个文件或文件夹，按住【Ctrl】键不放，再依次单击所要选择的文件或文件夹，可以选择多个不相邻的文件或文件夹，如图 2-13 所示。

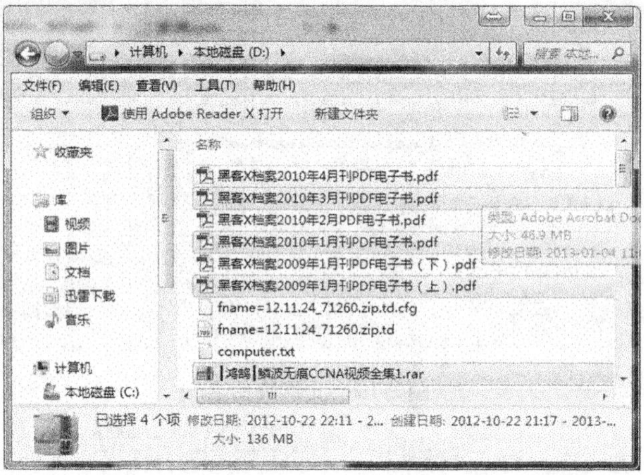

图 2-13　选择文件

3. 复制文件和文件夹

打开源文件或文件夹所在的磁盘，在右侧窗口中选定要被复制的文件或文件夹，单击右键，在快捷菜单中选择【复制】命令，或者使用【编辑】菜单下的【复制】命令，或者直接按快捷键【Ctrl】+【C】，都可以将被选中的文件或文件夹复制到“剪贴板”。如图 2-14 所示。

打开目的磁盘的文件夹，在右侧窗口空白处右击鼠标，再单击快捷菜单中的【粘贴】命令，或者使用【编辑】菜单下的【粘贴】命令，或者直接按快捷键【Ctrl】+【V】，都可以完成粘贴操作。如图 2-15 所示。

4. 删除文件和文件夹

打开“Windows 资源管理器”，将要删除的文件或文件夹显示出来，然后选定要删除

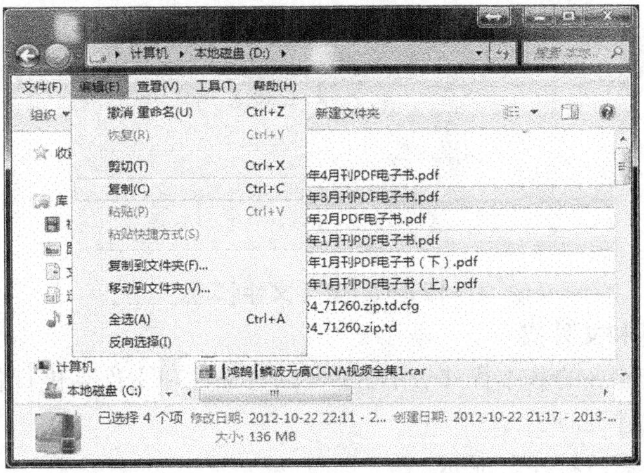

图 2-14　复制文件

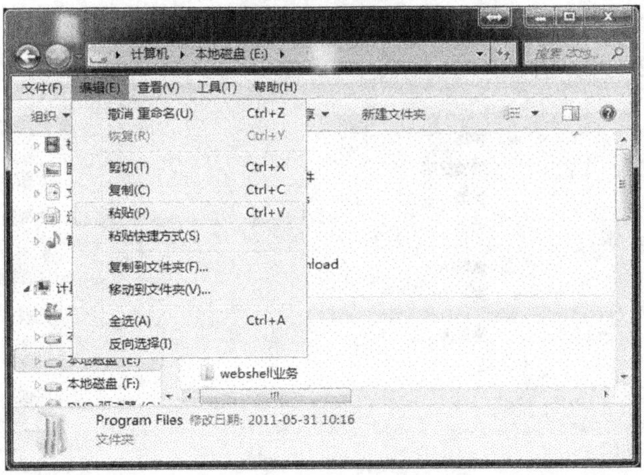

图 2-15　粘贴文件

的文件或文件夹，单击【文件】菜单（或右击，将出现一个快捷菜单），选择【删除】，此时将出现【删除文件夹】对话框，如图 2-16 所示，单击【是】，即可将选定的文件或文件夹移动到回收站。

图 2-16　删除文件（一）

当然，如果用户想直接删除选定的文件或文件夹而不是移动到回收站，可以在选择【删除】前按下【Shift】键不放，然后再单击【删除】，将出现图 2-17 所示的对话框，单击【是】即可。

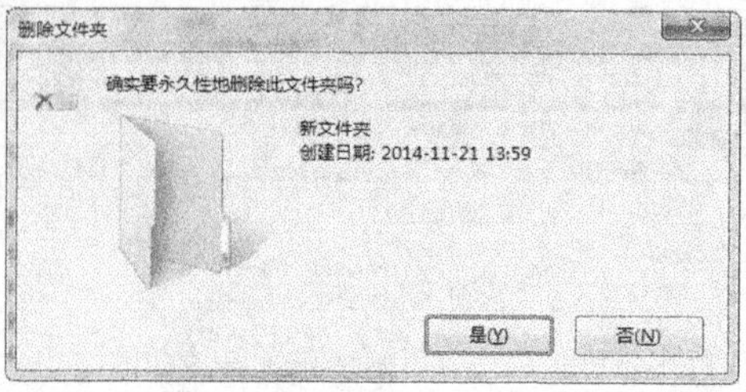

图 2-17　删除文件(二)

(二)设置文件和文件夹

除了文件和文件夹的基本操作,用户还可以对文件和文件夹进行各种设置,以便于更好地管理文件和文件夹。

1. 文件和文件夹的排序与显示

在 Windows 7 系统中,用户可以对文件或文件夹依照一定的规律进行排列,方便查看。用户还可以对文件和文件夹的显示外观进行改变,系统有几种显示方式以供用户选择。如图 2-18、图 2-19 所示。

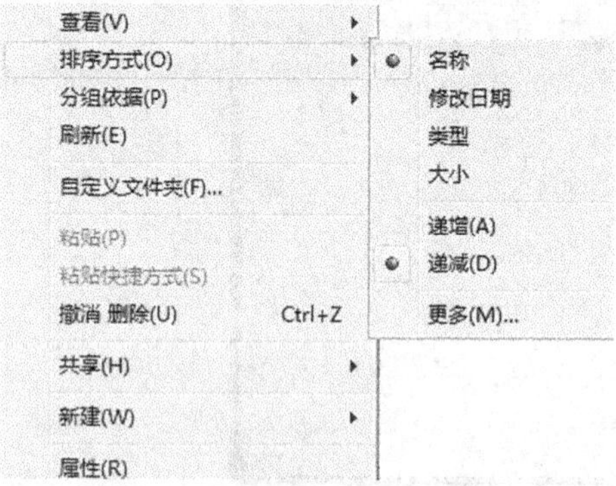

图 2-18　设置文件和文件夹排序方式

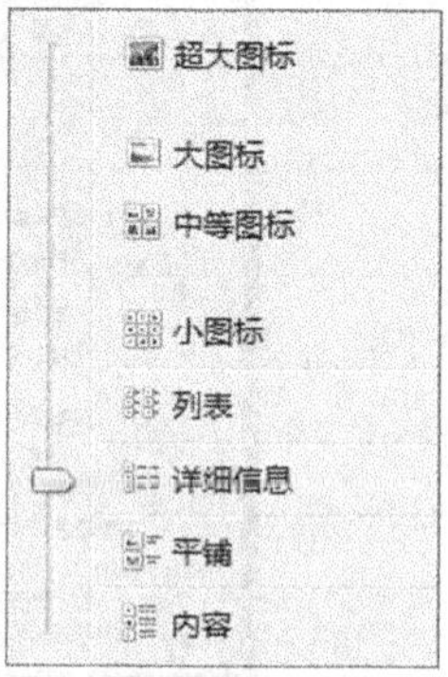

图 2-19　设置文件和文件夹显示方式

2. 隐藏文件和文件夹

如果用户不想让计算机的某些文件或文件夹被其他人看到,可以隐藏这些文件或文件夹。当用户想查看时,再将其显示出来。如图 2-20、图 2-21 所示。

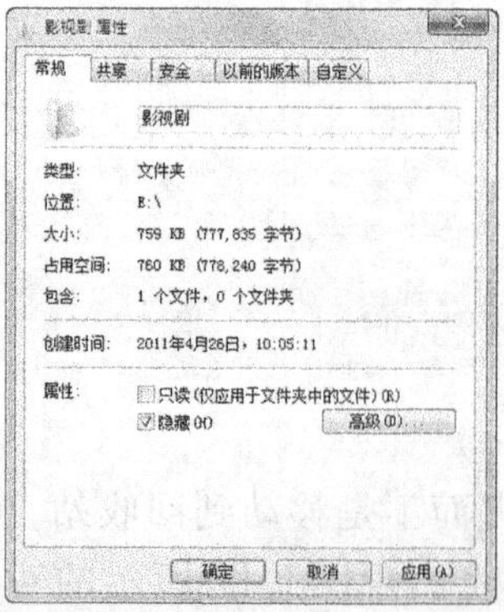

图 2-20　隐藏文件和文件夹

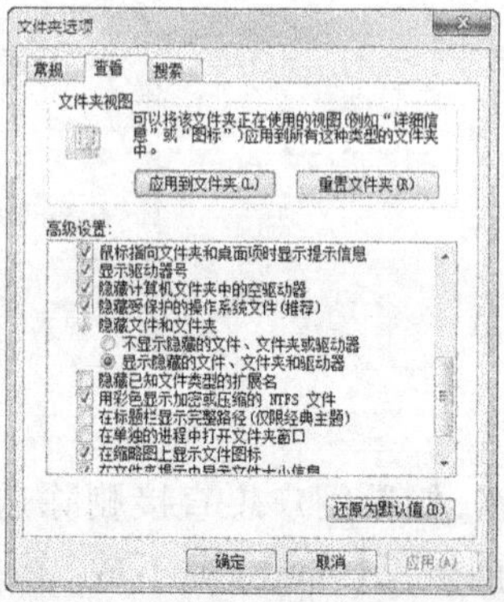

图 2-21　文件和文件夹显示设置

3. 压缩文件和文件夹

在通常使用计算机传输文件或保存文件和文件夹时，常常遇到文件或文件夹容量太大，造成传输不便和浪费存储空间的问题，用户这时可以压缩文件或文件夹使其减小体积，以后若再次使用被压缩的文件或文件夹时可以将其解压缩。如图 2-22、图 2-23 所示。

图 2-22　压缩文件和文件夹

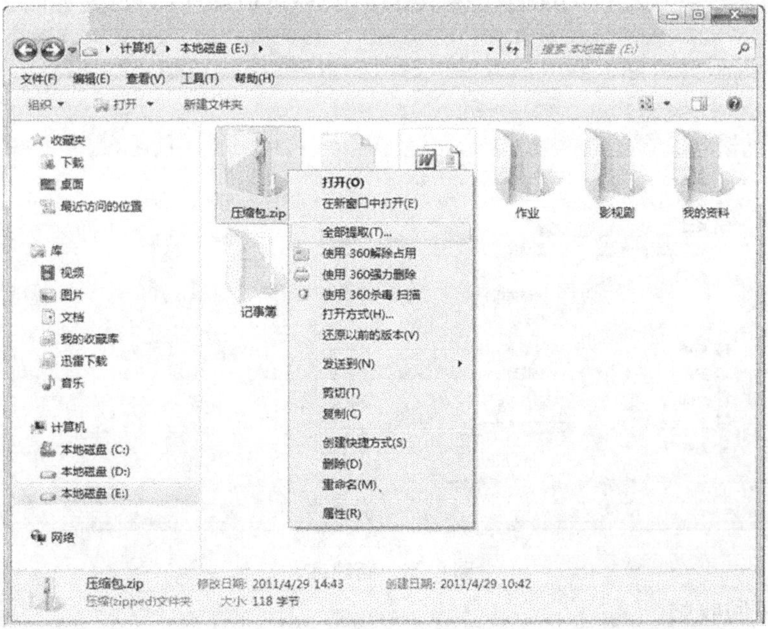

图 2-23　解压缩文件和文件夹

4. 共享文件和文件夹

现在家庭或办公环境里经常使用多台计算机，而多台计算机中的文件和文件夹可以通过局域网供多用户共同享用。用户只需将文件或文件夹设置为共享属性，以供其他用户查看、复制或者修改该文件或文件夹。如图 2-24、图 2-25 所示。

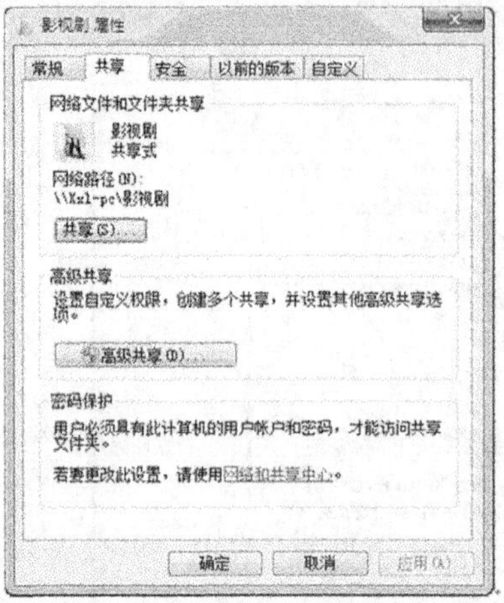

图 2-24　共享文件和文件夹

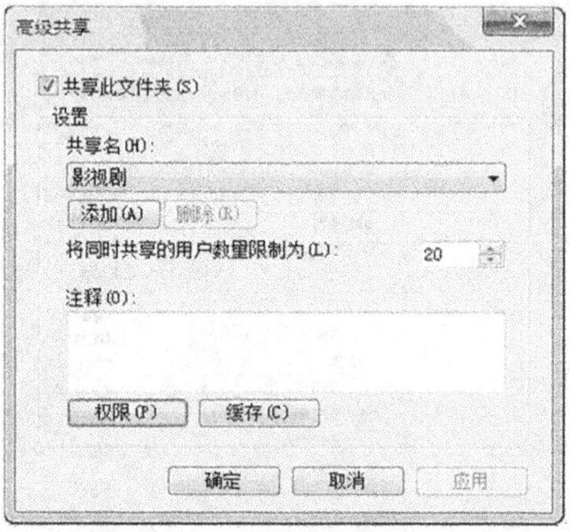

图 2-25　高级共享设置

（三）使用库

简单地讲，Windows 7 文件库可以将用户需要的文件和文件夹全部集中到一起，就像是网页收藏夹一样，只要单击库中的链接，就能快速打开添加到库中的文件夹。

用户觉得系统默认提供的库目录还不够使用，还可以新建库目录，如图 2-26 所示。

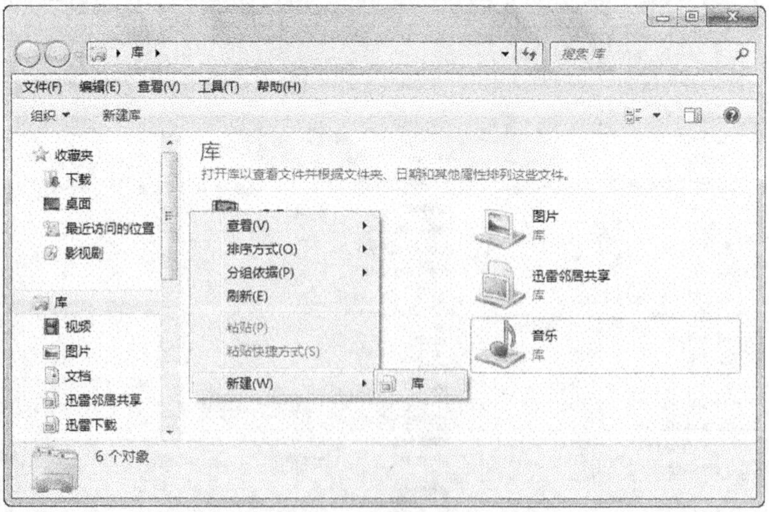

图 2-26　新建库

（四）使用回收站

双击桌面上的【回收站】图标，即可打开回收站，如图 2-27 所示。

从回收站中恢复被删除了的文件，或从回收站中删除文件，则首先选定文件或文件

图 2-27　回收站

夹，然后右击，将出现一个快捷菜单，如图 2-28 所示。选择【还原】项，即可将选定的文件或文件夹还原到原位置；选择【删除】项，即可将选定的文件或文件夹彻底删除。

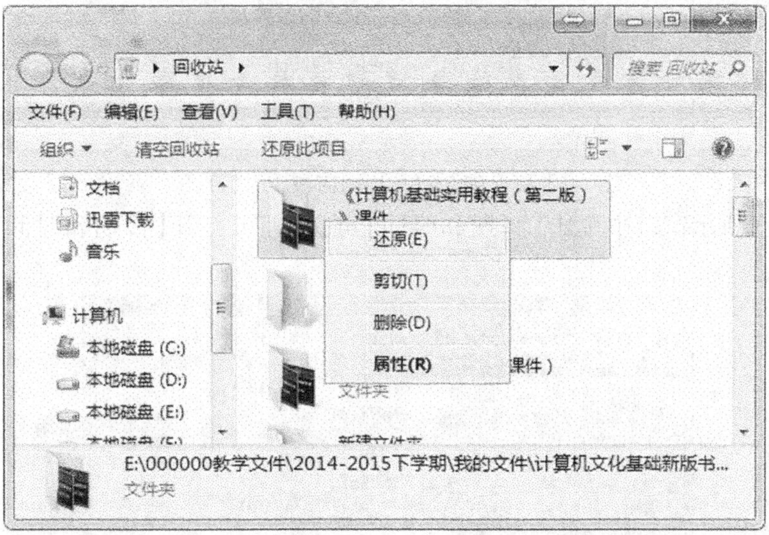

图 2-28　还原与删除操作

三、拓展操作

1. 重命名某个文件和文件夹。
2. 将文件夹设置成共享，并设置共享权限。

任务三　Windows 7 系统资源配置

一、实训要点

掌握 Windows 7 系统利用控制面板管理资源及系统设置。

二、实训过程

(一)设置“时钟、语言和区域”

从【开始】菜单中选择【控制面板】,打开 Windows 7 系统的控制面板,如图 2-29 所示,单击【时钟、语言和区域】链接。

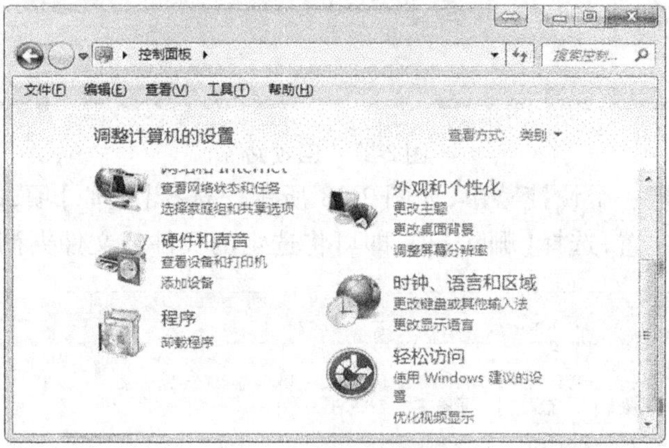

图 2-29　控制面板

在图 2-30 所示窗口中单击【日期和时间】链接,即可打开【日期和时间】对话框,如图 2-31 所示。

图 2-30　时钟、语言和区域设置

利用【日期和时间】选项卡,可以调整系统日期、系统时间及时区,如图 2-31 所示。

利用【附加时钟】选项卡,可以显示其他时区的时间,并可以通过单击任务栏时钟等

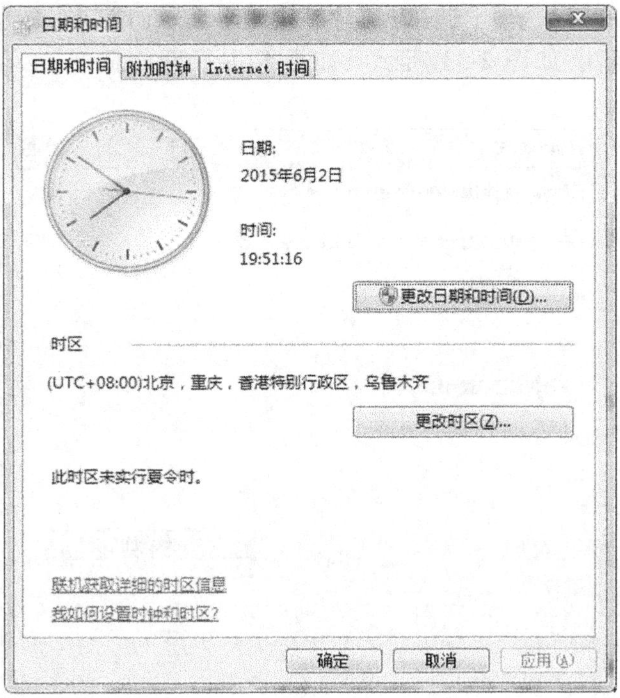

图 2-31　日期和时间设置

方式查看此附加时钟，如图 2-32 所示。

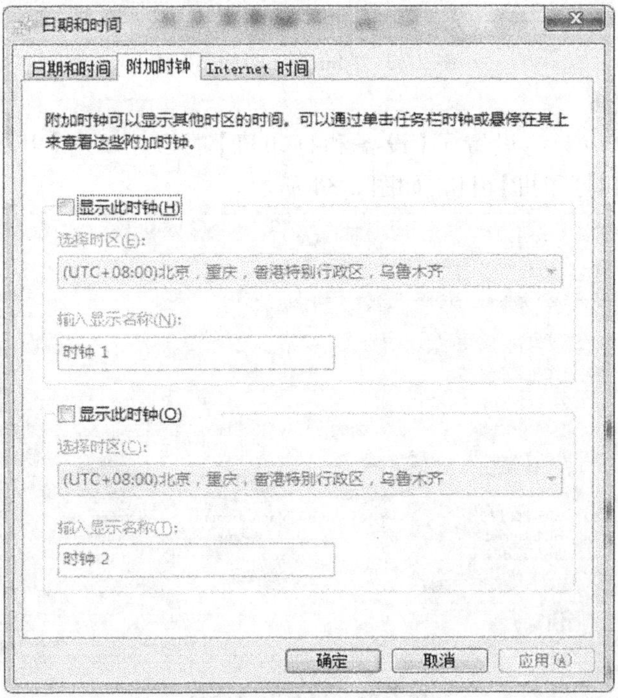

图 2-32　“附加时钟”设置

利用【Internet 时间】选项卡，可以使计算机与 Internet 时间服务器同步，这有助于确保系统时钟的准确性，如图 2-33 所示。如果要进行网络同步，必须将计算机连接到 Internet。

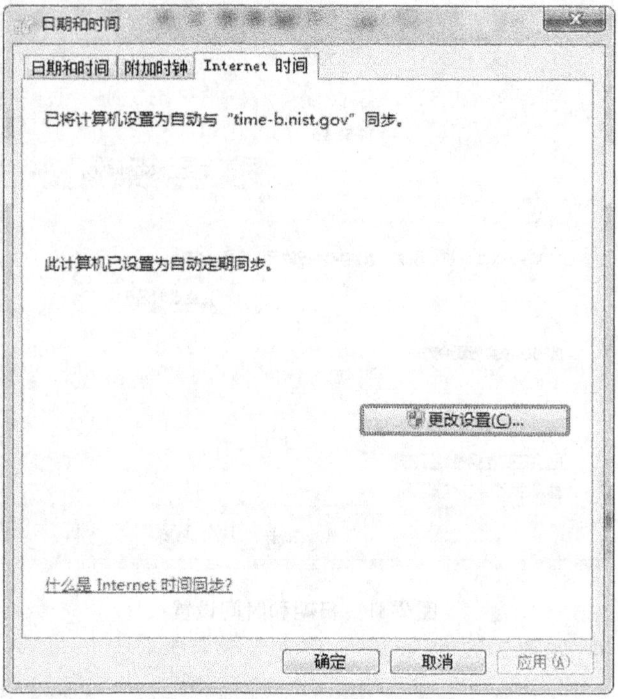

图 2-33　"Internet 时间"设置

(二)打印机设置

在【开始】菜单中专门设置了【设备和打印机】项目。单击【开始】→【设备和打印机】，则打开【设备和打印机】窗口，如图 2-34 所示。

图 2-34　设备和打印机

1. 添加打印机

在【设备和打印机】窗口中单击【添加打印机】链接，打开图 2-35 所示的【添加打印机】对话框。

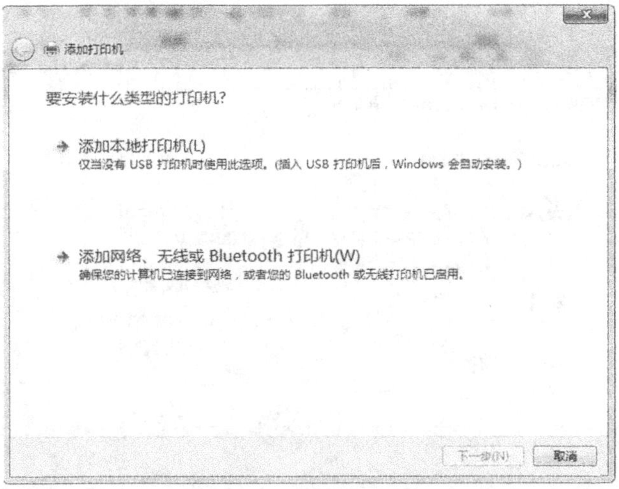

图 2-35 添加打印机

单击【添加本地打印机】选项或【添加网络、无线或 Bluetooth 打印机】，单击【下一步】按钮，将执行【添加打印机】向导。安装向导将逐步提示用户选择打印端口、选择制造商和型号、打印机命名、是否共享、打印测试页等，最后安装 Windows 7 系统下的打印机驱动程序。

2. 设置默认打印机

如果系统中安装了多台打印机，在执行具体的打印任务时可以选择打印机，或者将某台打印机设置为默认打印机。要设置默认打印机，在某台打印机图标上单击右键，在弹出的快捷菜单中选择【设为默认打印机】即可。默认打印机的图标左下角有一个“√”标志，如图 2-36 所示。

图 2-36 设置默认打印机

（三）添加/卸载程序

在【控制面板】窗口中单击【程序】链接下的【卸载程序】链接，如图 3-27 所示，将打开【程序和功能】窗口。

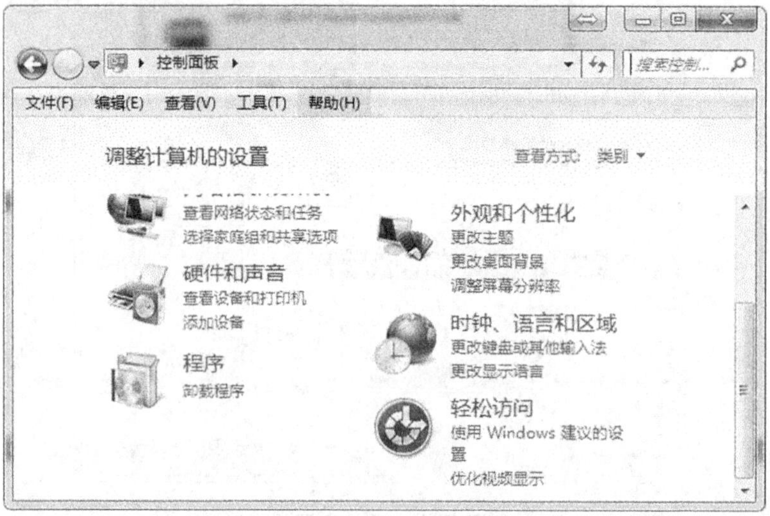

图 2-37 【程序】链接

1. 删除程序

如图 2-38 所示，在右侧窗口中显示了目前已经安装的程序。从列表框中选定程序，单击鼠标右键，再单击【卸载】按钮，即可实现对该程序的删除操作。

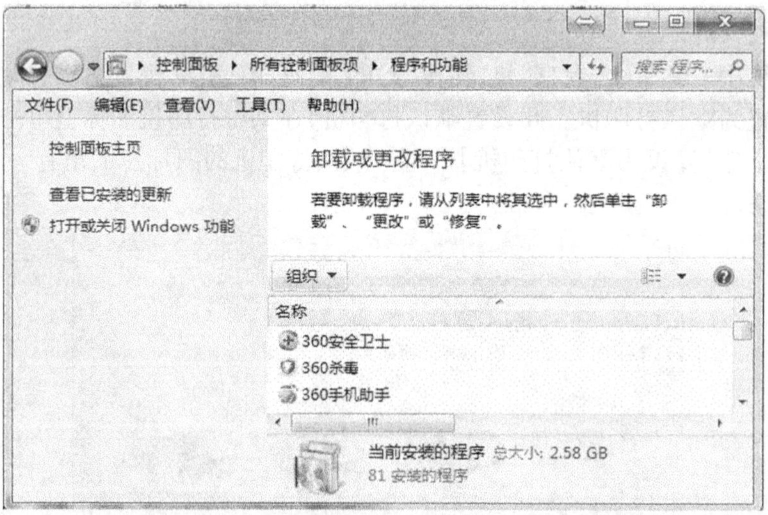

图 2-38 删除程序

2. 打开或关闭 Windows 功能

在安装 Windows 7 时，一般是根据安装时计算机的配置来安装相应的组件的。单击【程序和功能】窗口左侧的【打开或关闭 Windows 功能】链接，打开【Windows 功能】窗口，如图 2-39 所示，可以通过选定复选框的方式打开 Windows 的某些功能。

图 2-39　打开或关闭 Windows 功能

三、拓展操作

1. 利用控制面板删除某种输入法。
2. 利用控制面板设置打印机在局域网中共享。

任务四　Windows 7 实用工具

一、实训要点

掌握 Windows 7 系统中“画图”、“记事本”、“计算器”等工具的使用方法。

二、实训过程

(一)使用“画图”工具

单击【开始】按钮，选择【所有程序】→【附件】→【画图】命令，即可打开画图程序的主界面，如图 2-40 所示。

Windows 7 系统中的画图程序较之以前的版本有了很大的改观，它沿用了 Office 2007 的风格，使界面看起来更加美观，功能更加强大。

(二)使用“记事本”工具

“记事本”主要用来编辑小型文本，功能比写字板少得多，由标题栏、菜单栏、编辑区、状态栏组成，操作类似于写字板，如图 2-41 所示。

(三)使用“计算器”工具

(1)单击【开始】按钮，选择【所有程序】→【附件】→【计算器】命令，即可启动计算器，

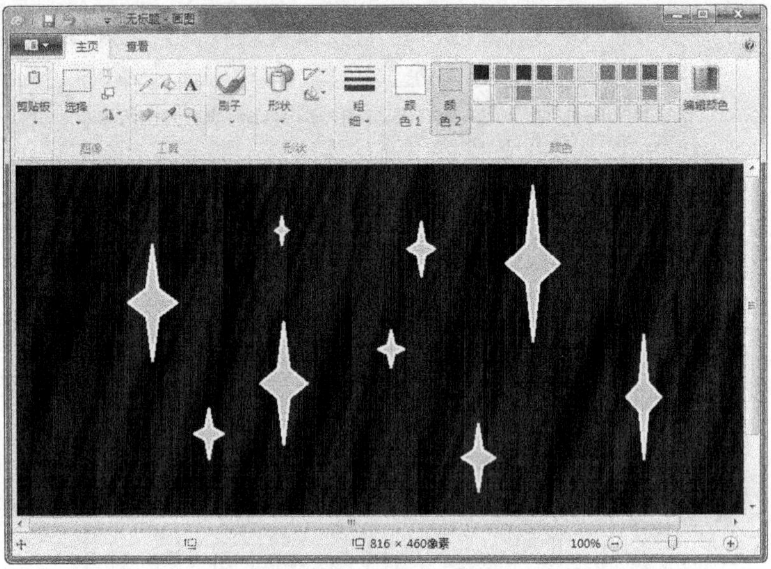

图 2-40　“画图”工具

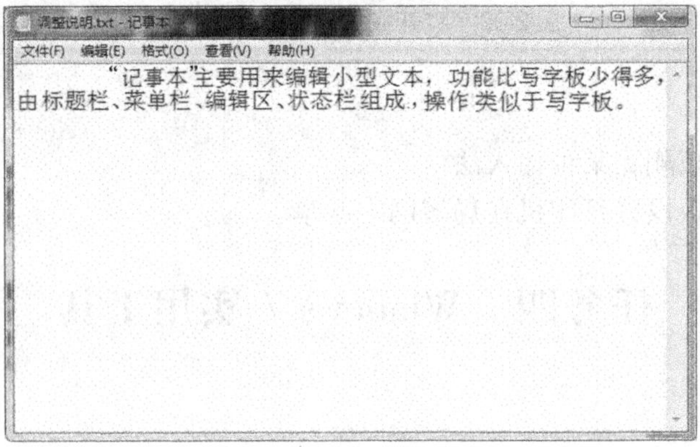

图 2-41　“记事本”工具

如图 2-42 所示。在第一次打开计算器程序时，计算器就在标准型模式下工作。这个模式可以满足用户大部分日常简单计算的要求。

(2) 当用户进行比较专业的计算工作时，科学型计算器模式就可以发挥它的功能。在使用科学型计算器之前，需要将计算器设置为科学型模式。在标准型计算器中选择【查看】→【科学型】命令，即可将计算器切换到科学型模式，如图 2-43所示。

此时用户即可进行较为复杂的数学运算了。例如要计算 68°角的正弦值，可依次单击【6】、【8】和【sin】3 个按钮，即可计算出 68°角的正弦值，并显示在显示区域中，如图 2-43所示。

三、拓展操作

1. 使用“录音机”工具录制声音。
2. 使用“写字板”工具编辑文件。

图 2-42 "计算器"工具

图 2-43 "科学型模式计算器"工具

综合练习

一、选择题

1. (　　)操作系统不是微软公司开发的操作系统。

A. Windows server 2003　　B. Windows 7

C. LINUX　　D. Vista

2. Windows 7 目前有(　　)个版本。

A. 3　　B. 4

C. 5　　D. 6

3. 在 Windows 7 的各个版本中，支持的功能最少的是(　　)。

A. 家庭普通版　　B. 家庭高级版

C. 专业版　　D. 旗舰版

4. 在 Windows 7 的各个版本中，支持的功能最多的是(　　)。

A. 家庭普通版　　B. 家庭高级版

C. 专业版　　D. 旗舰版

5. 在 Windows 7 操作系统中，将打开窗口拖动到屏幕顶端，窗口会(　　)。

A. 关闭　　B. 消失

C. 最大化　　D. 最小化

6. 在 Windows 7 操作系统中，显示桌面的快捷键是(　　)。

A.【Win】+【D】　　B.【Win】+【P】

C.【Win】+【Tab】　　D.【Alt】+【Tab】

7. 在 Windows 7 操作系统中，打开外接显示设置窗口的快捷键是(　　)。

A.【Win】+【D】　　B.【Win】+【P】

C.【Win】+【Tab】　　D.【Alt】+【Tab】

8. 在 Windows 7 操作系统中，显示 3D 桌面效果的快捷键是(　　)。

A.【Win】+【D】　　B.【Win】+【P】

C.【Win】+【Tab】　　D.【Alt】+【Tab】

9. 安装 Windows 7 操作系统时，系统磁盘分区必须为(　　)格式才能安装。

A. FAT　　B. FAT16

C. FAT32　　D. NTFS

10. 文件的类型可以根据(　　)来识别。

A. 文件的大小　　B. 文件的用途

C. 文件的扩展名　　D. 文件的存放位置

11. 在下列软件中，属于计算机操作系统的是(　　)。

A. Windows 7　　B. Word 2010

C. Excel 2010　　D. PowerPoint 2010

12. 为了保证 Windows 7 安装后能正常使用，采用的安装方法是(　　)。

A. 升级安装　　B. 卸载安装

C. 覆盖安装　　D. 全新安装

13. 在安装 Windows 7 的最低配置中，硬盘的基本要求是(　　)B 以上可用空间。

A. 16 G　　B. 32 G

C. 64 G　　D. 128 G

14. 操作系统的作用是(　　)。

A. 把源程序编译成目标程序　　B. 便于进行文件夹管理

C. 控制和管理系统资源的使用　　D. 设置高级语言和机器语言

15. 在资源管理器窗口中，其左边窗口显示的是(　　)。

A. 当前打开的文件夹名称　　B. 当前打开的文件夹的内容

C. 当前打开的文件夹名称及其内容　　D. 系统的文件夹树

16. 在 Windows 中,应用程序之间的信息传递经常通过(　　)完成。

A. 屏幕　　B. 剪贴板

C. 键盘　　D. 磁盘

17. Windows 7 的资源管理器中,单击左窗格中文件夹图标,会发生(　　)。

A. 在左窗口中显示文件夹

B. 在右窗口中显示该文件夹中的文件

C. 在右窗口中显示该文件夹中所有子文件夹

D. 在右窗口中显示该文件夹中的文件和子文件夹

18. 含有改变视窗大小、还原、移动、关闭等项功能的是窗口的(　　)。

A. 标题区　　B. 控制区

C. 工作区　　D. 状态区

19. 在 Windows 7 的桌面上可以同时打开多个窗口,其中当前活动窗口是(　　)。

A. 第一个打开的窗口　　B. 第二个打开的窗口

C. 最后打开的窗口　　D. 无当前活动窗口

20. 在 Windows 7 中,如果需要在中文输入法之间快速切换,可使用(　　)

A.【Shift】+【空格】　　B.【Alt】+【空格】

C.【Ctrl】+【Alt】　　D.【Ctrl】+【Shift】

21. 在 Windows 7 的资源管理器中,其左窗格中的文件夹图标左侧含“—”号时,表示(　　)。

A. 该文件夹可展开　　B. 该文件夹为空文件

C. 该文件夹含有子文件夹　　D. 该文件夹可折叠

22. 在 Windows 7 中,要激活某个图标或某个程序,需使用鼠标器的(　　)操作。

A. 双击　　B. 单击左键

C. 单击右键　　D. 拖拉

23. 关于文件或文件夹的选定,不正确的描述为(　　)。

A. 按下【Shift】键后,可以选定多个不连续的文件或文件夹

B. 可以全部选定

C. 可以选定连续的多个文件或文件夹

D. 可以选定一个文件或文件夹

二、判断题

1. 正版 Windows 7 操作系统不需要激活即可使用。(　　)

2. Windows 7 旗舰版支持的功能最多。(　　)

3. Windows 7 家庭普通版支持的功能最少。(　　)

4. 在 Windows 7 的各个版本中,支持的功能都一样。(　　)

5. 要开启 Windows 7 的 Aero 效果,必须使用 Aero 主题。(　　)

6. 在 Windows 7 中默认库被删除后,可以通过恢复默认库进行恢复。(　　)

7. 在 Windows 7 中默认库被删除了就无法恢复。(　　)
8. 正版 Windows 7 操作系统不需要安装安全防护软件。(　　)
9. 任何一台计算机都可以安装 Windows 7 操作系统。(　　)
10. 安装安全防护软件有助于保护计算机不受病毒侵害。(　　)
11. 在安装 Windows 7 的最低配置中,内存的基本要求是 1 GB 及以上。(　　)
12. 在 Windows 操作系统中,【Ctrl】+【C】是复制命令的快捷键。(　　)
13. 在 Windows 7 中个性化设置不包括桌面背景。(　　)
14. 在 Windows 7 中可以完成窗口切换的快捷键是【Win】+【Tab】。(　　)
15. 还原不属于 Windows 7 控制面板中的设置项目。(　　)
16. 在 Windows 7 中,双击标题栏可以使窗口最大化。(　　)
17. 使用 Windows 7 的备份功能所创建的系统镜像可以保存在内存上。(　　)
18. Windows 7 的特点是更易用、更快速、更简单、更安全。(　　)
19. 当 Windows 系统崩溃后,可以通过使用之前创建的系统镜像来恢复。(　　)
20. Windows 7 有四个默认库,分别是视频、图片、文档和音乐。(　　)
21. 在 Windows 操作系统中,【Ctrl】+【X】是剪切命令的快捷键。(　　)
22. 当一个应用程序窗口被最小化后,该应用程序仍将在内存中运行。(　　)
23. 对话框虽然没有最大化、最小化按钮,不能改变对话框大小,但仍可以移动它。(　　)
24. 删除快捷方式图标,则相应的程序也被从磁盘上删除。(　　)
25. 复制文件到其他目录后,原目录内便不保留这些文件了。(　　)
26. 使用鼠标改变窗口大小时,鼠标应放置在窗口的标题栏上。(　　)
27. 窗口关闭后,以图标按钮的形式保存在“任务栏”中。(　　)
28. Windows 7 可同时打开多个窗口,可以把一个文件同时在多个窗口进行编辑。(　　)
29. 工具栏中按钮的功能,在菜单中都能找到相应的命令。(　　)
30. 回收站用来保存被删除的文件,因此它不占用硬盘的空间。(　　)
31. 当某个窗口占满整个桌面时,双击窗口的标题栏,可以使窗口最小化。(　　)

项目三　字处理系统 Word 2010

Word 2010 是 Microsoft Office 最核心的组件之一,也是计算机等级考试最重要的考核模块之一。在本项目的实训中,我们将通过七个实训任务的操作练习,掌握如何灵活地运用 Word 2010 的基础知识,来解决各类文字处理的问题。

任务一　制作个人求职简历

一、实训要点

秦景武同学是大学毕业生,即将离校去找工作的现实,促使他来制作一份简洁明快的求职简历。简历中包含个人的基本情况、受教育情况、联系方式、所学课程、所受奖励、社会活动情况、个人评价等诸多内容。为了将大量的信息以一种更为规范而集成的方式展示给求职单位人事部门的领导,秦景武同学决定使用表格这一强大的工具来制作自己的这份求职简历。

简历完成后,效果还不错,如图 3-1 所示。通过制作个人求职简历,秦景武同学对表格的功能和运用,有了一个飞跃性的认识。

在文本处理过程中,可以采用表格的形式将一些数据分门别类、有条有理、集中直观地表现出来。表格是用规则网格布局数据的一种表达手段,具有直观、简明、信息量大的特点,是一种很好的表现方法。

(一)Word 2010 表格的结构

Word 2010 的表格是由水平的表行和竖直的栏(或称为表列)组成的矩形单元格阵列。

行与栏相交的方框称为单元格,单元格是组成表格的基本单位。在单元格中,用户可以输入和处理有关的文字符号、数字及图形、图片等。

单元格区域简称单元区域,是由一组连续的单元格组成的矩形阵列。

(二)Word 2010 为表格提供的功能选项

在 Word 文档中插入表格对象后,Word 2010 将立即弹出两个与表格相关的功能选项卡:【表格工具—设计】选项卡和【表格工具—布局】选项卡。

(1)【表格工具—设计】选项卡。该选项卡集成了【表格样式选项】组、【表格样式】组、【绘图边框】组等功能组。每一个功能组中又包含了一些有用的选项按钮或命令按钮,如图 3-2 所示。

(2)【表格工具—布局】选项卡。该选项卡集成了【表】组、【行和列】组、【合并】组、【单元格大小】组、【对齐方式】组、【数据】组等功能组。每一个功能组中又包含了一些有用的选项按钮或命令按钮,如图 3-3 所示。

个人简历

<table>
<tr><td>姓名</td><td>秦景武</td><td>性别</td><td colspan="2">男</td><td>民族</td><td>汉</td><td rowspan="4"></td></tr>
<tr><td>出生年月</td><td>1994 年 10 月</td><td>政治面貌</td><td colspan="2">团员</td><td>籍贯</td><td>山东郯城</td></tr>
<tr><td>院校系别</td><td colspan="4">山东水利职业学院水利工程系</td><td>专业</td><td>工程测量</td></tr>
<tr><td>E_Mail</td><td colspan="2">999888777@qq.com</td><td>Tel</td><td>12363312345</td><td>QQ 号</td><td>999888777</td></tr>
<tr><td rowspan="4">所学课程</td><td>基础课程</td><td colspan="6">高等数学；大学英语；计算机应用基础；土木工程地质；CAD 制图；土木工程施工技术；水利工程概论；道路桥梁概论；水利工程建设监理；工程建设监理概论</td></tr>
<tr><td>专业课程</td><td colspan="6">地形测量；数字化测图；控制测量；测量平差；地理信息系统技术地籍调查与测量；工程测量；GPS 测量技术；VB 测绘数据处理；摄影测量；房地产测绘</td></tr>
<tr><td>专业实训或实习</td><td colspan="6">地形测量实习；工程制图 CAD 实训；数字化测图实训；控制测量实训；测量平差实训；VB 编程实训；地籍调查与测量实训；地理信息系统实训；工程测量实训</td></tr>
<tr><td>选修课程</td><td colspan="6">演讲与口才；羽毛球；摄影技术；建筑材料；欧美电影鉴赏；投资与理财；Office 办公软件应用</td></tr>
<tr><td>曾任职位</td><td colspan="7">1. 2013 年 10 月至 2014 年 10 月担任系学生会外联部干事
2. 2013 年 11 月至 2015 年 2 月担任院外联部干事
3. 2014 年 12 月至今担任系学生会外联部部长
4. 2015 年 5 月至今担任班长</td></tr>
<tr><td>社会实践</td><td colspan="7">2013 年 6 月至 9 月，在山东临沂元朝木门做木工
2014 年 7 月至 9 月，拉卡拉公司业务员
2014 年 3 月至今，兼职华宇驾校业务员</td></tr>
<tr><td>获奖情况</td><td colspan="7">院级奖学金；“南方测绘杯”测量大赛一等奖；
优秀学生会干事；优秀学生会干部</td></tr>
<tr><td>证书情况</td><td colspan="7">计算机文化基础证；英语四级证书；高级测量员证书；机动车驾驶证 C1</td></tr>
<tr><td>求职意向</td><td colspan="7">工程测量；土地测绘；摄影测量；地形测量；道路桥梁施工；建筑施工等</td></tr>
<tr><td>自我评价</td><td colspan="7">做事情谨慎细心，具有高度的责任感，善于处理人际关系，为人和善，专业知识扎实，有较强的分析问题解决问题的能力，能顾全大局，具备团队合作精神。</td></tr>
</table>

图 3-1　个人求职简历打印预览的效果

二、实训过程

Word 2010 表格功能强大，而它所提供的制表功能却简单易用。当需要建立一个复杂表格时，一般的步骤是先定义好一个规则表框，然后借助于单元格合并、单元格拆分等操作，对表格的行、列及单元格布局进行调整，而后填入表格内容，使其成为一个内容完整

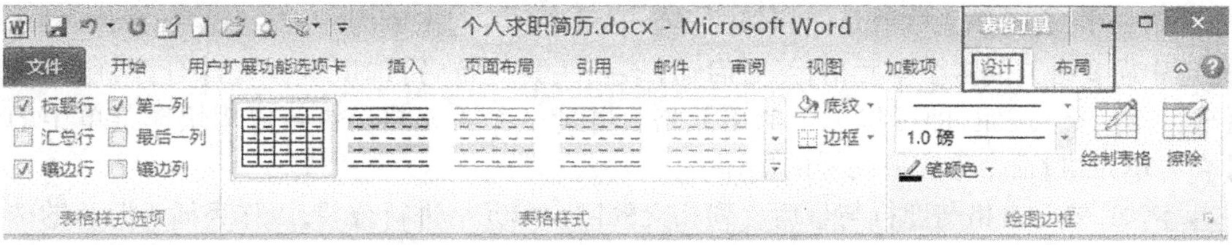

图 3-2　【表格工具—设计】功能选项卡

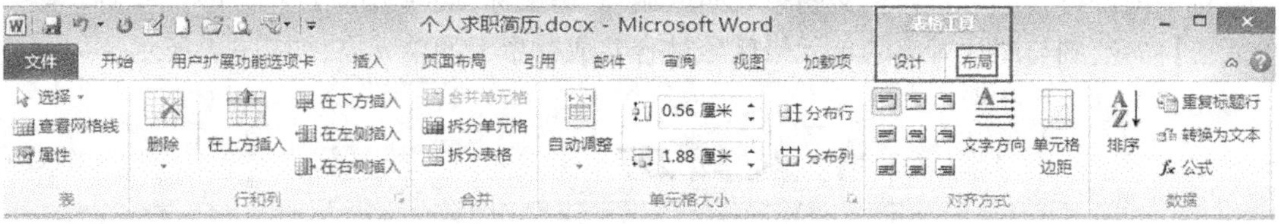

图 3-3　【表格工具—布局】功能选项卡

而实用的表格。

(一)创建一个规则表

创建一个 14 行 7 列的规则表格,作为个人求职简历框架,方法与步骤如下:

第一步:新建一个名为“个人求职简历. docx”的文档,在第一行的位置,输入标题“个人简历”,并设置标题的字体名称为“隶书”,字体大小为“36”,并使标题居中。

第二步:在文档中定位表格的插入点后,单击【插入】选项卡【表格】组中的【表格】按钮,从弹出的下拉列表框中单击【插入表格】选项,打开【插入表格】对话框。

第三步:根据任务需要,通过【行数】和【列数】微调框分别设置表格的行数为 14,列数为 7,如图 3-4 所示。

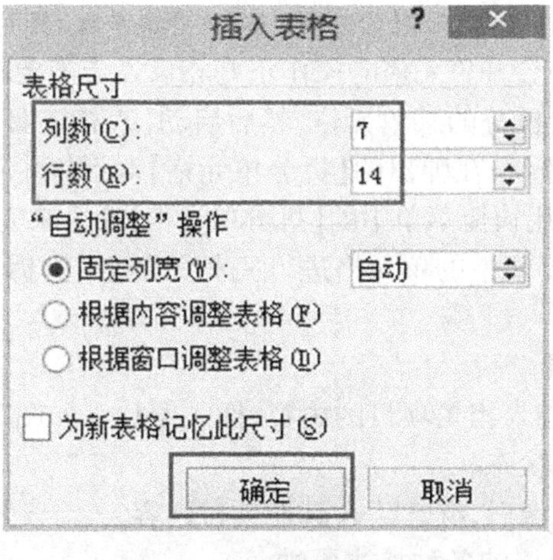

图 3-4　【插入表格】对话框

第四步:单击【确定】按钮,在文档标题下方建立了一个 14 行 7 列的规则空表。

(二)修改表格布局

对于生成的空白表格,还要根据个人求职简历的需要,对整个表格中某些单元格进行合并、拆分等调整。

第一步：合并单元格就是把相邻的多个单元格合并起来成为一个单元格。操作时，首先选中需要合并的多个单元格，然后启动【表格工具—布局】选项卡，单击【合并】组中的【合并单元格】按钮，即可将选中的单元格合并成一个单元格。也可以用快捷菜单中的【合并单元格】命令来完成同样的操作。

例如，要对表格前四行与最后一列相交的四个单元格进行合并，以作为插入照片的位置。方法如下：

选中前四行与最后一列相交的单元格区域，右击鼠标，从弹出的快捷菜单中，选择【合并单元格】命令，则与照片对应的单元格区域被合并成一个大的单元格，如图 3-5 所示。

图 3-5　用快捷菜单的【合并单元格】命令制作插入照片的单元格

第二步：拆分单元格与合并单元格的操作正好相反。当需要把一个单元格拆分成若干个单元格时，首先选中需要拆分的某单元格，然后启动【表格工具—布局】选项卡，单击【合并】组中的【拆分单元格】按钮，在弹出的【拆分单元格】对话框中设置拆分的行、列数，单击【确定】按钮即可。也可以用快捷菜单中的【拆分单元格】命令来完成同样的操作。

第三步：在对所有需要调整的单元格进行完相关的合并、拆分等操作后，表格最终的布局如图 3-6 所示。

（三）为表格注填数据

对于调整后的表格，输入相关项目的内容，插入照片。如图 3-7 所示为输入部分文字内容并插入照片后的表格状态。

确定表格布局格式无误后，继续输入其他项目内容。

（四）设置表格与单元格的各种格式属性

完成表格内容的输入与编辑后，便需要对表格和单元格的边框、底纹等属性进行相应的设置，还需要对文本的字体、字号、颜色、对齐方式等属性进行设置，从而达到美化表格外观的目的，使之更加赏心悦目。

在设置表格和单元格的各类对象属性之前，必须首先选定对象。

例如，要将表格的第一列的底纹属性设定为灰色，方法与步骤如下：

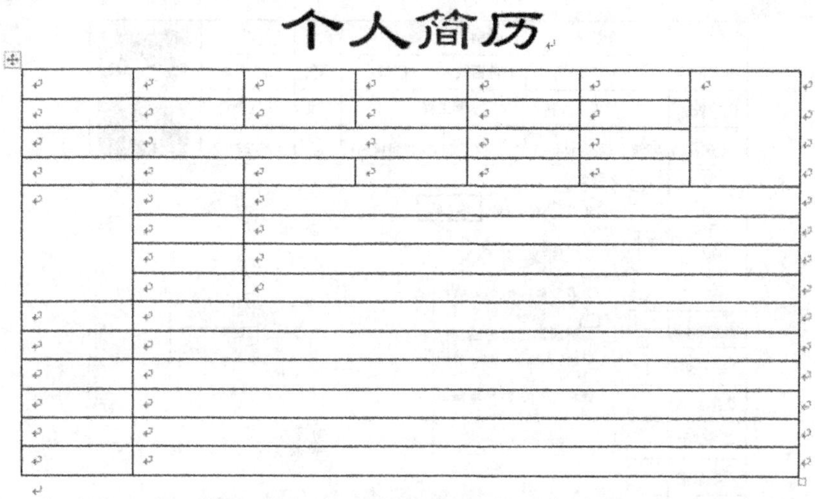

图 3-6　经过单元格的合并与拆分操作后的表格最终布局

个人简历

姓名	秦景武	性别	男	民族	汉	
出生年月	1994 年 10 月	政治面貌	团员	籍贯	山东郯城	
院校系别	山东水利职业学院水利工程系			专业	工程测量	
E_Mail	999888777@qq.com	Tel	12363312345	QQ 号	999888777	
所学课程	基础课程					
	专业课程					
	专业实训或实习					
	选修课程					
曾任职位						
社会实践						
获奖情况						
证书情况						
求职意向						
自我评价						

图 3-7　输入部分数据后的表格状态

第一步：选定表格第一列所在的单元格区域。

第二步：右击鼠标，从弹出的快捷菜单中，单击选择【边框和底纹】命令选项，弹出【边框和底纹】对话框。

第三步：切换到【底纹】选项卡，单击【填充】下拉列表框，从弹出的填充列表项中选择与灰色对应的底纹颜色，如图 3-8 所示。

第四步：单击【确定】按钮，表格第一列所有的单元格都被设置为灰色的底纹。

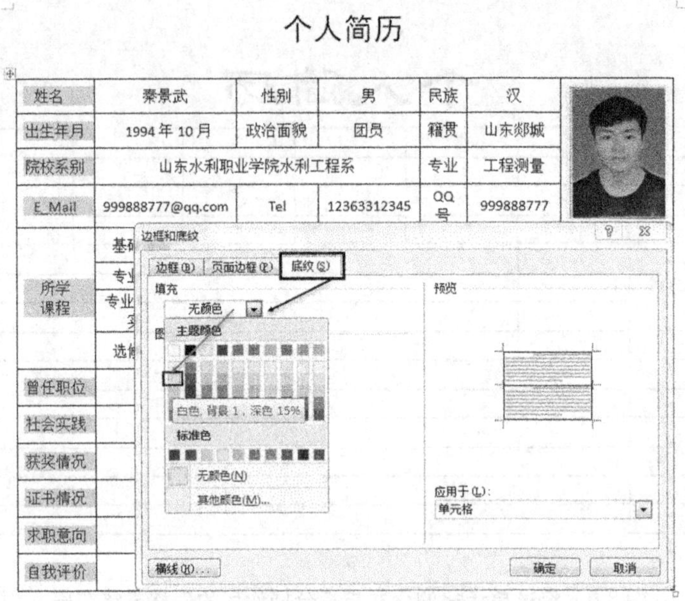

图 3-8　为表格的第一列设置底纹属性

三、拓展操作

Word 2010 还提供了手式绘制表格线及制作斜线等功能。此外，还具有对表格数据的计算、排序等强大的功能。

请利用 Word 2010 提供的制作表格斜线的功能，制作如图 3-9 所示的课程表。

软件 A18(3)班课程表

2015年9月制定

星期 / 节次		星期一	星期二	星期三	星期四	星期五	星期六
上午	1、2节	安卓开发	J2EE开发	Oracle数据库	J2EE开发	数据结构	网站实训
	3、4节	软件工程	专业英语	ASP开发	专业英语	安卓开发	网站实训
下午	5、6节	J2EE开发	Oracle数据库	数据结构	政治学习	ASP开发	休息

图 3-9　课程表

任务二　制作自己的常用符号按钮集

一、实训要点

在 Word 文档中，那些无法直接通过键盘输入的特殊符号，如“……”、“‰”、“×”等，可以通过切换到【插入】选项卡,单击【符号】功能组中的【符号】选项按钮来输入。但对其中一些使用频度较高的符号,上述方法仍显效率不高。如能将这些常用符号集成到一个自定义的功能组中,每次输入时,只需从功能组中单击相应的符号按钮,即可实现输入,这样,会极大地提高输入这些符号的效率。

本次实训将利用 Word 2010 强大的功能,创建一个名为“用户扩展功能选项卡”的功能选项卡,然后在选项卡中创建一个名为“我的常用符号组”的功能组,用【创建“自动图文集”】快捷命令,将自己常用的一些符号创建为自动图文集中的符号,并将这些符号作为选项按钮,放置于“我的常用符号组”功能组中。以后,每当打开 Word 系统,用户都可以通过单击【我的常用符号组】功能组中的符号按钮,从而方便地插入这些按钮对应的符号。

二、实训过程

(一)创建功能选项卡和功能组

第一步:创建一个名为“用户扩展功能选项卡”的功能选项卡。

单击 Word 2010 功能区中的【文件】选项卡,打开 Microsoft Office Backstage 视图,单击【选项】菜单,打开【Word 选项】对话框。

在对话框左侧窗格中选择【自定义功能区】选项卡,在【主选项卡】窗格中单击右下方的【新建选项卡】按钮,将新建的选项卡命名为“用户扩展功能选项卡”。

第二步:创建一个名为“我的常用符号组”的功能组。

选中“用户扩展功能选项卡”,在【主选项卡】窗格中单击右下方的【新建组】按钮,然后选中新建的功能组,单击【重命名】按钮,系统弹出如图 3-10 所示的【重命名】对话框。

第三步:在【重命名】对话框中,将新建的功能组命名为“我的常用符号组”,并从【符号】图标列表中选择合适的图标作为新建功能组的图标。

图 3-10　【重命名】对话框

第四步:单击【确定】按钮,关闭【重命名】对话框,返回【Word 选项】对话框,如图 3-11 所示。

第五步:单击【确定】按钮,关闭【Word 选项】对话框。此时,Word 2010 功能区中出现了【用户扩展功能选项卡】的选项卡;单击打开该选项卡,一个名为“我的常用符号组”的功能组出现在选项卡功能区的左侧,如图 3-12 所示。

(二)将常用符号添加到自动图文集中

第一步:新建或打开任一文档,移光标到合适位置,切换到【插入】选项卡,单击【符号】功能组中的【符号】选项按钮,然后依次插入常用的符号到文档中去。

第二步:关闭【符号】对话框,退回到文档编辑状态,然后依次选定常见符号;每选定

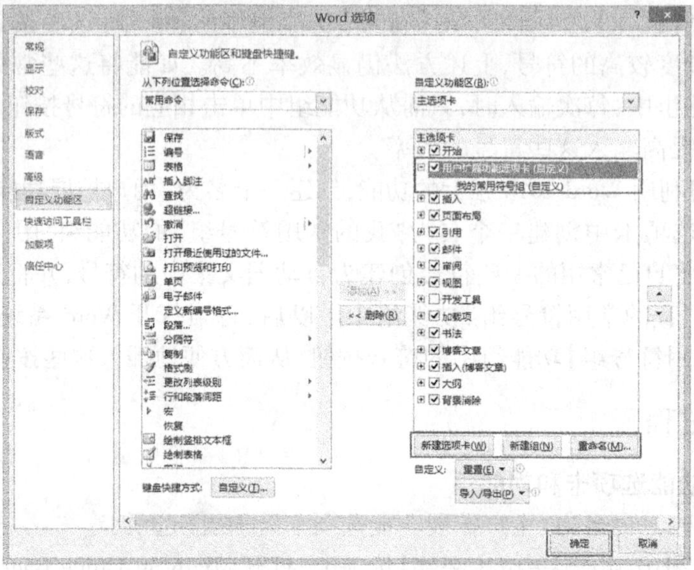

图 3-11　在【Word 选项】对话框中创建功能选项卡和功能组

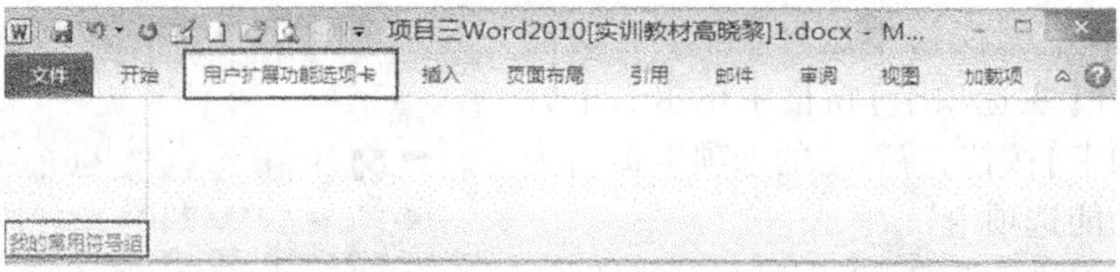

图 3-12　Word 界面中出现的功能选项卡和功能组

一个，切换到【插入】选项卡，单击【文本】功能组中的【文档部件】选项按钮，打开如图 3-13所示的下拉选项菜单。

第三步：单击【自动图文集】菜单选项，在右侧出现的下拉列表框中选择【将所选内容保存到自动图文集库】选项命令，打开如图 3-14 所示的【新建构建基块】对话框。

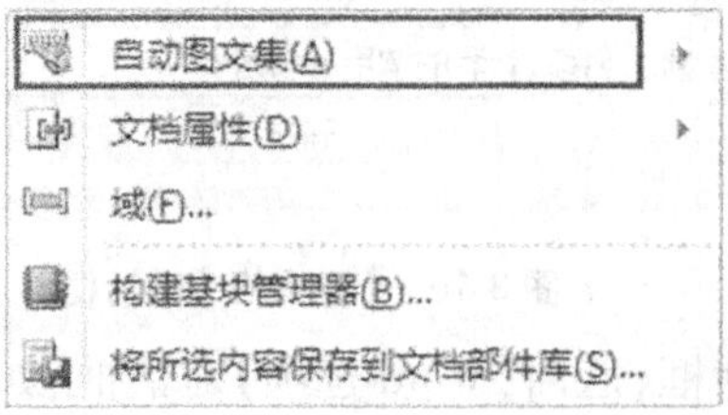

图 3-13　【文档部件】按钮的下拉选项列表

图 3-14　【新建构建基块】对话框

第四步：可以在【说明】文本输入框中输入要插入符号的注释文本，然后单击【确定】按钮，将所选的符号添加到自动图文集库中。重复以上操作，直到每个符号都成为自动图文集的词条。

【新建构建基块】的选项说明如下：

(1) 名称：为自动图文集构建基块键入唯一的名称。

(2)库:选择“自动图文集”库。

(3)类别:选择“常规”类别,或者创建一个新类别。

(4)说明:键入构建基块的说明。

(5)保存位置:在下拉列表中单击模板名称。

(三)将【自动图文集】按钮添加到自定义的【用户扩展功能选项卡—我的常用符号组】中

第一步:再次打开【Word 选项】对话框。在对话框左侧窗格中选择【自定义功能区】选项卡,在【从下列位置选择命令】下拉列表框中选中【所有命令】,在下方的列表框中找到并选中【自动图文集】选项。

第二步:在右侧的【主选项卡】列表框中,选中并展开【用户扩展功能选项卡】,然后再选中【我的常用符号组】功能组。

第三步:单击右侧的【添加】按钮,【自动图文集】选项将被添加到右侧【我的常用符号组】功能组中,如图 3-15 所示。

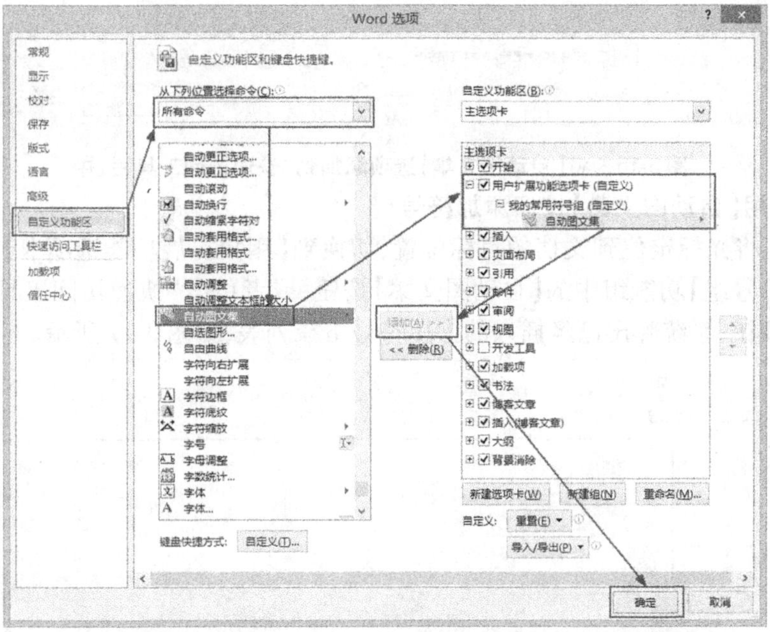

图 3-15　将【自动图文集】选项添加到【用户扩展功能选项卡】中

第四步:单击【确定】按钮,关闭【Word 选项】对话框。此时,【用户扩展功能选项卡】功能卡中的【我的常用符号组】功能组中,将出现【自动图文集】按钮。

(四)将【自动图文集】按钮添加到“快速访问工具栏”中

第一步:再次打开【Word 选项】对话框。在对话框左侧窗格中选择【快速访问工具栏】选项卡,在【从下列位置选择命令】下拉列表框中选中【所有命令】。

第二步:在下方的列表框中找到并选中【自动图文集】选项,单击右侧的【添加】按钮,选中的选项将被添加到右侧“快速访问工具栏”的命令列表中,如图 3-16 所示。

第三步:单击【确定】按钮,关闭【Word 选项】对话框。此时,Word 2010 工作界面的左上方的“快速访问工具栏”中,出现了【自动图文集】的工具按钮。

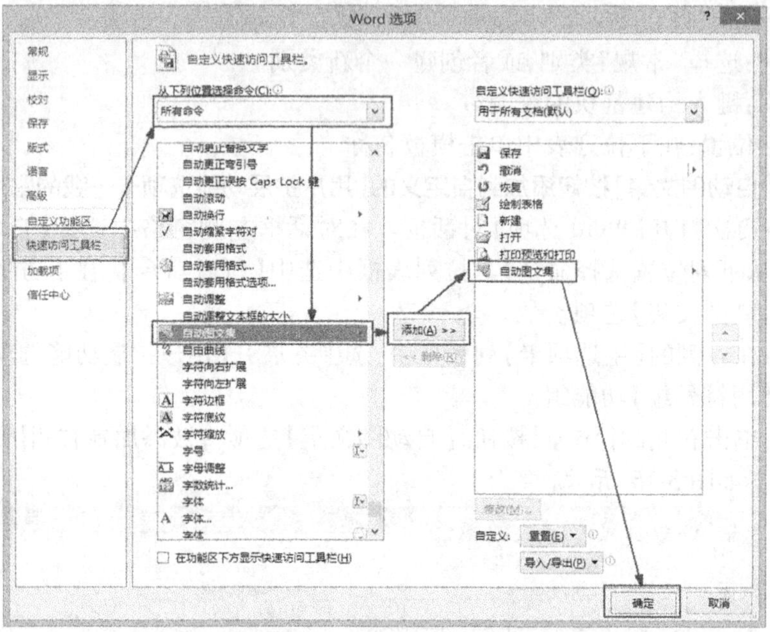

图 3-16　将【自动图文集】选项添加到“快速访问工具栏”中

（五）利用【自动图文集】按钮添加符号

第一步：将光标定位到文档的目标位置，切换到【用户扩展功能选项卡】选项卡，单击【我的常用符号组】功能组中的【自动图文集】按钮，或者单击“快速访问工具栏”中的【自动图文集】按钮，系统弹出已经插入的常用符号下拉列表，如图 3-17 所示。

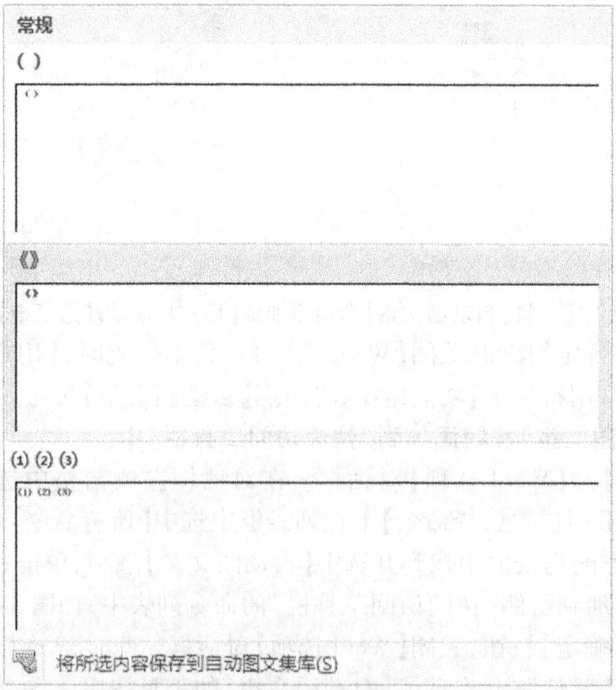

图 3-17　【自动图文集】中的符号词条

第二步：在打开的常用符号下拉列表中，单击要插入的符号词条，则文档的当前光标处，立即出现了相应的符号。

三、拓展操作

在 Word 2010 中，对于某些配对符号，如“《”与“》”，“（”与“）”等，有时常将它们作为一个完整的符号，添加到“自动图文集”中。

Word 2010 还可以将一版图片对象作为词条，添加到“自动图文集”中。

请对图片对象作为“自动图文集”的词条，进行应用。

任务三　制作元旦贺卡

一、实训要点

元旦即将到来，用 Word 制作一帧新年贺卡，寄给远方的亲友，可表达你特殊的祝福。特别是那些漂亮的艺术字体，怎能不令你怦然心动？

利用 Word 2010 的艺术字功能，制作如图 3-18 所示的元旦贺卡。

图 3-18　元旦贺卡

Word 2010 把插入文档的艺术字视为 OLE 对象，因此不能把它们作为普通的文字对待，而应将其视为图形对象。

艺术字生成后，四周会出现八个白色方框，这是对象的尺寸控点；此外，一个称为“形状控点”的黄色小菱形也将出现在艺术字旁边（其位置与所选文字式样有关）。通过鼠标拖动，可用尺寸控点来调整艺术字对象的大小，用形状控点来改变对象的形状。

二、实训过程

生成元旦贺卡的详细步骤如下。

（一）设置合适的页面布局

第一步：创建一个名为“元旦贺卡”的空白文档。

第二步：启动【页面布局】选项卡，然后在【页面设置】组中，通过单击相应的命令按钮进行设置；或者启动【页面布局】选项卡，然后单击【页面设置】组中的对话框启动按钮，打开【页面设置】对话框，在该对话框中进行设置。本任务选用第一种方法。

第三步：在【页面设置】组中单击【纸张大小】按钮，从弹出的列表框中选择内置的纸张类型。贺卡的纸张定义，一般不会选择标准纸型，这里单击【其他页面大小(A)…】命令选项，打开【页面设置】对话框，再根据实际要求，输入纸张的宽度与高度，并注意保持页边距的对称性。实例贺卡的纸张自定义为 20 厘米 ×18 厘米，如图 3-19 所示。

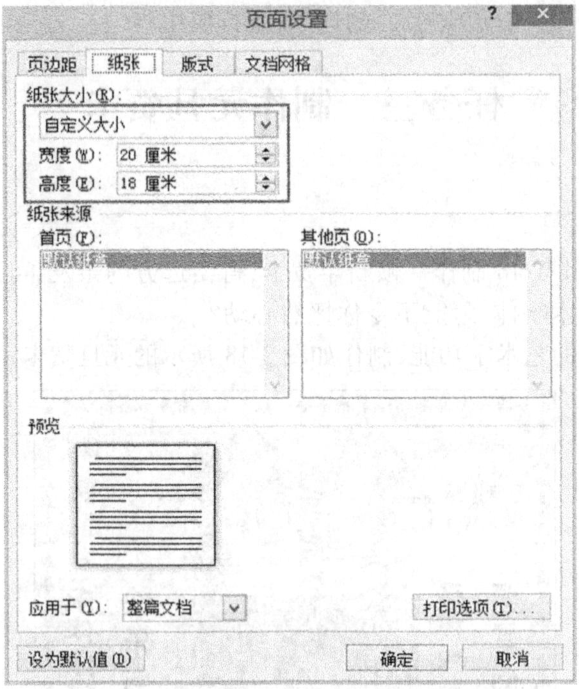

图 3-19　在【页面设置】对话框中将纸张自定义为 20 厘米 ×18 厘米大小

第四步：在【页面设置】组中单击【纸张方向】按钮，从弹出的列表框中选择纸张的方向；单击【页边距】按钮，从弹出的列表框中可选择内置的页边距大小样式。本任务中使用【自定义边距(A)…】命令选项，将上、下、左、右的页边距均设为 2 厘米。

(二)设置个性化的边框

第一步：保证当前文档处在“页面”视图中，切换到【页面布局】选项卡，在【页面背景】功能组中，单击【页面边框】按钮，打开【边框和底纹】对话框。

第二步：在对话框的【页面边框】选项卡中，打开【艺术型】下拉列表框，从中选择一种你喜爱的页面边框样式；这里选择了小松树。然后调整好边框宽度，这里设置边框宽度为 31 磅；对于黑白样式的边框，还允许更改颜色。对话框右边会出现效果预览，可以根据预览效果进行调整，直到自己满意为止。如图 3-20 所示。

第三步：单击【确定】按钮，即可将设置的艺术型边框应用于整个文档。

(三)设置贺卡外框并设置其填充纹理

第一步：切换到【插入】功能选项卡，单击【插图】组中的【形状】按钮，从弹出的形状

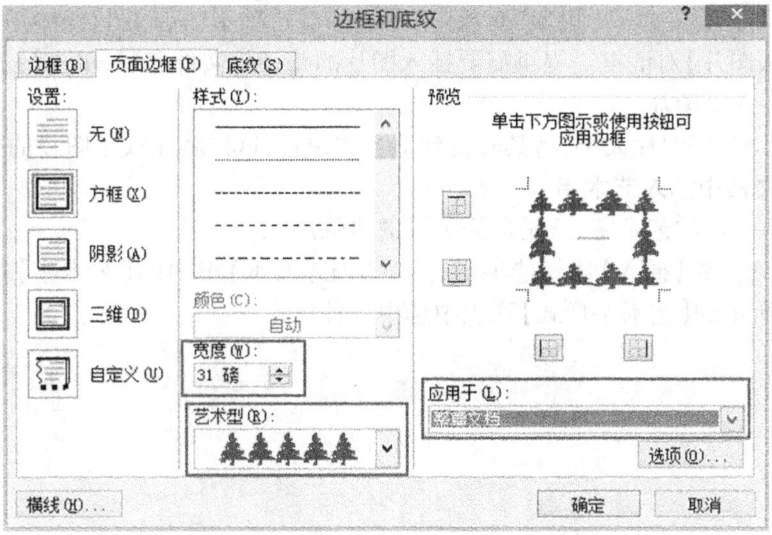

图 3-20　在【边框和底纹】对话框中设置“艺术型”边框

下拉列表中选中【矩形】类别中的□选项。

第二步：在文档的合适位置，按住鼠标左键，拖曳做出一个“矩形”图形，并调节其大小，使之完全圈套住前面步骤中设置出来的艺术边框，这样就做出了贺卡的外框。

第三步：选中外框对象，切换到【绘图工具—格式】选项卡，在【形状样式】功能组中，单击【形状填充】按钮，在弹出的下拉列表中选择【纹理】选项，在【纹理】的下拉列表中选择“花束”图案作为外框的纹理图案，如图 3-21 所示。

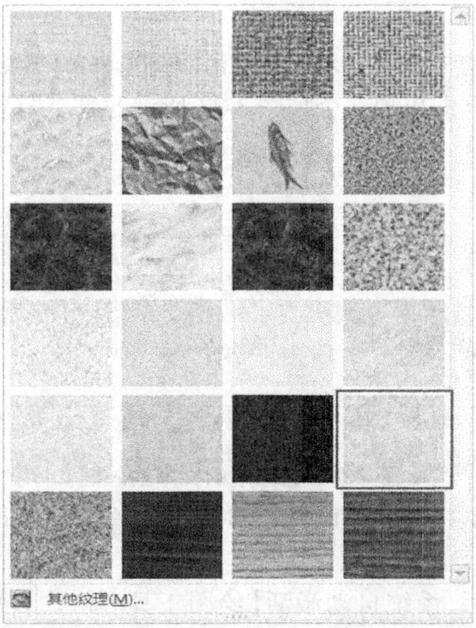

图 3-21　在【纹理】的下拉列表中选择“花束”纹理图案

（四）在文档中插入图片

第一步：准备好要插入的图片文件（抓取或自行制作）。

第二步：将光标定位到“矩形”对象中，在【插入】选项卡的【插图】组中单击【图片】按钮，打开【插入图片】对话框。提供需要插入图片的路径与文件名后，单击【插入】按钮，贺卡文档中便导入了图片。

第三步：调整好图片大小，将其安置到适当的位置，这样就完成了图片的插入。

（五）在文档中插入艺术字

制作魅力十足的艺术字，这是最为关键的步骤。

第一步：切换到【插入】功能选项卡，然后单击【文本】组中的【艺术字】按钮，在弹出的如图 3-22 所示的【艺术字样式】列表中选中一种样式。

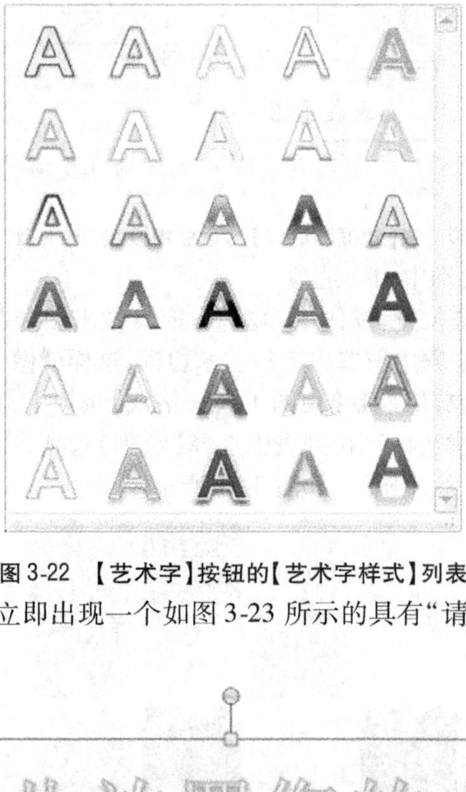

图 3-22　【艺术字】按钮的【艺术字样式】列表

第二步：文档光标处立即出现一个如图 3-23 所示的具有“请在此放置您的文字”提示信息的文本输入框。

图 3-23　艺术字的文本输入框

第三步：在文本输入框中输入要设置艺术字的文字内容，此时还可以对文本内容设置字体、字号等操作。

第四步：插入艺术字后，系统自动激活【绘图工具—格式】功能选项卡。使用这一选项卡的功能组命令，可方便地对艺术字的样式、填充、文本效果、轮廓、阴影、三维效果等进行编辑和修改操作。

（六）最终生成带有艺术字的贺卡

利用“艺术字”，将你的祝福化作一只只美丽的文字小鸟，安插到文档合适的位置。为了美观起见，有时需要将一段文字划分成几个部分，用不同的艺术风格依次制作它们。

最后，把生成的贺卡打印输出，交给绿衣使者，或者为它插上电子邮件的翅膀，让它尽快飞到被祝福者的手中。

三、拓展操作

Word 2010 的艺术字能够使文档的文字具有一些特殊的视觉效果，让文档显得更加美观、生动活泼、富有艺术色彩。充分调动你的艺术创造力，利用“艺术字”，制作一幅你喜欢的电影的宣传海报。

任务四　制作校园报——《书香报》

一、实训要点

Word 2010 提供了各种排版技术，如分栏、表格、文本框、艺术字、图片等，这些排版技术，使得文档的版面能够达到均衡协调、图文并茂、美观大方、生动活泼的良好效果。

表格、分栏、文本框、页面边框、艺术字等功能，是排版过程中经常使用的重要技术。而要达到图文并茂的效果，需要使用图文混排的技术。

在实际应用中，用户应针对不同的情形，根据每个版面的条块特点，从 Word 2010 的功能选项中选择一种或几种合适的版面布局方法，并充分利用图文混排功能，对文档的内容与版面进行布局。

用 Word 2010 的排版功能制作一份如图 3-24 所示的名为《书香报》的校园报。

图 3-24　校园报《书香报》的预览效果

（一）应用表格

表格是一种简明、直观的表达方式，是用规则网格布局数据的一种表达手段，是一种规范页面元素的重要表现方法。有时，一个简单的表格远比一大段文字更能清楚地描述一个问题或一组数据。在 Word 2010 中，我们不仅可以随心所欲地制作表格，还可以对表格进行编辑和格式化，使表格美观、大方、布局合理。

（二）设置分栏

分栏功能在各种报纸和杂志中广泛应用。它能够把一个文档页面在水平方向上分成多个栏目，将文档内容并排显示，文字是逐栏排列的，填满一栏后才转到下一栏，文档内容分列于不同的栏中。分栏方法使页面排版灵活，阅读方便。

分栏功能有两种不同的操作方式。其一是：新建一个文件，在输入文档内容前，就使用分栏命令，预先为页面设定出分栏的数目与各栏目的尺寸；当添加文字时，Word 便会按照预定的设置，将输入的内容自行分栏排放：文字最先放入第 1 栏，第 1 栏排满后，后继的内容便依次排入第 2 栏、第 3 栏……一页放满，Word 仍然按分栏的格式，启动第 2 页、第 3 页……这种操作方式往往适用于整个文档都按统一的分栏格式排版的场合。

当一篇文档的内容只有部分需按分栏方式排放，或者一篇文档的不同部分，分栏的要求不尽相同时，就要使用另一种操作方式。它的执行过程是：先输入文档的内容，然后依次选定需作分栏处理的部分，对其分别执行分栏命令。这种操作方式，能够对同一篇文档施加多种不同的分栏处理。

（三）使用文本框

文本框是能够容纳文字内容的图像对象，可以像图形一样置于文档的任何位置。文本框可用于图片的文字标注，也可以与图形组合在一起。

（四）使用艺术字

艺术字是一种特殊的图形，它以图形的方式来展示文字，具有美术效果，能够实现图文混排，美化版面。

二、实训过程

校园报的制作过程如下。

（一）应用表格制作校园报的框架

第一步：创建空白文档，切换到【页面布局】选项卡，找到【页面设置】功能组。单击【纸张大小】按钮，选择 A3 类型的纸张；单击【纸张方向】按钮，选择【横向】选项。

第二步：切换到【设计】选项卡，找到【页面背景】功能组，单击【页面边框】按钮，打开【边框】对话框；在对话框中打开【页面边框】选项卡，在【样式】列表中选中“双波浪线”作为页面边框的线型样式，如图 3-25 所示。

第三步：在文档左上角定位插入点后，单击【插入】选项卡【表格】组中的【表格】按钮，从弹出的下拉列表框中单击【插入表格】选项，打开【插入表格】对话框，制作出一个规则表格。

第四步：根据制作校园报的需要，对整个规则表格中的某些单元格进行合并、拆分等调整操作，最后生成校园报的栏目架构。

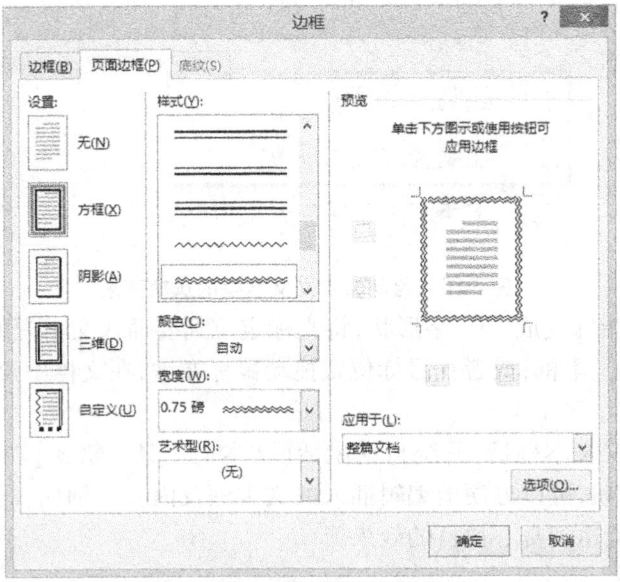

图 3-25　【边框】对话框

(二)输入校园报各栏目的内容

在校园报内容的编辑过程中,应充分利用图片、艺术字、绘图、文本框等工具强大的功能,来美化报纸的版面。

第一步:运用图文混排技术,在校园报的各个栏目中,输入文字,插入图片,插入艺术字等对象,最终得到图文并茂的版面。

第二步:对于部分栏目,需要运用分栏操作,对栏目内容进行多栏的划分。设置分栏的方法与步骤如下:

(1)选定文档中要进行分栏的内容。

(2)切换到【页面布局】选项卡,在【页面设置】组中单击【分栏】按钮,在弹出的下拉列表中选择【更多分栏】命令,打开【分栏】对话框。

(3)在对话框中为选定内容设置分栏的数目、栏目格式、栏宽、相邻两栏间的距离等属性,对话框中还有一个开关型的【分隔线】复选框,该选项能够在不同的栏目间控制是否添加分隔竖线。

第三步:为了进一步增强效果,在校园报的各个栏目中,有时需要插入外来的图片,并调整好图片的尺寸,将其安置到报纸的恰当位置。例如,《书香报》在左右两版栏目之间的中缝处,插入了花束的图片。插入图片文件的方法与步骤如下:

(1)在文档中定义插入点,在【插入】选项卡的【插图】组中单击【图片】按钮,打开【插入图片】对话框。

(2)从列表中选择需要插入的图片,然后单击【插入】按钮,即可完成图片的插入。

第四步:在校园报的各个栏目中,经常需要插入自定义的文本框,作为文本内容的容器。插入自定义文本框的方法与步骤如下:

(1)在【插入】功能选项卡的【文本】功能组中,单击【文本框】按钮,在弹出的下拉列表中选择【绘制文本框】选项或者【绘制竖排文本框】选项,如图 3-26 所示。

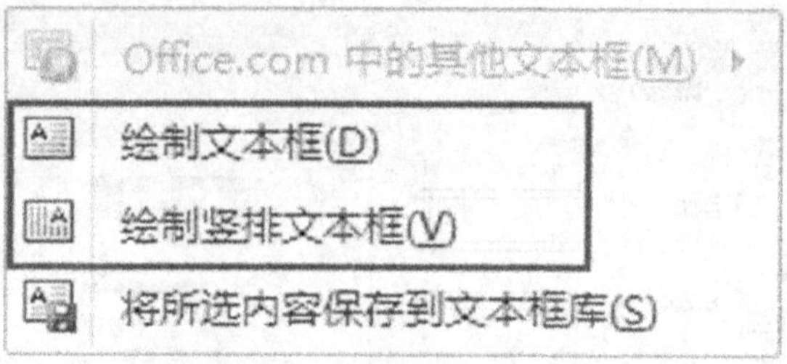

图 3-26　绘制自定义文本框的选项列表

(2)此时鼠标指针变成“十”字形状,将光标定位到要插入文本框的位置后,单击鼠标左键即出现所需的文本框;或者在目标位置拖动鼠标左键,在文档中绘制横排或竖排文本框即可。

(3)插入自定义文本框后,系统自动激活【文本框工具—格式】功能选项卡。利用选项卡中相应功能按钮,可以方便地编辑插入的文本框及内容。例如,对文本框填充某种纹理图案作为背景,能达到赏心悦目的效果。

三、拓展操作

利用 Word 2010 的图文混排技术和分栏操作,制作校园诗歌报——《太阳鸟》的版面,排版效果如图 3-27 所示。

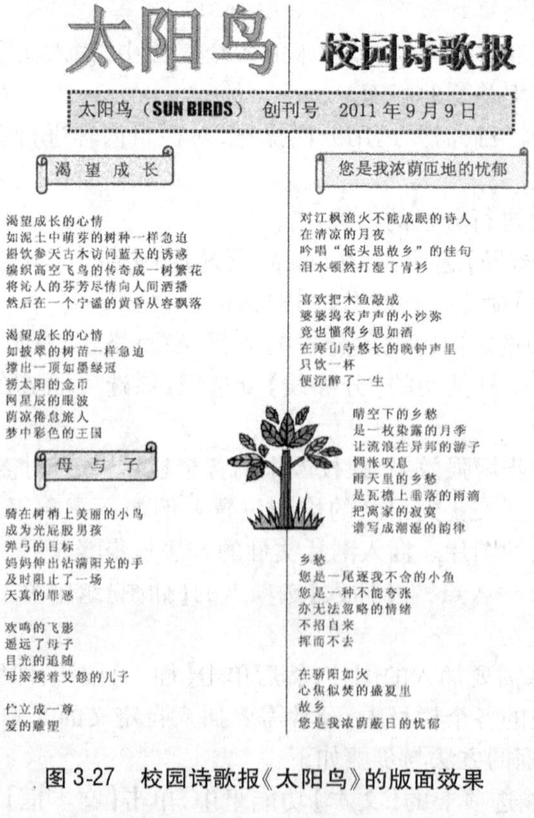

图 3-27　校园诗歌报《太阳鸟》的版面效果

任务五　对长文档型论文进行排版

一、实训要点

使用 Word 2010 撰写专业论文，是我们工作与学习的一项重要内容。一般的专业论文常分为三部分：文章首部（包括中英文标题、摘要与关键词等）、正文与参考文献。

学术论文通常为长文档。长文档不仅内容多，而且格式多。如何灵活而有效地解决长文档的编辑与排版问题，便成为长文档应用中的一个重要课题。对于给定的一篇学术论文，利用样式排版，应用大纲级别的标题，自动生成目录，利用域灵活地插入页眉/页脚等，这些操作能够有效地对这篇长文档型论文进行编辑与排版。

（一）大纲级别

长文档在排版过程中，由于内容存在着明显的层次性，需要使用多级标题进行组织。这些标题不同于正文内容，它们一般都单独成段，在字体、字号上与正文有着明显的区别。在设置时上级比下级的字号、行间距更大，字体更突出；所有的同级标题使用相同的排版格式。

大纲级别是 Word 的一种特殊的段落排版格式，用来标注标题的层次。Word 2010 支持 9 级标题级别设置。大纲级别支持格式刷工具与清除格式命令。

使用大纲级别，可以在编辑过程中运用导航窗格，还可以自动生成目录，导出 PPT 幻灯片。

（二）样式

样式就是 Word 系统中一组已经命名的格式化指令，是 Word 提供的快速排版文档的重要功能，其方便之处在于可以按照样式定义的格式，快速地把它应用于一个段落或者段落中选定的字符中，批量地完成段落或字符格式的设置，从而极大地提高排版的效率，大大简化排版操作的复杂度。

根据样式应用对象的不同，样式可分为字符样式、段落样式、表格样式、列表样式等类型；根据样式定义方式的不同，样式分为内置样式和自定义样式两大类。Word 2010 提供了多套样式集，每套样式集都设计了成套的样式，分别用于设置文章各级标题、副标题等文本格式。

（三）目录

目录通常是长文档不可缺少的部分，有了目录，用户就能很容易地了解文档的结构内容，并快速定位需要查询的内容。目录由两个必要部分组成：一部分为左侧的目录标题，另一部分为右侧标题对应的页码。

手工添加目录既麻烦又不利于以后的编辑修改。Word 2010 允许用户在完成样式及多级编号设置的基础上，利用系统提供的自动创建目录功能，快速地生成长文档的目录。

（四）域

域是一种特殊的代码，用来指示 Word 在文档中插入某些特定的内容或自动完成某些复杂的功能。例如，使用域可以将日期和时间等插入到文档中，并使 Word 自动更新日期和时间。

域最大的优点是可以根据文档的改动或其他有关因素的变化而自动更新。例如，生成目录后，目录中的页码会随着页面的增减而产生变化，此时可通过更新域来自动修改页码。使用域，不仅可以方便地完成许多工作，而且能够保证得到正确的结果。

二、实训过程

用 Word 2010 打开或输入一篇专业论文，然后对论文的内容与样式进行适当的设置。

（一）应用大纲级别

由于标题都是独立成段的，所以大纲级别是以段为单位进行应用的。对标题设置大纲级别的方法与步骤如下：

第一步：在文档中选定要设置大纲级别的标题。

第二步：切换到【开始】选项卡，在【段落】功能组中单击对话框启动按钮，或右击鼠标，在弹出的快捷菜单中选择【段落】选项命令，打开【段落】对话框。

第三步：在【段落】对话框中，打开【缩进和间距】选项卡，从【大纲级别】下拉列表中选择 9 级中的一级级别选项，即可对标题应用选定的大纲级别，如图 3-28 所示。

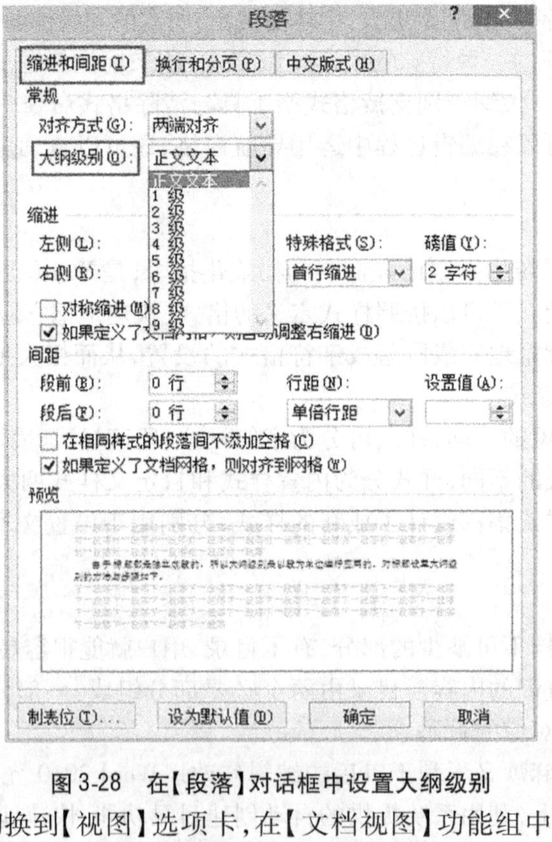

图 3-28　在【段落】对话框中设置大纲级别

第四步：还可以切换到【视图】选项卡，在【文档视图】功能组中单击【大纲视图】，将文档置于“大纲视图”模式下。系统将激活如图 3-29 所示的【大纲】功能选项卡，在【大纲工具】功能组中使用相应的功能按钮，完成设置大纲级别的操作。

第五步：图 3-30 所示为在论文第 1 页中，对所有标题应用了 1、2、3、4 级大纲级别后的效果。

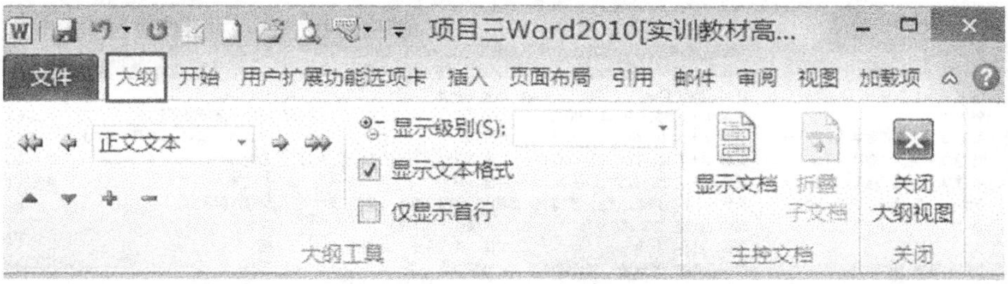

图 3-29　【大纲】功能选项卡

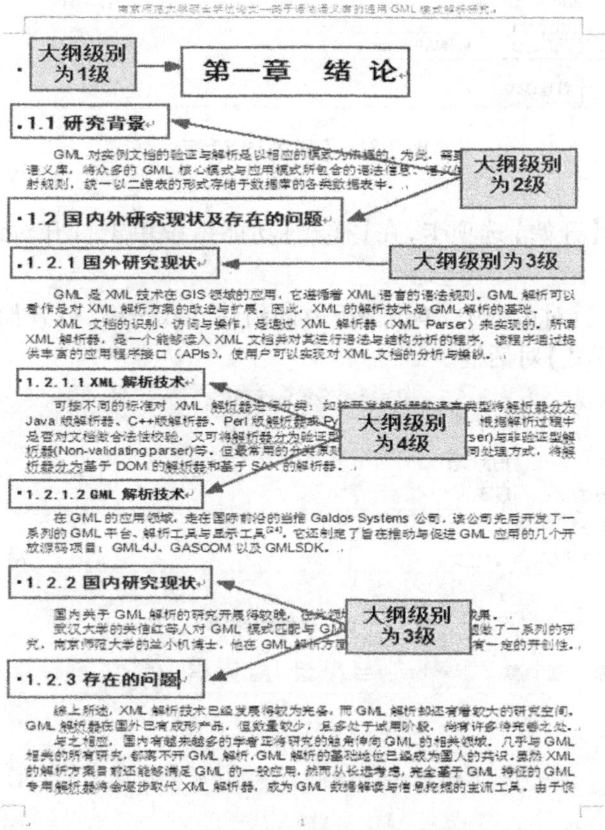

图 3-30　应用了四级大纲级别后论文的显示效果

（二）内置样式的使用

样式分为内置样式和自定义样式两大类。内置样式的使用方法与步骤如下：

第一步：将光标定位在论文中需要使用内置样式的标题或段落对象。

第二步：切换到【开始】选项卡，在【样式】功能组中单击打开对话框按钮，在弹出的如图 3-31 所示的【样式】对话框中选择要应用的样式选项即可。

第三步：在【样式】对话框左下方，有三个命令按钮，分别是新建样式按钮，样式检查器按钮，以及管理样式按钮。单击相应的按钮，能够打开不同的对话框，完成不同的功能。

（三）自定义样式的使用

除内置样式外，用户还可以自定义新的样式来满足实际需求。自定义新样式的方法

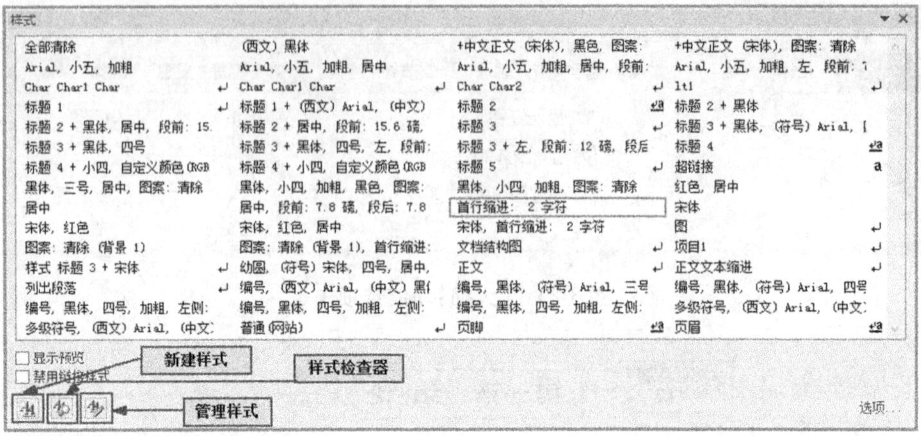

图 3-31　【样式】对话框

与步骤如下：

第一步：切换到【开始】选项卡，在【样式】功能组中单击打开对话框按钮，打开【样式】对话框。

第二步：在【样式】对话框中，单击左下方的新建样式按钮，打开如图 3-32 所示的【根据格式设置创建新样式】对话框。

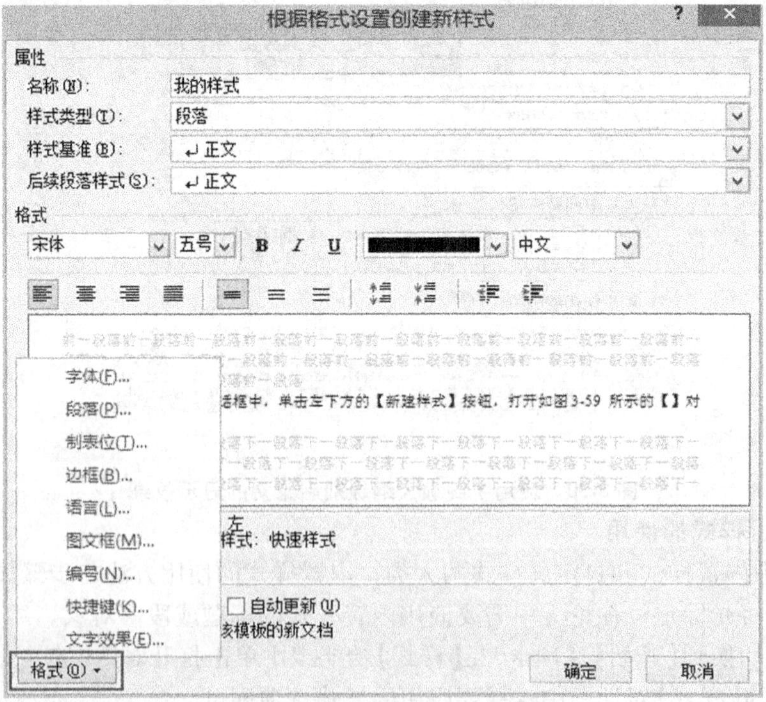

图 3-32　【根据格式设置创建新样式】对话框

第三步：在【名称】文本框中，输入要创建新样式的名称。

第四步：在【样式类型】下拉列表框中，选择样式类型。其他的选择不再赘述。

第五步：单击左下方的【格式】按钮，将打开【格式】命令菜单，可以设置诸如字体、段落、制表位等样式的属性。

第六步：单击【确定】按钮，新创建的样式将会显示在【样式】对话框中。

（四）制作目录

目录是长文档必不可少的组成部分，由文章的标题和页码组成。通过浏览目录，能够很快地掌握文章的结构与主要内容。

1. 生成目录

为长文档生成目录的方法与步骤如下：

第一步：打开需要编辑的文档，将插入点定位在文档起始处，作为放置目录的位置。

第二步：切换到【引用】选项卡，然后单击【目录】功能组中的【目录】按钮，在弹出的下拉列表中选择需要的目录样式，或者选择【插入目录】命令，打开如图 3-33 所示的【目录】对话框。

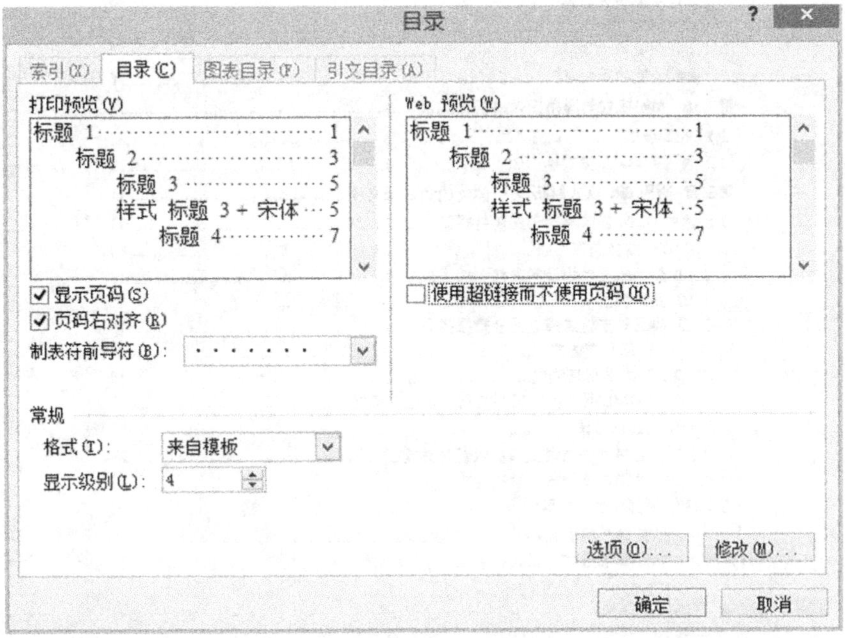

图 3-33　【目录】对话框

第三步：在【目录】对话框中，通过修改各个选项内容，自己定义目录样式。如在本任务中，对论文的目录定制中，我们就勾选【显示页码】及【页码右对齐】两个复选框，定制显示级别为 4 等。

第四步：单击【确定】按钮，光标处即出现了插入的目录，如图 3-34 所示。

第五步：默认情况下，目录是以链接的形式插入的，此时，按下【Ctrl】键，单击某条目录项，可访问相应的目标位置。

2. 更新目录

插入目录后，若文档中的标题有所改动，例如更改了标题的内容，添加了新标题，删除了某一个标题，或者标题对应的页码发生了变化等，这些情况下都需要对目录进行更新。更新目录的方法与步骤如下：

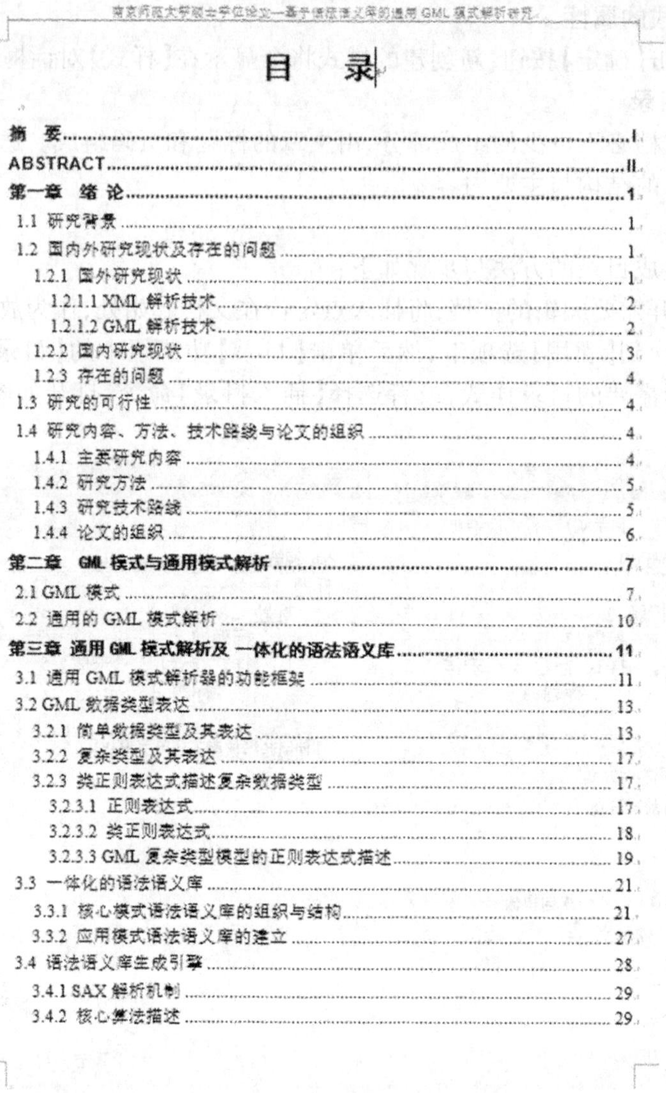
南京师范大学硕士学位论文—基于语法语义库的通用 GML 模式解析研究

目 录

图 3-34 为论文制作的四级目录(局部)

第一步:在页面视图模式下,将光标插入点定位在目录列表的任意位置上,目录区域将变灰。

第二步:切换到【引用】选项卡,然后单击【目录】功能组中的【更新目录】按钮,在弹出的如图 3-35 所示的【更新目录】对话框中,设置更新的类型。

第三步:也可以用鼠标右键单击目录列表,在快捷菜单中选择【更新域】命令,在弹出的【更新目录】对话框中设置更新的类型。

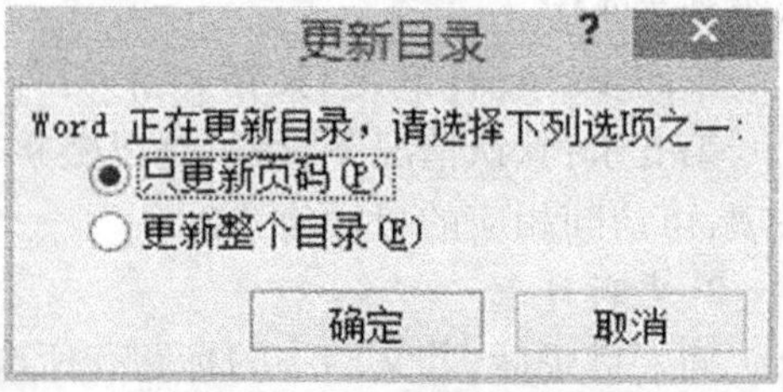

图 3-35 【更新目录】对话框

第四步:单击【确定】按钮,即可实现目录的更新。

3. 删除目录

如果要将目录删除，方法与步骤如下：

第一步：将插入点定位在目录列表中。

第二步：切换到【引用】选项卡，然后单击【目录】功能组中的【目录】按钮，在弹出的下拉列表中选择【删除目录】命令选项，即可删除该目录。

三、拓展操作

对一篇活动策划方案进行排版，主要是对封面、目录、标题的样式、页眉、页脚、页码等元素进行设置。

任务六　设置论文的脚注与尾注

一、实训要点

使用 Word 2010 撰写论文时，有时要为论文进行分节、分栏处理，并且添加脚注或尾注。

（一）分节与分栏

节是文档的独立编辑单位，是 Word 用来划分文档的一种方式，为的是能够实现在同一文档中，对不同的节可以设置不同的页面格式。

节小至一个段落，大至整篇文档。节用分节符标识，在普通视图中分节符是两条横向平行虚线。插入分节符即可将文档分成多节，然后根据需要设置每节的格式。分节排版可以美化页面，达到丰富多彩的排版效果。

对于新建立的文档，Word 将整篇文档视为一节，此时，整篇文档只能采用统一的页面格式。

如果将文档划分为若干个节，则对于每一个节，可设置成不同的页面格式。

分节符有以下几种类型：

(1)下一页：插入一个分节符，新节从下一页开始。

(2)连续：插入一个分节符，新节从同一页开始。

(3)奇数页：插入一个分节符，新节从下一个奇数页开始。

(4)偶数页：插入一个分节符，新节从下一个偶数页开始。

文档分节以后，可以为不同节的文档设置不同的格式，如页边距、纸张大小与方向、页眉和页脚、分栏、页码编排、行号、脚注和尾注等。

分栏就是将页面中的文本分成若干栏目进行排列。分栏排版不仅能够美化页面，使文档条理清晰，而且还可以为不同的用户创建不同风格的文档。

（二）设置脚注与尾注

脚注或尾注是文档的辅助信息，为文档的正式内容提供附加的注释，如显示论文的选题背景、写作时间、作者简历、引文评注等。脚注一般位于文档页面的底部或当前文字的下方，尾注则位于文档或节的结尾处。

脚注和尾注各由两部分组成：一部分称为注释引用标记，由连续的数字编号或特殊标识符号组成;另一部分称为注释文本,通常以一条横线与正文分开,注释文本字号一般比正文小,格式常与正文相异。

如图 3-36 所示的论文,对首部未作分栏,正文分为两栏,前两段被定义成一节。脚注插入在左栏范围内,注释文本内容为作者简历;本节还插入了尾注,注释文本显示在页底右下方。

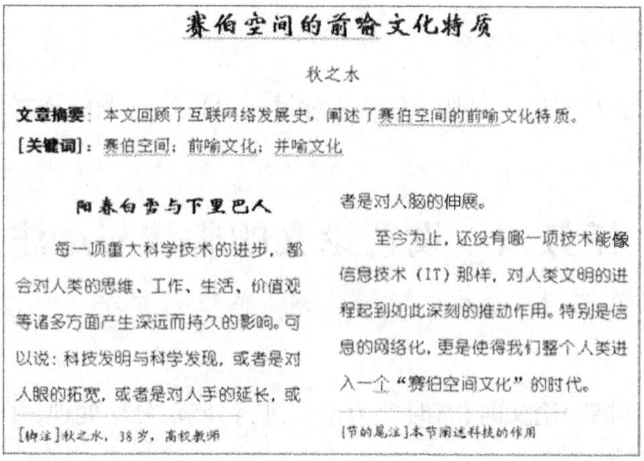
赛伯空间的前喻文化特质

秋之水

文章摘要：本文回顾了互联网络发展史，阐述了赛伯空间的前喻文化特质。

[关键词]：赛伯空间；前喻文化；并喻文化

阳春白雪与下里巴人

每一项重大科学技术的进步，都会对人类的思维、工作、生活、价值观等诸多方面产生深远而持久的影响。可以说：科技发明与科学发现，或者是对人眼的拓宽，或者是对人手的延长，或者是对人脑的伸展。

至今为止，还没有哪一项技术能像信息技术（IT）那样，对人类文明的进程起到如此深刻的推动作用。特别是信息的网络化，更是使得我们整个人类进入一个“赛伯空间文化”的时代。

[脚注]秋之水，38 岁，高校教师

[节的尾注]本节阐述科技的作用

图 3-36　带有分栏、脚注与尾注等效果的论文显示

二、实训过程

用 Word 2010 打开或输入一篇专业论文,然后对论文的内容与样式进行适当的设置。

(一)对文档正文分栏

当输入论文内容后,首先将论文进行分栏。论文首部一般不要求分栏,正文部分通常被分成两栏。分栏的方法与步骤如下:

(1)选定文档的正文与文献内容部分。

(2)切换到【页面布局】选项卡,在【页面设置】组中单击【分栏】按钮,在弹出的下拉列表中选择【两栏】分栏选项。

(3)也可以在下拉列表中选择【更多分栏】命令,打开【分栏】对话框,在对话框中将选定内容设置为【两栏】分栏方式,同时设置好分栏的宽度与两栏间的距离,如图 3-37 所示。

(4)单击【确定】按钮,完成分栏操作。

(二)对文档进行分节

第一步:将光标定位在论文中需要插入分节符的位置。

第二步:切换到【页面布局】选项卡,在【页面设置】组中单击【分隔符】按钮,在弹出的下拉列表中选择【下一页】命令即可,如图 3-38 所示。

于是,以分节符为分界线,分节符前后的内容分布到不同的节中。

(三)设置脚注

第一步:将光标定位到论文标题行尾。

第二步:切换到【引用】选项卡,在【脚注】组中单击【插入脚注】按钮。

第三步:此时文档标题行尾出现了注释引用编号标记“1”,同时插入点自动移到当前

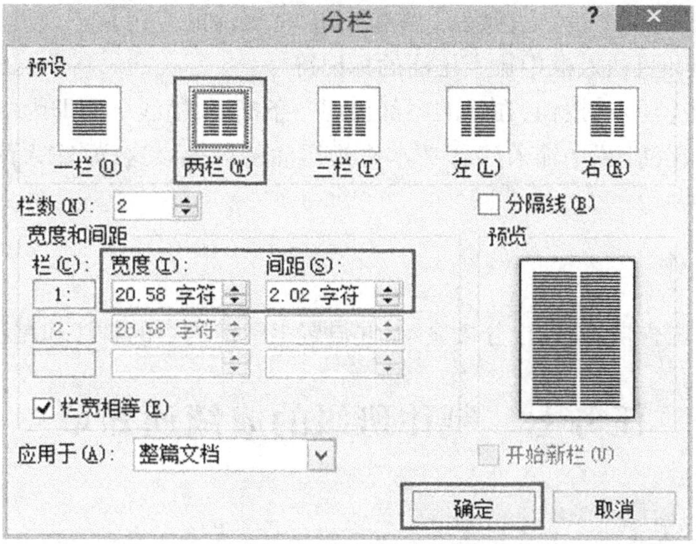

图 3-37　【分栏】对话框

页面底端左下角的“脚注区”。“脚注区”通常以一条横线与正文分开。

第四步:在“脚注区”中输入注释文本作为脚注的内容。这样,注释文本便成为脚注的内容。

(四)插入尾注

第一步:将光标定位到文档的当前节中。

第二步:切换到【引用】选项卡,单击【脚注】功能组右下角的对话框启动按钮,打开【脚注和尾注】对话框,如图 3-39 所示。

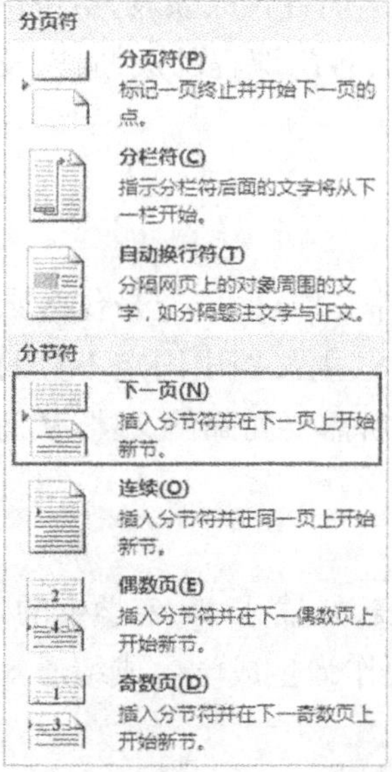

图 3-38　【分隔符】按钮的下拉列表

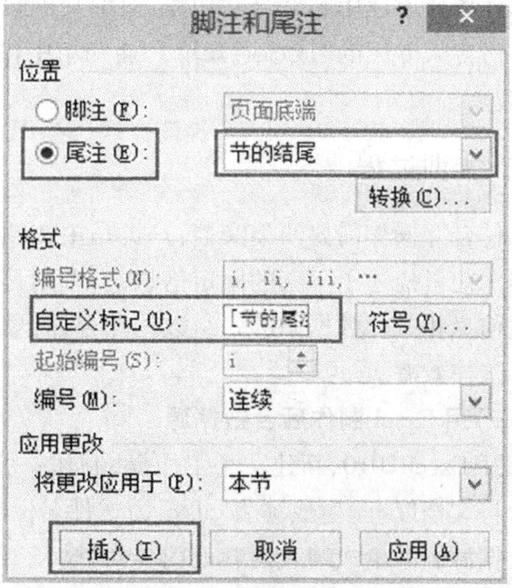

图 3-39　【脚注和尾注】对话框

第三步：在对话框中，勾选【尾注】单选按钮，将尾注的应用范围设置为【节的结尾】。可以在【自定义标记】输入框中输入尾注的标记符号。

第四步：单击【插入】按钮，在节的尾部出现一条横线，横线下面即为“尾注区”。

第五步：在“尾注区”中输入注释文本作为尾注的内容。这样，输入的文本便立即出现在“尾注区”中。

三、拓展操作

对一篇社会调查报告，进行分栏显示，并设置上一定内容的脚注和尾注。

任务七　制作班级的成绩通知单

一、实训要点

在日常工作中，人们经常要面对批量制作信函、信封、标签、工资条、成绩单、准考证等一类问题。这类问题的共同特征是：在要编辑处理的“一式多份”文档中，主要的内容都是相同或近似的，只是具体数据有一些不同的变化。这种情况下，如果能够灵活地运用 Word 2010 的邮件合并功能，就可以很好地处理这类文档，不仅操作简单，而且还可以设置各种格式，保证打印效果。

邮件合并是 Word 2010 的一项高级功能，这项功能要与 Access 数据库、Excel 数据表等数据源结合才能使用。

本任务要求运用邮件合并功能，根据某班同学已有的本学期各科成绩表，给每位同学制作一份专人专用的“成绩通知单”，通知单中包含学生姓名、各门课程的成绩，以及总分等内容。

二、实训过程

邮件合并操作需要两类文档：一类是主文档，也称为邮件文档；另一类是作为数据源的文档。前者描述了不变的固定信息，后者则是变化的信息。主文档中固定不变的内容与发送信息相关的数据源的一组数据相合并，最终批量生成所需要的邮件文档，从而大大提高了工作效率。

（一）用 Excel 制作后台数据源

打开 Excel 2010，新建一个工作簿，制作一张学生成绩表，并输入 15 名学生的信息。完成后将文档以“学生成绩表. xlsx”为文件名保存起来，以便作为生成学生成绩通知单的后台数据源。学生成绩表内容如图 3-40 所示。

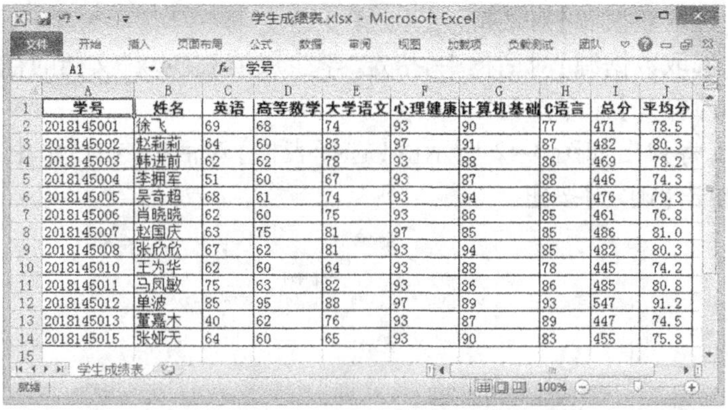

学号	姓名	英语	高等数学	大学语文	心理健康	计算机基础	C语言	总分	平均分
2018145001	徐飞	69	68	74	93	90	77	471	78.5
2018145002	赵莉莉	64	60	83	97	91	87	482	80.3
2018145003	韩进前	62	62	78	93	88	86	469	78.2
2018145004	李拥军	51	60	67	93	87	88	446	74.3
2018145005	吴奇超	68	61	74	93	94	86	476	79.3
2018145006	肖晓晓	62	60	75	93	86	85	461	76.8
2018145007	赵国庆	63	75	81	97	85	85	486	81.0
2018145008	张欣欣	67	62	81	93	94	85	482	80.3
2018145010	王为华	62	60	64	93	88	78	445	74.2
2018145011	马凤敏	75	63	82	93	86	86	485	80.8
2018145012	单波	85	95	88	97	89	93	547	91.2
2018145013	董嘉木	40	62	76	93	87	89	447	74.5
2018145015	张娅天	64	60	65	93	90	83	455	75.8

图 3-40　用 Excel 2010 建立的学生成绩表

(二)制作学生成绩通知单文档作为主文档

第一步:打开 Word 2010,新建一个名为“学生成绩通知单. docx”的文档,文档内容如图 3-41 所示。

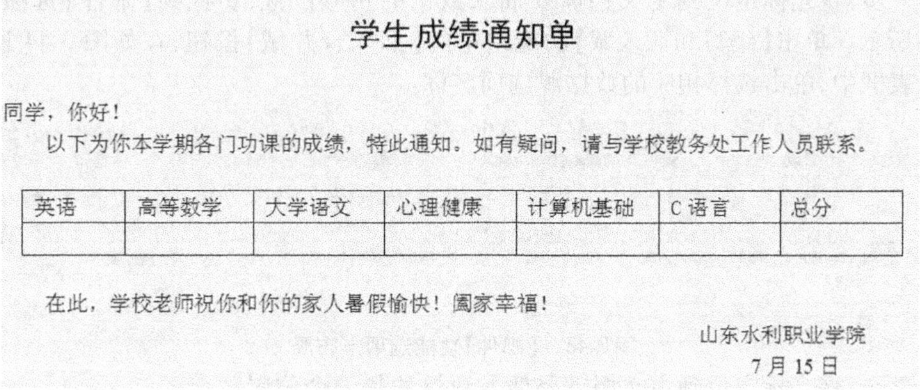

学生成绩通知单

同学，你好!

以下为你本学期各门功课的成绩，特此通知。如有疑问，请与学校教务处工作人员联系。

英语	高等数学	大学语文	心理健康	计算机基础	C 语言	总分

在此，学校老师祝你和你的家人暑假愉快!阖家幸福!

山东水利职业学院

7 月 15 日

图 3-41　学生成绩通知单

第二步:为该文档内容设置字体和段落,并设置页面格式,主要设置项目包括:纸张类型选为“B5”,纸张方向选为“横向”等。最终要让文档内容占满一页。

第三步:该文档在后续步骤中,将作为主文档使用。所谓主文档,相当于制作学生成绩通知单的模板,内容主要包括最终生成的每位同学成绩通知单中不需变化的信息。

(三)设置数据源

数据源可以是 Access 的数据库文件,也可以是 Excel 的电子表格文档。数据源的数据用来填充每位同学成绩通知单中变化的个性化信息,如学生的姓名、各门功课的成绩。这些信息会根据学生个体的不同而变化。

设置数据源的方法如下:

第一步:打开主文档,在功能区中切换到【邮件】选项卡,单击【开始邮件合并】功能组中的【选择收件人】按钮,系统弹出下拉列表框。

第二步:在下拉列表框中,如果选择【键入新列表】命令,将新建一个数据源;如果选择【使用现有列表】命令,将打开现有的数据源文件。这里我们选择【使用现有列表】命令,系统将弹出【选取数据源】对话框。

第三步:在【选取数据源】对话框中,指定“学生成绩表. xlsx”文档的存储位置,选择目标文档,然后单击【打开】命令按钮。

第四步:系统将弹出如图 3-42 所示的【选择表格】对话框,在窗格中选中“学生成绩表$”对象,然后单击【确定】按钮。

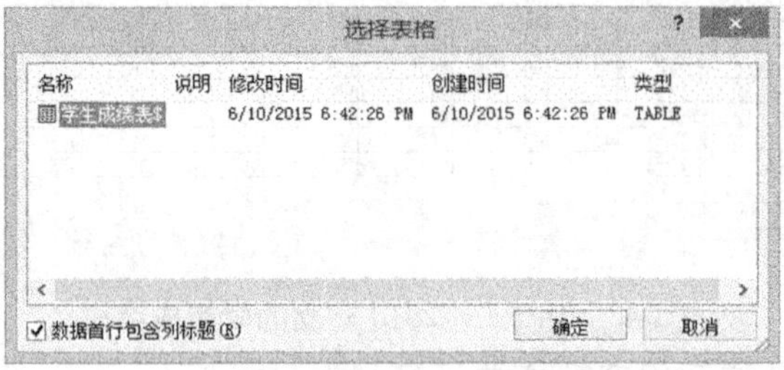

图 3-42 【选择表格】对话框

(四)插入合并域

第一步:将光标定位到主文档需要插入数据的相应位置,切换到【邮件】选项卡,如图 3-43所示。单击【编写和插入域】功能组中的【插入合并域】按钮,在如图 3-44 所示的下拉列表框中,单击选择相应的数据源选项名称。

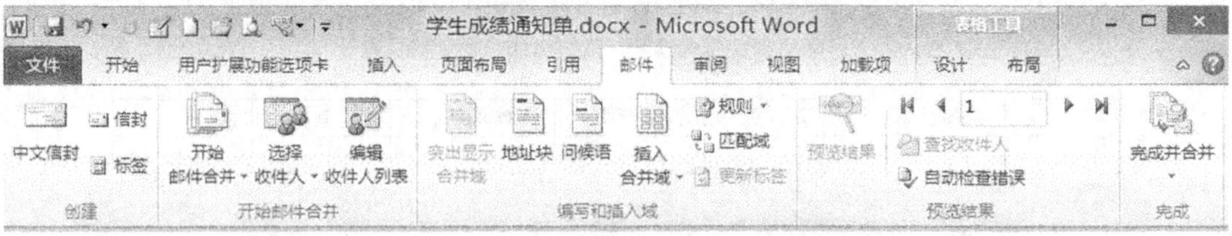

图 3-43 【邮件】功能选项卡布局

第二步:将光标定位到主文档需要插入数据的每一个位置,将数据源中的其他数据一项一项地插入到主文档的相应位置处。最终,主文档的内容如图 3-45 所示。

(五)完成邮件合并

第一步:单击【完成】功能组中的【完成并合并】按钮,在弹出的下拉列表框中选择【编辑单个文档】命令,系统将弹出如图 3-46所示的【合并到新文档】对话框。

第二步:在【合并到新文档】对话框中,给出了生成结果文档的三种范围选项:全部、当前记录或指定的记录范围。根据实际需求,选择一个合适的范围选项。

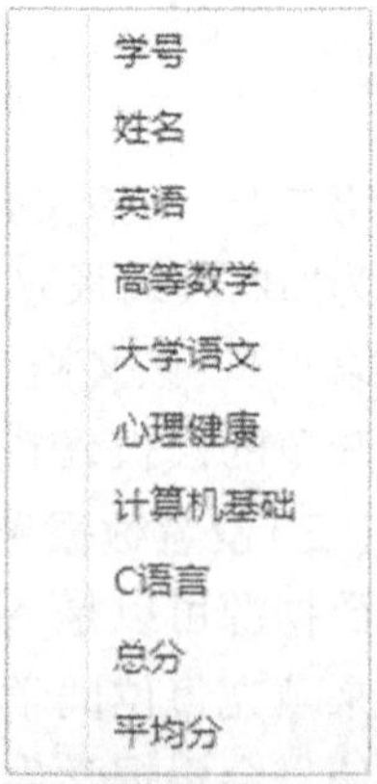

图 3-44 【插入合并域】按钮的下拉列表选项

第三步:单击【确定】按钮,系统创建出与指定范围选项一致的结果文档,从而完成邮件合并。如图 3-47 所示为选择了“学生成绩表. xlsx”文档中所有记录范围后,邮件合并后的结果,该结果为系统自动创建的一个名为“信函 1”的文档。

第四步:将名为“信函 1”的文档内容打印输出,或者将其保存,以备后用。

学生成绩通知单

«姓名»同学，你好！

以下为你本学期各门功课的成绩，特此通知。如有疑问，请与学校教务处工作人员联系。

英语	高等数学	大学语文	心理健康	计算机基础	C 语言	总分
«英语»	«高等数学»	«大学语文»	«心理健康»	«计算机基础»	«C 语言»	«总分»

在此，学校老师祝你和你的家人暑假愉快！阖家幸福！

山东水利职业学院

7 月 15 日

图 3-45　插入数据源中数据项后的主文档内容

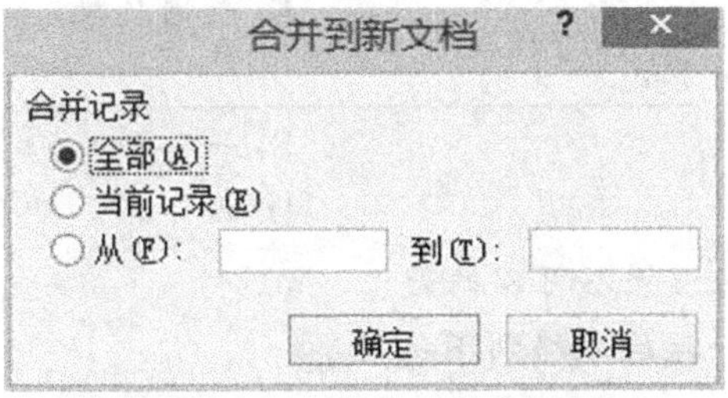

图 3-46　【合并到新文档】对话框

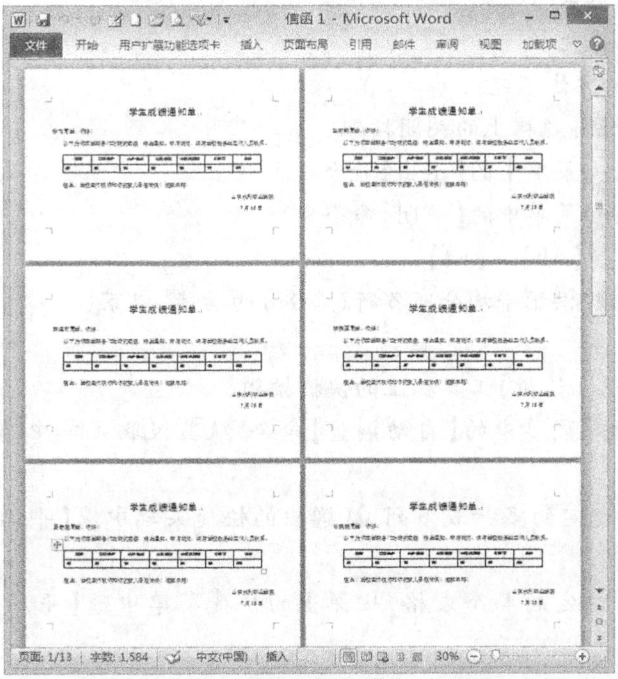

图 3-47　完成邮件合并后生成的“信函 1”文档

三、拓展操作

在 Access 2010 中，建立一个学生通讯录的数据库表，利用该数据库作为数据源，使用邮件合并功能，为通讯录中的每位同学制作一张个人名片。

综合练习

一、选择题

1. 在(　　) 对话框中可以精确设定表格的行高和列宽值。

A. 插入表格　　B. 表格自动套用格式

C. 拆分单元格　　D. 表格属性

2. 文本框有(　　)种形式。

A. 两　　B. 一

C. 三　　D. 四

3. 在 Word 中，分栏的设置不可以的是(　　)。

A. 文本在填满第一栏后才移到下一栏

B. 可以在各栏之间加入分隔线

C. 可以建立不等的栏宽

D. 最多可以分两栏

4. 退出 Word 的方法不包括 (　　)。

A. 单击 Word 标题栏上的关闭按钮

B. 单击【文件】菜单中的【退出】命令

C. 单击【文件】菜单中的【关闭】命令

D. 使用快捷键【Alt】+【F4】

5. Word 为我们提供了平均分布各行(各列)的功能，以下(　　)方法无法实现这一操作。

A. 单击【表格和边框】工具栏上的快捷按钮

B. 单击【表格】菜单中的【自动调整】命令，从其级联菜单中选择【平均分布各行(各列)】命令

C. 右键单击选定的多行或多列，从弹出的快捷菜单中选【平均分布各行(各列)】命令

D. 右键单击选定的整个表格，从弹出的快捷菜单中选【平均分布各行(各列)】命令

6. 在 Word 文档中，以下对文本选定方法正确的是(　　)。

A. 按【Ctrl】+【Shift】+【Home】可从当前位置扩展选定到文档开头

B. 按【Ctrl】+【S】键可全文选定

C. 在一行内任意位置单击鼠标可选定该行

D. 鼠标单击开始位置，然后按住【Ctrl】键的同时，单击结束位置，可选定从开始位置到结束位置之间的文本

7. 在 Word 编辑状态下，统计文档的字数，需要使用的选项卡是(　　)。

A. 开始　　B. 视图

C. 审阅　　D. 文件

8. 单击【插入】选项卡中的(　　)命令，从其级联菜单中选择【表格】命令，会弹出【插入表格】对话框。

A. 插入　　B. 绘制表格

C. 表格自动套用格式　　D. 选择

9. 浮动式对象周围的 8 个尺寸控点是(　　)的。

A. 实心　　B. 空心

C. 白色方框　　D. 黑色方框

10. 在 Word 中，选择【文件】菜单下的【另存为】命令，可以将当前打开的文档另存为(　　)。

A. txt 文本文档　　B. ppt 文件类型

C. xls 文档类型　　D. bat 文档类型

11. 在 Word 中，可看到分栏效果的视图是(　　)。

A. 页面视图　　B. 联机版式视图

C. 大纲视图　　D. 普通视图

12. 在 Word 编辑状态下，将选定的中英文同时设置为不同的字体，应使用(　　)。

A.【格式】菜单下的【字体】命令

B.【工具】菜单下的【语言】命令

C.【工具】菜单下的【拼写和语法】命令

D.【格式】工具栏中的【字体】列表框

13. 使用(　　)创建表格尽管方便快捷，但是在表格行列数上有一定的限制。

A.【常用】工具栏上的【插入表格】按钮

B.【表格】菜单命令

C. 手动绘制表格

D.【插入】菜单

14. 在日常工作中经常需要编辑会议通知、录取通知书之类的文档，在这类文档中除姓名、通信地址等少数内容不同外，其他内容完全相同。如果使用普通的编辑方法，要制作上百份甚至上千份是一件很麻烦的事情。利用 Word 提供的(　　)功能，则可以轻松完成。

A. 邮件合并　　B. 索引和目录

C. 超链接　　D. 模板

15. Word 具有自动保存的功能，其主要作用为(　　)。

A. 定时保存正在编辑的文档

B. 保存正在使用的应用程序

C. 以 .BAK 为扩展名保存文档

D. 保存一个副本

16. 在 Word 的编辑状态，选择了当前文档中的一个段落，进行【清除】操作（或按【Del】键），则（　　）。

A. 该段落被删除，但能恢复

B. 该段落被删除且不能恢复

C. 能利用回收站恢复被删除的段落

D. 该段落被移到回收站内

17. 有关 Word 的分页功能，下面说法错误的是（　　）。

A. 当文档满一页时系统会自动换一新页，并在文档中插入一个硬分页符

B. 在普通视图下，分页符是一条虚线，按【Delete】键就可以将人工分页符删除

C. 我们可以通过【Ctrl】+【Enter】组合键开始新的一页

D. Word 文档除自动分页外，也可以人工分页

18. 表格的创建方式有（　　）种。

A. 三　　B. 两

C. 一　　D. 四

19.（　　）对象不能与其他对象组合，可以与正文一起排版，但不能实现环绕。

A. 嵌入式　　B. 浮动式

C. 艺术字　　D. 剪贴画

20. 打印预览的方法有（　　）种。

A. 两　　B. 一

C. 三　　D. 四

21. Word 中，更新域的方法是（　　）。

A. 右键单击此域，从弹出的快捷菜单中选【更新域】命令。

B. 使用【Ctrl】+【Shift】+【F9】组合键

C. 使用【Ctrl】+【F11】组合键

D. 使用【Ctrl】+【Shift】+【F11】组合键

22. 在 Word 中，通常使用（　　）来控制窗口内容的显示。

A. 滚动条　　B. 控制框

C. 标尺　　D. 最大化按钮

23. 在 Word 编辑状态下，只想复制选定文字的内容而不需要复制选定文字的格式，则应（　　）。

A. 选择【编辑】→【选择性粘贴】操作

B. 直接使用粘贴按钮

C. 选择【编辑】→【粘贴】操作

D. 在指定位置按鼠标右键

24. 以下说法错误的是(　　)。

A. 用户在使用 Word 的内置样式时,有些格式不符合自己排版的要求,可以对其进行修改,甚至删除

B. 在页面设置的【文档网格】选项卡中可以设置分栏数

C. 创建页眉和页脚不需要为每一页都进行设置

D. 在使用【字数统计】对话框时,可以任意选定部分内容进行字数统计

25. 表格在一页中太大或太小都将影响整个文档的美观,那就需要对表格进行调整,行(列)在手动拖动时就会变得不均匀,Word 为我们提供了(　　)功能,它能使不均匀的表格变得均匀、美观。

A. 平均分布各行(各列)功能　　B. 根据内容调整表格

C. 根据窗口调整表格　　D. 表格自动套用格式

26. Word 提供的(　　)功能可以将绘制的多个图形组合成一个图形。

A. 组合　　B. 超链接

C. 叠放　　D. 旋转或翻转

27. (　　)相当于文档中可能发生变化的数据或邮件合并文档中套用信函、标签中的占位符。

A. 域　　B. 数据源

C. 目录　　D. 索引

28. 在 Word 中,格式化表格的方法不包括(　　)

A. 使用【表格自动套用格式】　　B. 使用【格式】菜单

C. 使用【表格属性】对话框　　D. 使用【绘制表格】命令

29. 如果要在 Word 的文档中输入②,需要使用(　　)。

A. 符号　　B. 对象

C. 字体　　D. 段落

30. 在 Word 中,要选定一段文本,可把鼠标移至页面左侧选定栏处(　　)。

A. 双击鼠标左键　　B. 单击鼠标左键

C. 连续三击鼠标左键　　D. 单击鼠标右键

31. 如果要在一篇 Word 文档中设置两种不同的页面格式,必须将该文档分成(　　)。

A. 两节　　B. 两个独立的文件

C. 两个段落　　D. 两页

32. 如果要打印连续的多页,如 4 到 13,则在页码范围中输入(　　)。

A. 4 -13　　B. 4,13

C. 4_13　　D. 4. 13

33. Word 提供了打印预览功能,以下方法中无法实现预览的有(　　)。

A. 在页面视图下,使用【常用】工具栏上的【显示比例】按钮

B. 使用编辑窗口中的标尺

C. 使用【常用】工具栏上的【文档结构图】按钮

D. 单击【编辑】菜单中【全屏显示】命令

34. Word 的主要功能不包括（　　）。

A. 格式化磁盘　　B. 图形处理

C. 表格处理　　D. 版式设计与打印

35. Word 中的绘图工具栏提供了一系列绘图工具，利用这些绘图工具不可以绘制出（　　）。

A. 直线　　B. 长方形

C. 圆形　　D. 表格

36. 编辑文本时，如果要删除光标前的一个英文字符或汉字，可以按（　　）键。

A. BackSpace　　B. Delete

C. Home　　D. PgDn

37.（　　）是微软公司推出的 Windows 环境下的字处理软件。

A. Word　　B. WPS

C. DOS　　D. Flash

38. 在 Word 文档中，按（　　）键同时拖动鼠标，可纵向选定一个矩形文本区域。

A. Alt　　B. Esc

C. Shift　　D. Ctrl

39.（　　）对象可以放置到页面的任意位置，并允许与其他对象组合。

A. 浮动式　　B. 嵌入式

C. 艺术字　　D. 剪贴画

40. 在 Word 中，下列有关艺术字的说法正确的是（　　）。

A. 一组艺术字的字体、字号都相同

B. 一组艺术字的不同字符可以有不同字号

C. 一组艺术字的不同字符可以有不同字体、字号

D. 一组艺术字的不同字符可以有不同字体

41. Word 中，在打印预览窗口中，不可以（　　）。

A. 预览双页　　B. 设置打开密码

C. 全屏显示　　D. 设置页宽

42. 在 Word 中，下列关于【格式】菜单的功能说法中，错误的是（　　）。

A. 用【格式】菜单中的【段落】命令不可以改变字间距

B. 用【格式】菜单中的【段落】命令可以改变字间距和行间距

C. 用【格式】菜单中的【字体】命令不可以改变行间距

D. 用【格式】菜单中的【字体】命令可以改变字符的颜色

43. 在 Word 中，下列有关页边距的说法，错误的是（　　）。

A. 设置页边距影响原有的段落缩进

B. 可以同时设置装订线的距离

C. 用户可以同时设置左、右、上、下页边距

D. 用户可以使用标尺来调整页边距

44.(　　)用于显示当前窗体的状态,如当前的页号、节号、当前页及总页数、光标插入点位置、改写/插入状态、当前使用的语言等信息。

A. 状态栏　　B. 任务栏

C. 标题栏　　D. 工具栏

45. 在 Word 文档中,选定文档某行内容后,使用鼠标拖动方法将其移动时,配合的键盘操作是(　　)。

A. 不做操作　　B. 按住【Ctrl】键

C. 按住【Alt】键　　D. 按住【Esc】键

46. 使用下列(　　)功能可以快速格式化表格。

A. 表格自动套用格式　　B. 使用菜单命令建表格

C. 使用【格式】菜单　　D. 使用条件格式

47. Word 默认的插入剪贴画和图片的形式是(　　)。

A. 浮动式　　B. 嵌入式

C. 四周型　　D. 紧密型

48. 在文档打印前最好进行(　　),防止因为文档设置不合适造成打印浪费。

A. 打印预览　　B. 打印

C. 页面设置　　D. 保存

49. 如果要使选定的单元格连同其中的数据一并都从当前工作表中消失,应该选择【编辑】菜单下的(　　)命令。

A. 删除　　B. 清除/全部

C. 清除/内容　　D. 清除/格式

50. 在 Word 中,关于制表位的有关说法错误的是(　　)。

A. 常见的制表符有左对齐制表符、右对齐制表符、居中制表符、小数点对齐制表符和竖线对齐制表符

B. 若要设置精确的度量值,可通过【格式】菜单中的【制表位】命令

C. 要删除制表位,用鼠标按住制表位,拖离标尺栏释放鼠标即可

D. Word 中默认的制表位是四个字符

51. Word 提供了强有力的帮助系统,下面说法错误的是(　　)。

A.【帮助】系统既能回答用户的问题,也能解决系统自身的各种问题

B. 可以通过 Microsoft Office Online 网站获取联机帮助

C. 当遇到问题时,按【F1】键即可启动【帮助】窗口

D. 可通过【帮助】菜单中的【帮助】选项启动【帮助】窗口

52. Word 的查找、替换功能非常强大,下面的叙述中正确的是(　　)。

A. 不可以按指定文字的格式进行查找及替换

B. 可以指定查找文字的格式,但不可以指定替换文字的格式

C. 可以按指定文字的格式进行查找及替换

D. 不可以指定查找文字的格式,只可以指定替换文字的格式

53. 在 Word 编辑状态下,进行改变段落的缩进方式、调整左右边界等操作,最直观、快速的方法是利用(　　)。

A. 菜单栏　　B. 工具栏

C. 格式栏　　D. 标尺

54. 利用(　　)用户可以随心所欲地绘制出不同行高、列宽的各种不规则的复杂表格。

A. 使用【表格和边框】工具绘制表格

B. 使用【插入】菜单

C. 使用绘图工具栏

D. 使用常用工具栏上的【插入表格】按钮

55. 在 Word 的“选择性粘贴”中,不可把选中的内容粘贴为(　　)。

A. 无格式文本　　B. 带格式文本

C. 图片　　D. Excel 格式

二、判断题

1. 滚动条分垂直滚动条和水平滚动条,但标尺就只有水平标尺。(　　)

2. 在 Word 中,按【Delete】键,可删除光标前的字符。(　　)

3. Word 的空白文档就是一种模板。(　　)

4. 可以通过拖动标尺上的制表符,设定表格的行高和列宽。(　　)

5. Word 中,在【打印】对话框里,可设置只打印光标插入点所在的页。(　　)

6. 在 Word 中,一个文档中的页眉页脚总是相同的。(　　)

7. 在 Word 中可以插入图片,但不能绘制流程图、结构图等。(　　)

8. Word 的工具栏可以放置在窗口的任意位置。(　　)

9. 使用【表格自动套用格式】对话框,可套用所选样式的全部格式,不能套用部分格式,也不能对表格格式进行修改。(　　)

10. 实际上,Windows 的“回收站”,就是一个特定的文件夹。(　　)

11. 在 Word 中,使用鼠标拖放的方法,可以复制文本,也可以移动文本。(　　)

12. 在 Word 中,间距是指所选定段落中行与行之间的距离。(　　)

13. 在 Word 中,默认情况下,用鼠标单击插入的域,域会被罩之以灰色的底纹。(　　)

14. 在按下【Shift】键的同时单击【文件】菜单,选择【全部保存】命令就可将所有已经打开的 Word 文档逐一保存。(　　)

15. 用【表格】菜单命令这种方法适合创建不同行高、列宽的各种不同规则的复杂表格。(　　)

16. 在 Word 中,在打印预览窗口中,不可以对文档进行编辑。(　　)

17. 演示文稿中的“版式”指的是幻灯片内容在幻灯片上的排列方式,它由占位符组成,而占位符可放置文字和幻灯片内容(例如,表格、图表、图片、形状和剪贴画)。(　　)

18. 用“常用”工具栏上的【插入表格】按钮适合创建规模较小的表格。(　　)

19. 在 Word 文档中使用自选图形绘制好图形后,可在其中添加文字。(　　)

20. 通过【格式】工具栏上的工具按钮,可以设置单元格内文字的水平对齐和垂直对齐方式。(　　)

21. 通过文本框可以把文字放置在页面的任意位置,但不能和其他图形产生环绕、组合等特殊效果。(　　)

项目四　电子表格软件 Excel 2010

任务一　常见函数运算应用

一、实训要点

掌握 Excel 2010 的 SUMIF、AVERAGE、AVERAGEIF、COUNTIF、RANK、MAX、MIN、IF 等常见函数的使用方法。

二、实训过程

(一)SUMIF 函数

下面的操作中要求显示女性员工工资总额,打开“员工情况. xlsx”文件,在单元格 C13 中输入“ = SUMIF(B3:B12,"女",C3:C12)”,如图 4-1 所示。确保输入参数无误后按【回车】键,计算结果如图 4-2 所示。

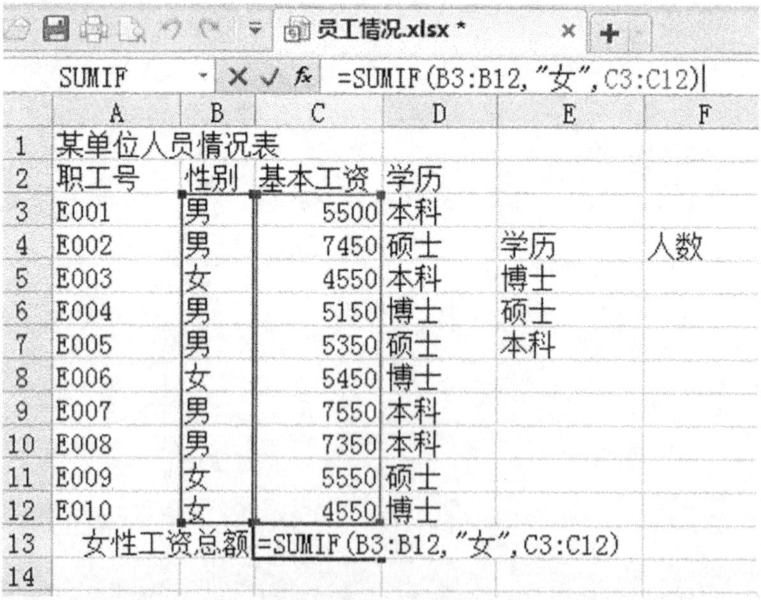

	A	B	C	D	E	F
1	某单位人员情况表					
2	职工号	性别	基本工资	学历		
3	E001	男	5500	本科		
4	E002	男	7450	硕士	学历	人数
5	E003	女	4550	本科	博士	
6	E004	男	5150	博士	硕士	
7	E005	男	5350	硕士	本科	
8	E006	女	5450	博士		
9	E007	男	7550	本科		
10	E008	男	7350	本科		
11	E009	女	5550	硕士		
12	E010	女	4550	博士		
13	女性工资总额		=SUMIF(B3:B12,"女",C3:C12)			
14						

图 4-1　SUMIF 函数应用

(二)平均值函数(AVERAGE、AVERAGEIF)

(1)欲计算单位所有员工的平均工资,打开“员工情况. xlsx”文件,在单元格 C13 中输入“ = AVERAGE(C3:C12)”,如图 4-3 所示。按【回车】键后,B13 单元格显示计算结果,如图 4-4 所示。

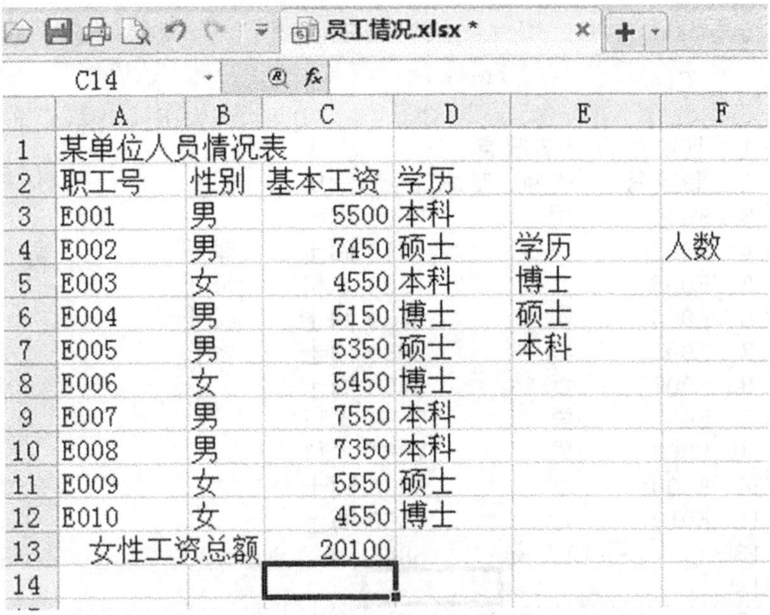

	A	B	C	D	E	F
1	某单位人员情况表					
2	职工号	性别	基本工资	学历		
3	E001	男	5500	本科		
4	E002	男	7450	硕士	学历	人数
5	E003	女	4550	本科	博士	
6	E004	男	5150	博士	硕士	
7	E005	男	5350	硕士	本科	
8	E006	女	5450	博士		
9	E007	男	7550	本科		
10	E008	男	7350	本科		
11	E009	女	5550	硕士		
12	E010	女	4550	博士		
13	女性工资总额		20100			
14						

图 4-2　SUMIF 函数计算结果

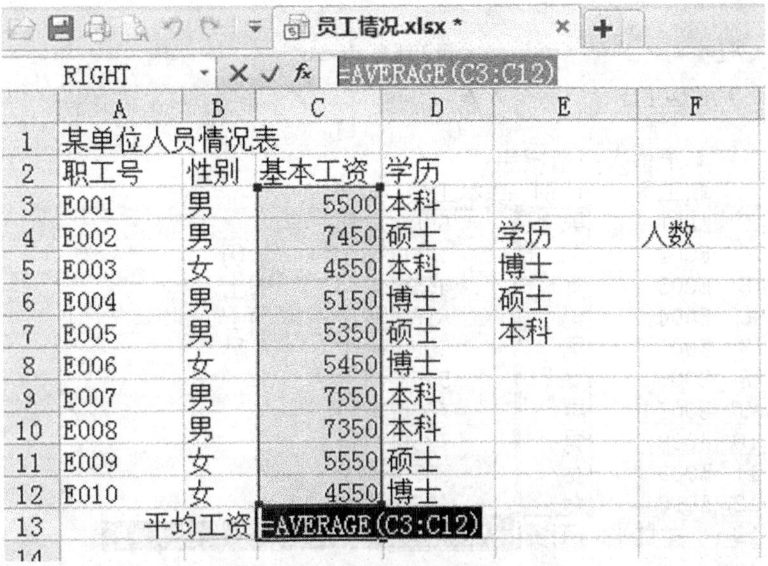

	A	B	C	D	E	F
1	某单位人员情况表					
2	职工号	性别	基本工资	学历		
3	E001	男	5500	本科		
4	E002	男	7450	硕士	学历	人数
5	E003	女	4550	本科	博士	
6	E004	男	5150	博士	硕士	
7	E005	男	5350	硕士	本科	
8	E006	女	5450	博士		
9	E007	男	7550	本科		
10	E008	男	7350	本科		
11	E009	女	5550	硕士		
12	E010	女	4550	博士		
13	平均工资		=AVERAGE(C3:C12)			

图 4-3　平均值 AVERAGE 函数

(2)AVERAGEIF 函数的作用是返回某个区域内满足给定条件的所有单元格的平均值。比如使用该函数求取单位女性员工平均工资,打开“员工情况. xlsx”文件,在单元格 C13 中输入“ = AVERAGEIF(B3:B12,"女",C3:C12)”,如图 4-5 所示。按【回车】键确认输入,计算结果如图 4-6 所示。

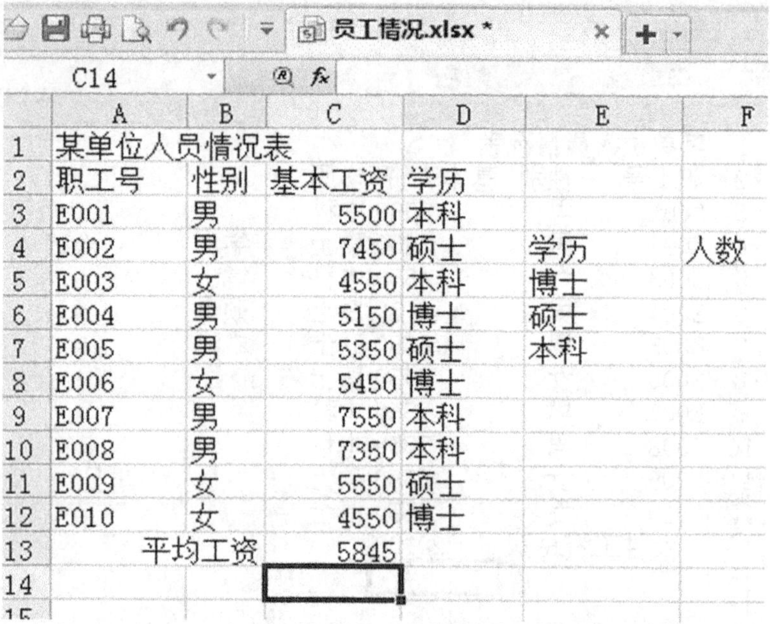

	A	B	C	D	E	F
1	某单位人员情况表					
2	职工号	性别	基本工资	学历		
3	E001	男	5500	本科		
4	E002	男	7450	硕士	学历	人数
5	E003	女	4550	本科	博士	
6	E004	男	5150	博士	硕士	
7	E005	男	5350	硕士	本科	
8	E006	女	5450	博士		
9	E007	男	7550	本科		
10	E008	男	7350	本科		
11	E009	女	5550	硕士		
12	E010	女	4550	博士		
13		平均工资	5845			

图 4-4　AVERAGE 函数的计算结果

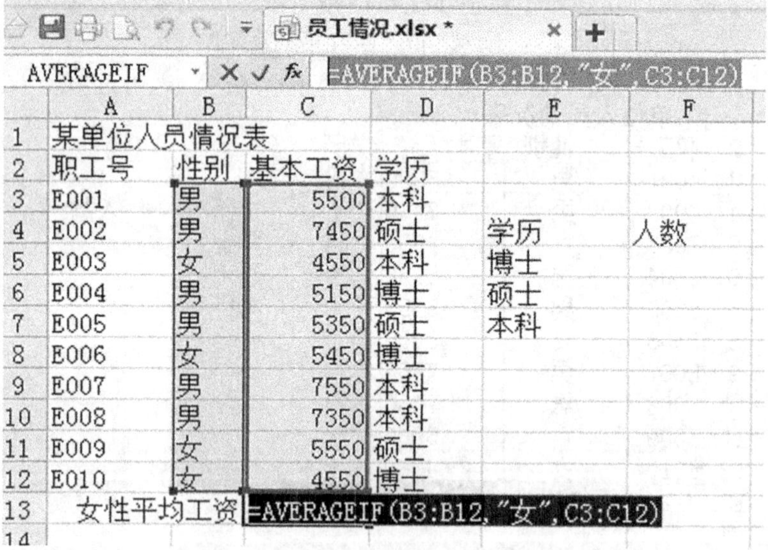

	A	B	C	D	E	F
1	某单位人员情况表					
2	职工号	性别	基本工资	学历		
3	E001	男	5500	本科		
4	E002	男	7450	硕士	学历	人数
5	E003	女	4550	本科	博士	
6	E004	男	5150	博士	硕士	
7	E005	男	5350	硕士	本科	
8	E006	女	5450	博士		
9	E007	男	7550	本科		
10	E008	男	7350	本科		
11	E009	女	5550	硕士		
12	E010	女	4550	博士		
13	女性平均工资		=AVERAGEIF(B3:B12,"女",C3:C12)			

图 4-5　条件平均数 AVERAGEIF 函数格式

(三) COUNTIF 函数

COUNTIF 函数的作用是统计指定单元格区域中符合指定条件的单元格个数。比如在“员工情况.xlsx”文件中求员工的学历是博士的人数。如图 4-7 所示，在单元格 F5 中输入“=COUNTIF(D3:D12,"博士")”，按【回车】键后，单元格 F5 中出现函数计算结果，如图 4-8 所示。

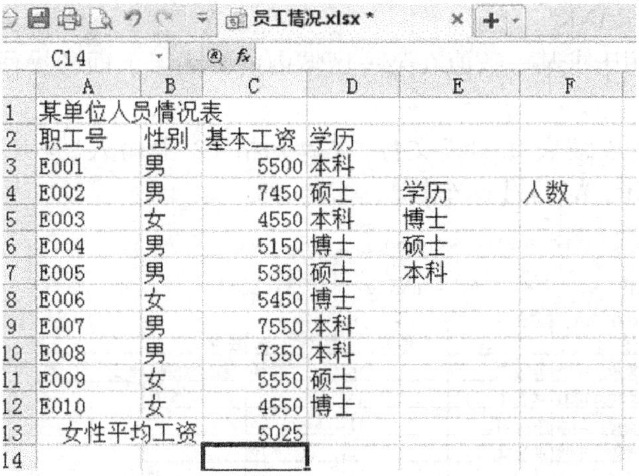

图 4-6　AVERAGEIF 函数计算结果

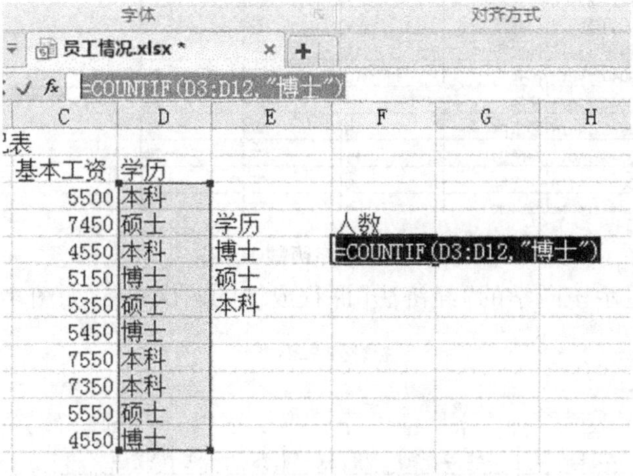

图 4-7　COUNTIF 函数格式

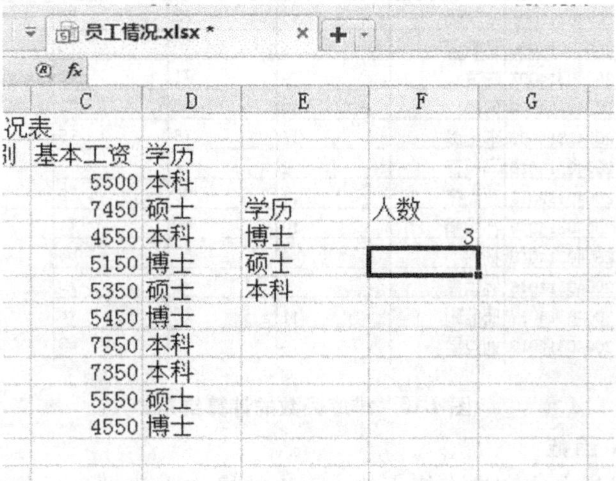

图 4-8　COUNTIF 函数计算结果

(四)排序函数 RANK

RANK 函数常用于求某一数值在某一区域内的排名。下面的操作中,要求显示学生某课程排名名次。

(1)打开“学生成绩表 2. xls”文件,在单元格 F2 中输入“ = RANK(E2:E36,E2:E36)”,如图 4-9 所示,然后按【回车】键。

	A	B	C	D	E	F	G
1	学 号	姓 名	刑法	行政诉讼法	经济法		
2	20040315003	范慧方	10	86	=RANK(E2:E36,E2:E36)		
3	20040317004	林志佳	10	81	76		
4	20040315005	褚宗明	11	85	83		
5	20040314006	梁智肇	9	78	70		
6	20040314007	陆凌	9	71	82		
7	20040314008	何静	10	80	71		
8	20040314009	李金彪	11	78	75		
9	20040316010	马长青	8	81	73		
10	20040319011	孙大伟	11	83	66		
11	20040314013	孙秀娟	10	80	74		
12	20040314015	杨丹	9	85	88		
13	20040314016	晏孟良	9	92	70		
14	20040314017	唐欣瑜	11	78	78		
15	20040314018	刘克星	9	85	63		
16	20040314019	[illegible]	9	80	83		

图 4-9 排序函数 RANK

(2)可以显示该同学的“经济法”课程成绩的名次是 6,如图 4-10 所示。

	A	B	C	D	E	F
1	学 号	姓 名	刑法	行政诉讼法	经济法	
2	20040315003	范慧方	10	86	82	6
3	20040317004	林志佳	10	81	76	
4	20040315005	褚宗明	11	85	83	
5	20040314006	梁智肇	9	78	70	
6	20040314007	陆凌	9	71	82	
7	20040314008	何静	10	80	71	
8	20040314009	李金彪	11	78	75	
9	20040316010	马长青	8	81	73	
10	20040319011	孙大伟	11	83	66	
11	20040314013	孙秀娟	10	80	74	
12	20040314015	杨丹	9	85	88	
13	20040314016	晏孟良	9	92	70	
14	20040314017	唐欣瑜	11	78	78	
15	20040314018	刘克星	9	85	63	

图 4-10 排序函数的计算结果

(五)MAX、MIN 函数

MAX 和 MIN 为最大值和最小值函数。下面的操作中要求显示指定区域内员工的最高工资和最低工资。

打开“员工情况. xlsx”文件，在单元格 C13 中输入“ = MAX(C3 : C12)”，然后按【回车】键确认，则可以显示该选定区域内员工的最高工资结果，如图 4-11 所示。

图 4-11　MAX 函数

在单元格 C14 中输入“ = MIN(C3 : C12)”，按【回车】键确认输入，C14 单元格中显示 C3 : C12 区域内最低工资结果，如图 4-12 所示。

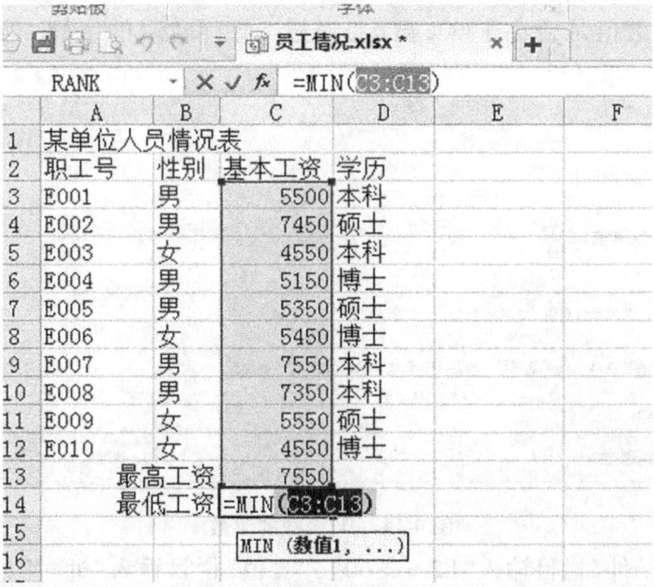

图 4-12　最小值 MIN 函数

MAX、MIN 函数的计算结果如图 4-13 所示。

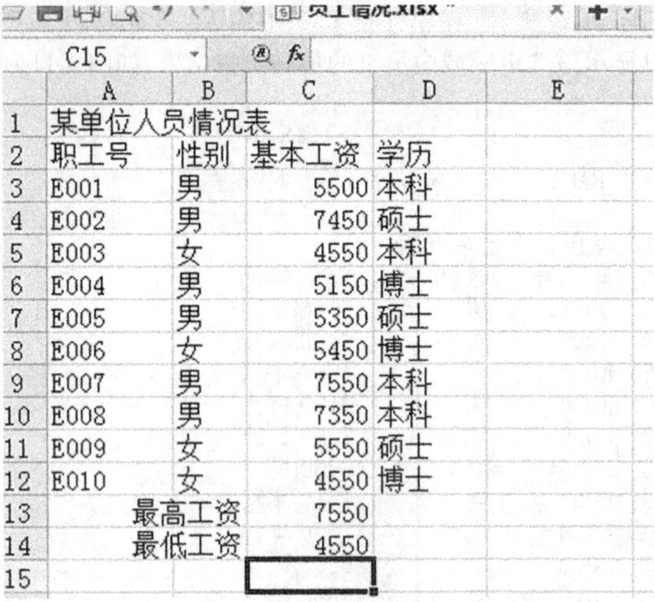

	A	B	C	D	E
1	某单位人员情况表				
2	职工号	性别	基本工资	学历	
3	E001	男	5500	本科	
4	E002	男	7450	硕士	
5	E003	女	4550	本科	
6	E004	男	5150	博士	
7	E005	男	5350	硕士	
8	E006	女	5450	博士	
9	E007	男	7550	本科	
10	E008	男	7350	本科	
11	E009	女	5550	硕士	
12	E010	女	4550	博士	
13		最高工资	7550		
14		最低工资	4550		
15					

图 4-13　MAX、MIN 函数的计算结果

（六）IF 函数

IF 函数根据指定的条件来判断其“真”（TRUE）、“假”（FALSE），根据逻辑计算的真假值，从而返回相应的内容，可以使用 IF 函数对数值和公式进行条件检测。比如，成绩大于等于 60 分则显示“通过”，否则显示“重修”。具体操作如下：

（1）打开“学生成绩表 2. xls”文件，点击 F2 单元格，使用 IF 函数后，F2 单元格中将会根据 E2 单元格内数值是否小于 60，显示“通过”或“重修”的字样。函数 IF 的参数如图 4-14所示。

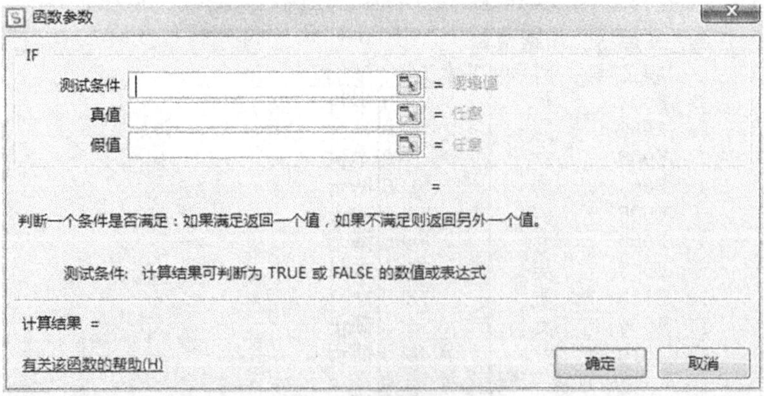

图 4-14　IF 函数的参数

（2）在“测试条件”栏目输入“E2 > = 60”，“真值”栏目输入“通过”，“假值”栏目输入“重修”，然后点击【确定】按钮或者按【回车】键确认，如图 4-15 所示。

（3）在图 4-15 中点击【确定】按钮后，可以看到在 F2 单元格中显示“通过”，如图 4-16 所示。

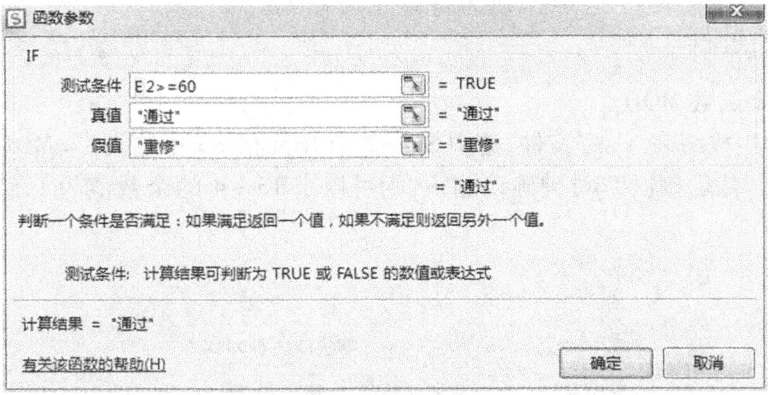

图 4-15　IF 函数的参数填写

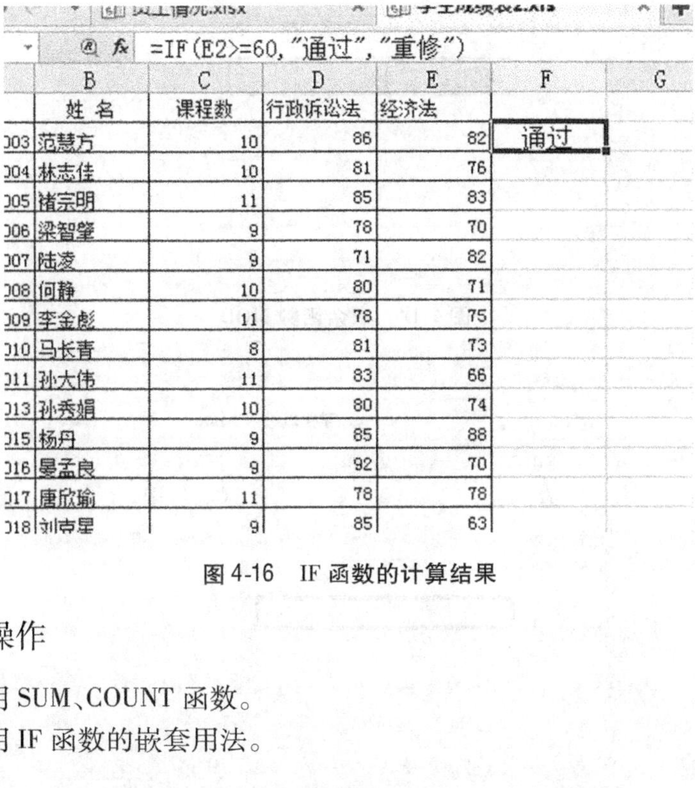

	B	C	D	E	F	G
	姓 名	课程数	行政诉讼法	经济法		
003	范慧方	10	86	82	通过	
004	林志佳	10	81	76		
005	褚宗明	11	85	83		
006	梁智肇	9	78	70		
007	陆凌	9	71	82		
008	何静	10	80	71		
009	李金彪	11	78	75		
010	马长青	8	81	73		
011	孙大伟	11	83	66		
013	孙秀娟	10	80	74		
015	杨丹	9	85	88		
016	晏孟良	9	92	70		
017	唐欣瑜	11	78	78		
018	刘克星	9	85	63		

图 4-16　IF 函数的计算结果

三、拓展操作

1. 练习使用 SUM、COUNT 函数。
2. 练习使用 IF 函数的嵌套用法。

任务二　函数运算综合应用

一、实训要点

掌握 Excel 2010 的 MOD、MID、LEFT、RIGHT、NOW、YEAR、MONTH 等函数使用方法。

二、实训过程

(一)求余函数 MOD

打开“学生成绩表. xlsx”文件,选中 Sheet2,在单元格 B3 中输入“ = MOD(13,4)”,如图 4-17 所示。然后按【回车】键确认输入,则可以求 13 ÷ 4 的余数值为 1,结果如图 4-18 所示。

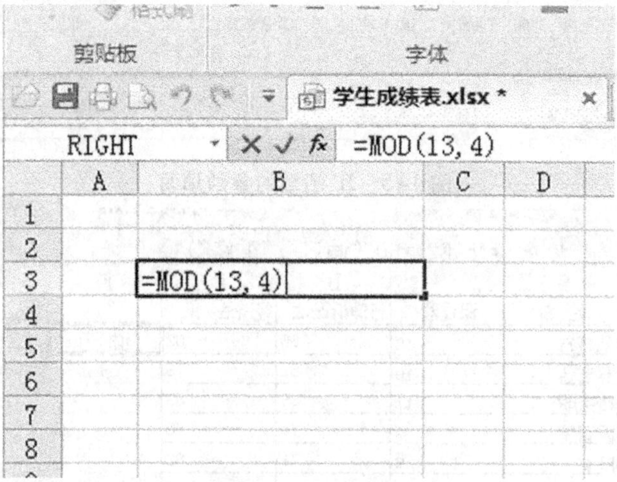

图 4-17　求余函数 MOD

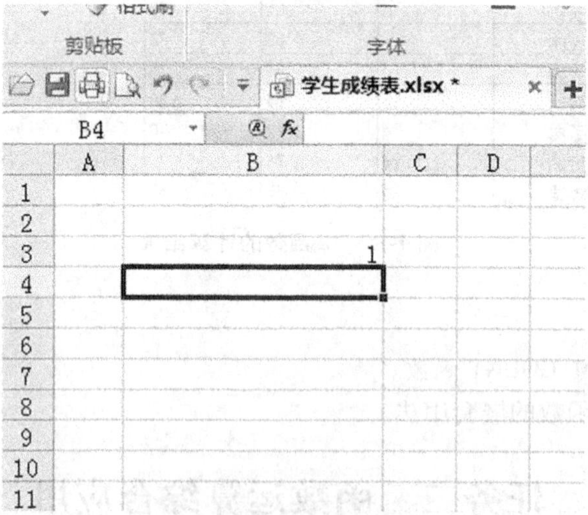

图 4-18　求余函数运算结果

(二)取子串函数(MID、LEFT、RIGHT)

在“学生成绩表 2. xls”文件中,学生的学号前八位表示学生的班级,第九位表示注册状态,最后两位表示学生的座位号。现在要求显示这三种数据。

(1)打开学生成绩表文件,在单元格 E1 中输入“班级编号”,在单元格 F1 中输入“注册状态”,在单元格 G1 中输入“座位号”,如图 4-19 所示。

(2)LEFT 函数:在单元格 E2 中输入“ = LEFT(A2,8)”,然后按【回车】键, 函数对 A2 单元格内范慧方的学号进行运算,将学号的从左边起 8 位数字,也就是范慧方所在的班级号显示出来。运算格式如图 4-19 所示。运算结果如图 4-20 所示。

=LEFT(A2,8)

B	C	D	E	F	G
姓 名	行政诉讼法	经济法	班级编号	注册状态	座位号
范慧方	86	82	=LEFT		
林志佳	81	76			
褚宗明	85	83			
梁智肇	78	70			
陆凌	71	82			
何静	80	71			
李金彪	78	75			
马长青	81	73			
孙大伟	83	66			
孙秀娟	80	74			
杨丹	85	88			
晏孟良	92	70			
唐欣瑜	78	78			

图 4-19　LEFT 函数应用实例

(3)MID 函数:MID 函数的作用是从一个文本字符串的指定位置开始,截取指定数目的字符。在单元格 F2 中输入“ = MID(A2,9,1)”,然后按【回车】键,函数对 A2 单元格内的字符串进行运算,从该字符串左侧第 9 位起,截取 1 位字符,也就是范慧方的注册状态。运算结果是在 F2 单元格内显示注册状态,如图 4-20 所示。

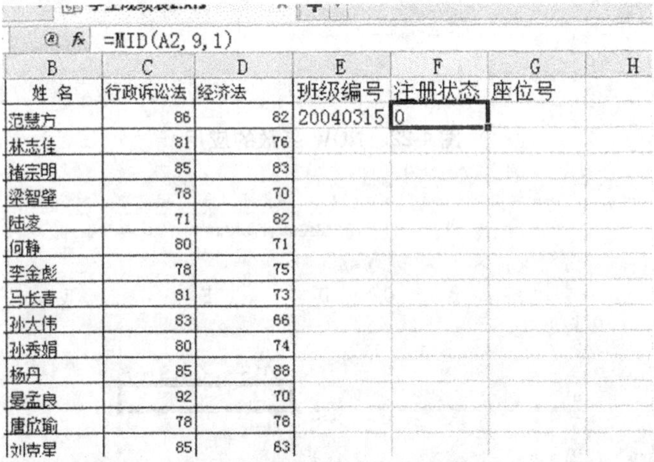

=MID(A2, 9, 1)

B	C	D	E	F	G	H
姓 名	行政诉讼法	经济法	班级编号	注册状态	座位号	
范慧方	86	82	20040315	0		
林志佳	81	76				
褚宗明	85	83				
梁智肇	78	70				
陆凌	71	82				
何静	80	71				
李金彪	78	75				
马长青	81	73				
孙大伟	83	66				
孙秀娟	80	74				
杨丹	85	88				
晏孟良	92	70				
唐欣瑜	78	78				
刘克星	85	63				

图 4-20　MID 函数的应用

(4)RIGHT 函数:该函数的作用是从一个文本字符串的右侧开始,截取指定数目的字符。在 G2 单元格内输入“ = RIGHT(A2,2)”,函数将从 A2 单元格内的字符串的右侧起截取 2 位,这 2 位数表示的是学生的座位号。按【回车】键确认输入。G2 单元格内显示范慧方的座位号是“03”,如图 4-21 所示。

(三)日期函数(NOW、YEAR、MONTH)

(1)NOW 函数可以显示当前的日期和时间。打开学生成绩表文件,选中 Sheet2,在单

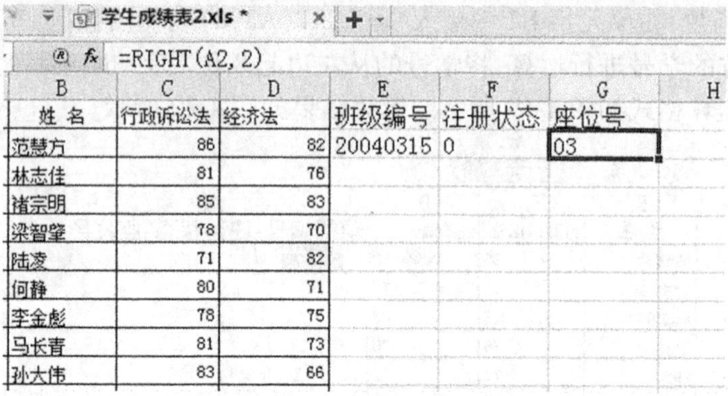

图 4-21 RIGHT 函数的应用

元格 E3 中输入“=NOW()”,如图 4-22 所示。然后按【回车】键,则可以在单元格 E3 内显示当前的日期和时间,如图 4-23 所示。

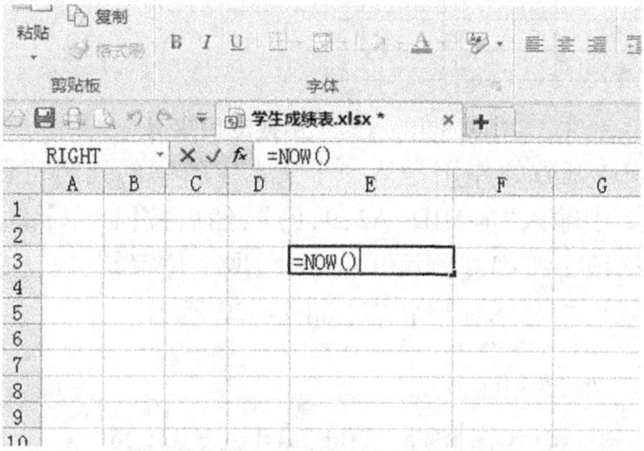

图 4-22 NOW 函数的应用

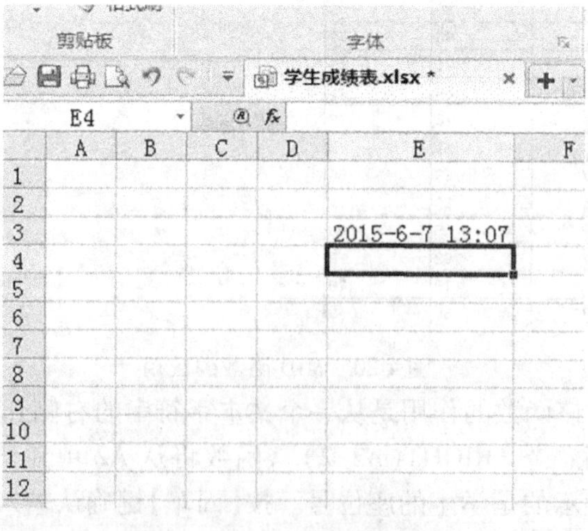

图 4-23 NOW 函数的运算结果

(2)在单元格 E5 中输入“=YEAR(E3)”,如图 4-24 所示。然后按【回车】键,则可在 E5 单元格内显示 E3 内日期的年份,如图 4-25 所示。

图 4-24　YEAR 函数的应用

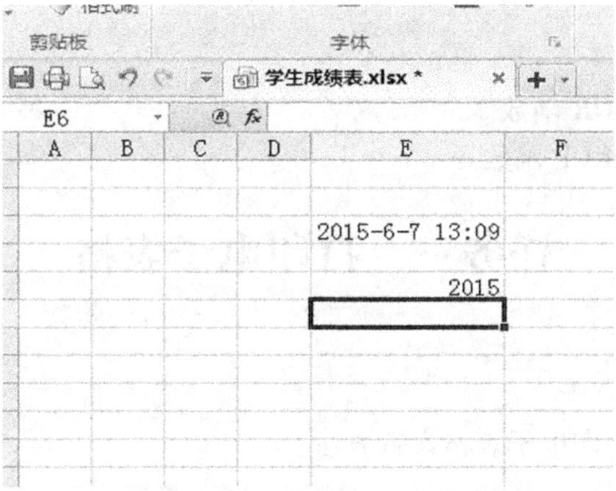

图 4-25　YEAR 函数的运算结果

(3) MONTH 函数用于显示选定单元格内日期的月份。在单元格 E6 中输入“=MONTH(E3)”,如图 4-26 所示。然后按【回车】键,则可在 E6 单元格内显示 E3 单元格内日期的月份,如图 4-27 所示。

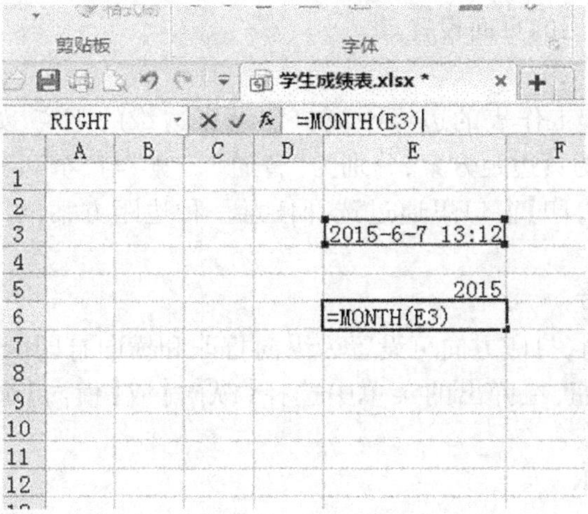

图 4-26　MONTH 函数应用

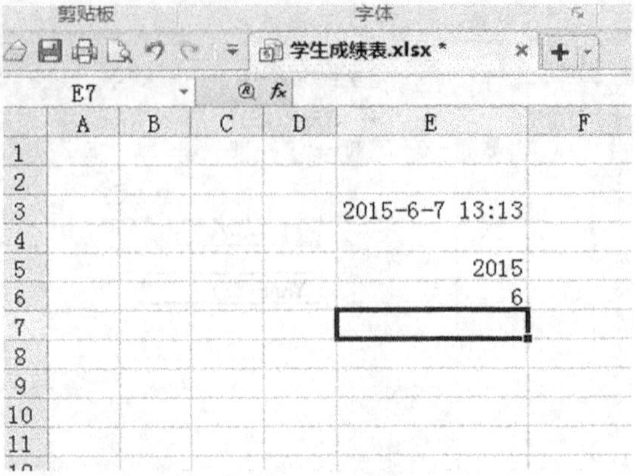

图 4-27 MONTH 函数的运算结果

三、拓展操作

1. 练习使用 AND、OR 函数。
2. 练习使用 VLOOKUP 函数。

任务三 打印电子表格

一、实训要点

掌握 Excel 2010 打印电子表格设置方法。

二、实训过程

(一)设置打印页面

在打印工作表之前,可根据要求对希望打印的工作表进行一些必要的设置。例如,设置打印的方向、纸张的大小、页眉或页脚和页边距等。在【页面布局】选项卡的【页面设置】组中可以完成最常用的页面设置。

(二)设置页边距

页边距指的是打印工作表的边缘距离打印纸张边缘的距离,如图 4-28 所示。Excel 2010 提供了 3 种预设的页边距方案,分别为“普通”、“宽”与“窄”,其中默认使用的是“普通”页边距方案。在【打印】窗口里通过选择任意一种边距方案,可以快速设置页边距效果。

(三)设置纸张方向

在设置打印页面时,打印方向可设置为纵向打印和横向打印两种。在【页面设置】组中单击【纸张方向】按钮,在弹出的菜单中选择【纵向】或【横向】命令,可以设置打印方向。

(四)设置纸张大小

在设置打印页面时,应选用与打印机中打印纸大小对应的纸张大小。在【页面设置】

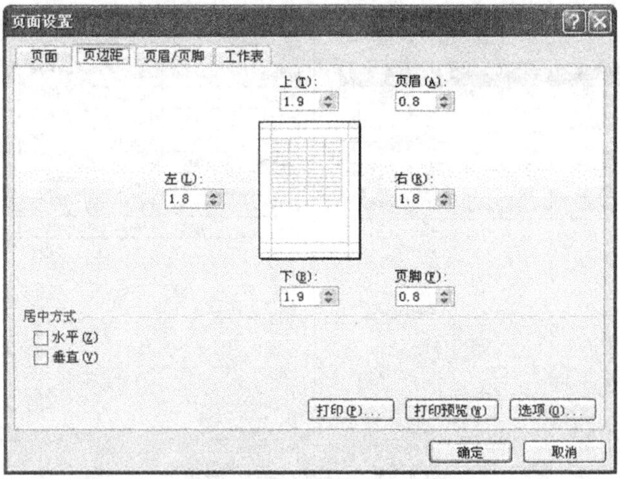

图 4-28　Excel 页面设置

组中单击【纸张大小】按钮，在弹出的菜单中选择纸张大小，如图 4-29 所示。

（五）设置打印区域

在打印工作表时，可能会遇到不需要打印整张工作表的情况，此时可以设置打印区域，只打印工作表中所需的部分，如图 4-30 所示。

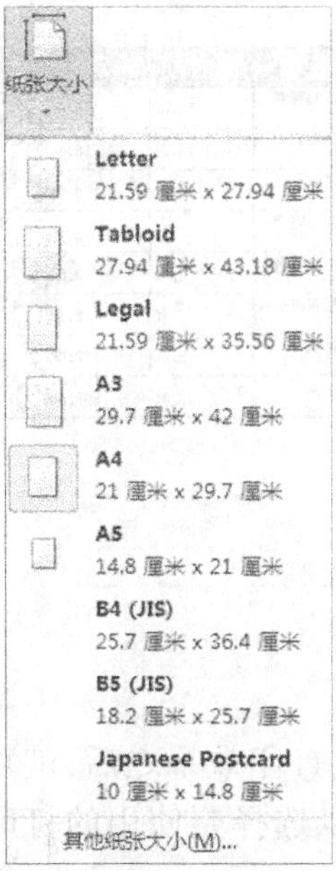

图 4-29　选择打印纸张大小

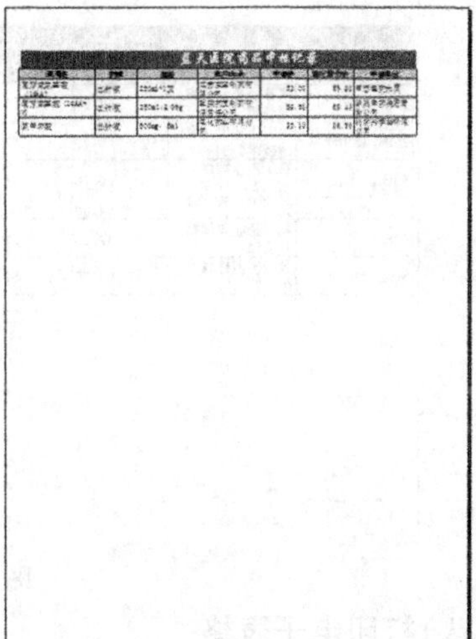

图 4-30　设置打印区域

（六）设置分页符

如果用户需要打印的工作表中的内容不止一页，Excel 2010 会自动插入分页符，将工作表分成多页。这些分页符的位置取决于纸张的大小及页边距设置。用户也可以自定义插入分页符的位置，从而改变页面布局，如图 4-31 所示。

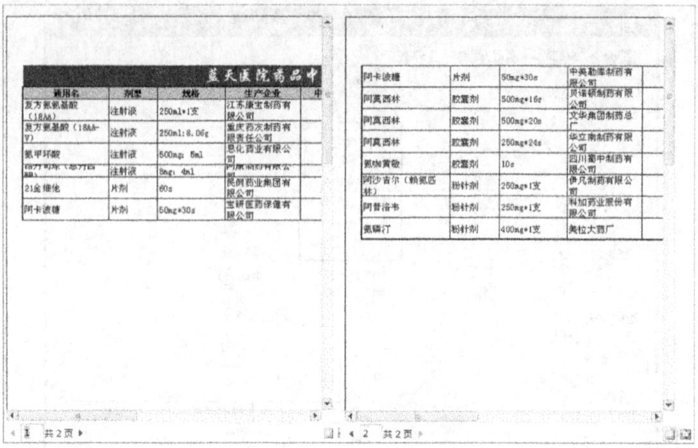

图 4-31　设置分页符效果

（七）设置打印标题

在打印工作表时，可以选择工作表中的任意行或列为打印标题。若选择行为打印标题，则该行会出现在打印页的顶端，若选择列为打印标题，则该列会出现在打印页的最左端，如图 4-32 所示。

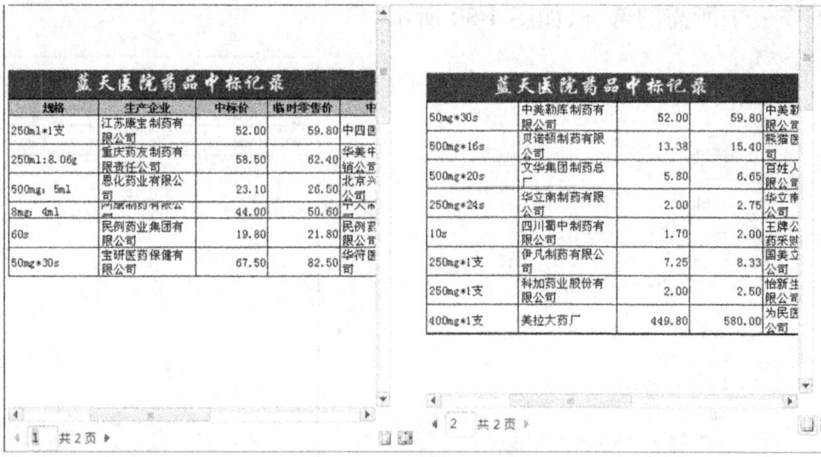

图 4-32　设置打印标题

（八）打印电子表格

设置工作表的打印页面效果并在打印预览窗口确认打印效果之后，就可以打印该工作表。选择【文件】→【打印】命令，在【打印】窗口中可以选择要使用的打印机并设置打印范围、打印内容等选项，如图 4-33 所示。

在 Excel 2010 中除可以打印工作表中的表格外，还可以打印工作表中的图表。打印图表的方法与打印表格的方法相似，如图 4-34 所示。

Excel 2010 提供的“照相机”工具可以在一页上打印电子表格中不连续的区域。用户可以使用添加命令按钮到“快速访问工具栏”的方法，将“照相机”按钮添加到“快速访问工具栏”上，方便用户使用“照相机”工具 。使用后的效果如图 4-35 所示。

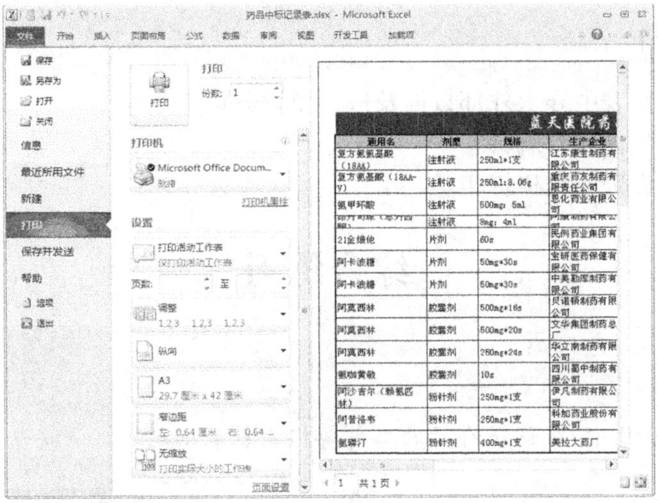

图 4-33 打印电子表格

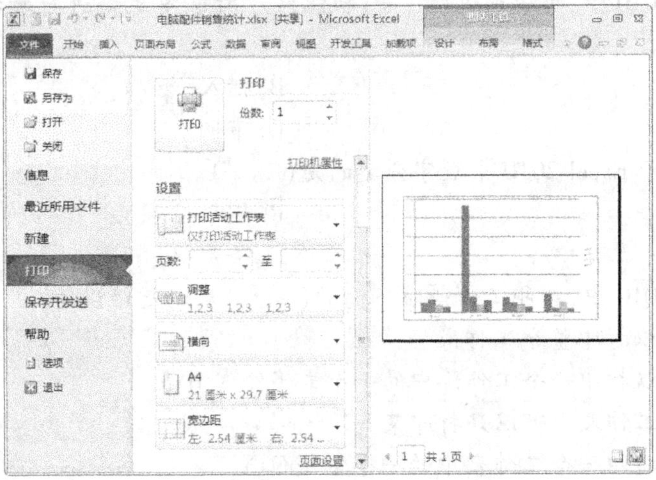

图 4-34 打印工作表中的图表

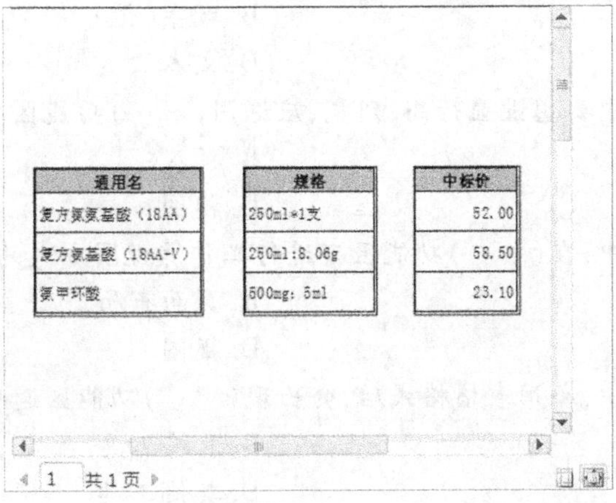

图 4-35 使用“照相机”工具的效果

三、拓展操作

1. 练习在工作表中导入外部数据及进行模拟分析。
2. 练习图表的创建与编辑。
3. 练习页面设置及表格打印。

综合练习

一、单选题

1. 在 Excel 2010 中，默认保存后的工作簿格式扩展名是（　　）。

A. ＊. xlsx　　B. ＊. xls

C. ＊. htm　　D. ＊. doc

2. 在 Excel 2010 中，可以通过（　　）功能区对所选单元格进行数据筛选，筛选出符合你要求的数据。

A. 开始　　B. 插入

C. 数据　　D. 审阅

3. 以下不属于 Excel 2010 中数字分类的是（　　）。

A. 常规　　B. 货币

C. 文本　　D. 条形码

4. 在 Excel 2010 中，打印工作簿时下面的（　　）表述是错误的。

A. 一次可以打印整个工作簿

B. 一次可以打印一个工作簿中的一个或多个工作表

C. 在一个工作表中可以只打印某一页

D. 不能只打印一个工作表中的一个区域位置

5. 在 Excel 2010 中要录入身份证号，数字分类应选择（　　）格式。

A. 常规　　B. 数字（值）

C. 科学计数　　D. 文本

6. 在 Excel 2010 中要想设置行高、列宽，应选用（　　）功能区中的【格式】命令。

A. 开始　　B. 插入

C. 页面布局　　D. 视图

7. 在 Excel 2010 中，在（　　）功能区可进行工作簿视图方式的切换。

A. 开始　　B. 页面布局

C. 审阅　　D. 视图

8. 在 Excel 2010 中，套用表格格式后，会出现（　　）功能区选项卡。

A. 图片工具　　B. 表格工具

C. 绘图工具　　D. 其他工具

9. 在 Excel 2010 的打印设置中，不可以设置打印的是（　　）。

A. 打印活动工作表　　B. 打印整个工作簿

C. 打印单元格　　D. 打印选定区域

10. 不属于 Excel 的三要素是(　　)。

A. 工作簿　　B. 工作表

C. 单元格　　D. 数字

11. 在 Excel 工作表区域 A2:C4 中的单元格个数共有(　　)个。

A. 9　　B. 10

C. 11　　D. 12

12. 当进行 Excel 2010 中的分类汇总时,必须事先按分类字段对数据表进行(　　)。

A. 求和　　B. 筛选

C. 查找　　D. 排序

13. 在 Excel 2010 中,对数据表进行排序时,在【排序】对话框中能够指定的排序关键字个数限制为(　　)。

A. 1　　B. 2

C. 3　　D. 任意

14. 在 Excel 2010 的自动筛选中,每个标题上的下三角按钮都对应一个(　　)。

A. 下拉菜单　　B. 对话框

C. 窗口　　D. 工具栏

15. 在 Excel 2010 单元格中输入 4/5,则 Excel 认为是(　　)。

A. 分数　　B. 日期

C. 小数　　D. 表达式

16. 在 Excel 2010 工作表中,若某一区域的第一个单元格为 D1,最后一个单元格为 D5,则该区域正确的表示为(　　)。

A. D1 - D5　　B. D1,D5

C. D1:D5　　D. D1&D5

17. 在 Excel 工作表单元格中,文字自动(　　)对齐。

A. 右　　B. 中间

C. 左　　D. 两边

18. 在 Excel 2010 中,要对图表进行修改,下列说法正确的是(　　)。

A. 先修改工作表的数据,再对图表作相应的修改

B. 先修改图表中的数据,再对工作表中相关数据进行修改

C. 工作表的数据和相应的图表是关联的,无论对哪一方作修改,另一方都会同步自动更新

D. 若删除了工作表中的某个列标题,则图表中对应的系列数据也被删除

19. 在对 Excel 2010 的一个工作表的排序中,下列表述中错误的一条是(　　)。

A. 可以按指定的关键字递增排序

B. 最多可以指定 3 个关键字排序

C. 可以指定工作表中任意个关键字排序

D. 可以按指定的关键字递减排序

20. 填充柄位于(　　)。

A. 菜单栏里　　B. 工具栏里

C. 当前单元格的右下角　　D. 状态栏里

21. 公式中,(　　)用于指定对操作数或单元格引用数据执行何种运算。

A. 运算符　　B. =

C. 操作数　　D. 逻辑值

22. 在 Excel 2010 中,图表是(　　)。

A. 工作表数据的图形表示

B. 照片

C. 可以用画图工具进行编辑的

D. 根据工作表数据用画图工具绘制的

23. 在 Excel 中,运算公式的一般形式为(　　)

A. =表达式　　B. :表达式

C. > =表达式　　D. = <表达式

24. Excel 广泛应用于(　　)

A. 工业设计、机械制造、建筑工程

B. 美术设计、装潢、图片制作

C. 统计分析、财务管理分析、经济管理

D. 多媒体制作

25. 假定一个单元格的地址为 D25,则此地址的类型是(　　)。

A. 相对地址　　B. 绝对地址

C. 混合地址　　D. 三维地址

26. 在 Excel 2010 的电子工作表中建立的数据表,通常把每一行称为一个(　　)。

A. 记录　　B. 字段

C. 属性　　D. 文本

27. Excel 2010 的每个工作表中,最小操作单元是(　　)。

A. 单元格　　B. 一行

C. 一列　　D. 一张表

二、判断题

1. Excel 2010 默认保存工作簿的格式扩展名为. xlsx。(　　)

2. 在 Excel 中,如果要将工作表冻结便于查看,可以用视图功能区的“冻结窗格”来实现。(　　)

3. 在 Excel 2010 中,可以更改工作表的名称和位置。(　　)

4. 在 Excel 中只能清除单元格中的内容,不能清除单元格中的格式。(　　)

5. 在 Excel 2010 中,使用筛选功能只显示符合设定条件的数据而隐藏其他数据。(　　)

6. Excel 工作表的数量可根据工作需要作适当增加或减少，并可以进行重命名、设置标签颜色等相应的操作。（　　）

7. Excel 2010 可以通过 Excel 选项自定义功能区和自定义快速访问工具栏。（　　）

8. 使用 Excel 2010 的“开始—保存并发送”命令，只能更改文件类型保存，不能将工作簿保存到 Web 或共享发布。（　　）

9. 要将最近使用的工作簿固定到列表，可打开“最近所用文件”，点想固定的工作簿右边对应的按钮即可。（　　）

10. 在 Excel 2010 中，除在【视图】功能区可以进行显示比例调整外，还可以在工作簿右下角的状态栏拖动缩放滑块进行快速设置。（　　）

11. 在 Excel 2010 中，只能设置表格的边框，不能设置单元格边框。（　　）

12. 在 Excel 2010 中，套用表格格式后可在【表格样式】选项中选取“汇总行”显示出汇总行，但不能在汇总行中进行数据类别的选择和显示。（　　）

13. 在 Excel 2010 中只能用“套用表格格式”设置表格样式，不能设置单个单元格样式。（　　）

14. 在 Excel 2010 中，除可创建空白工作簿外，还可以下载多种 Office. com 中的模板。（　　）

15. 在 Excel 2010 中，只要应用了一种表格格式，就不能对表格格式作更改和清除。（　　）

16. 运用“条件格式”中的“项目选取规划”，可自动显示学生成绩中某列前 10 名单元格的格式。（　　）

17. 在 Excel 2010 中，后台“保存自动恢复信息的时间间隔”默认为 10 分钟。（　　）

18. 在 Excel 2010 中，当我们插入图片、剪贴画、屏幕截图后，功能区选项卡就会出现【图片工具—格式】选项卡，打开图片工具功能区面板做相应的设置。（　　）

19. 在 Excel 2010 中设置页眉和页脚，只能通过【插入】功能区来插入页眉和页脚，没有其他的操作方法。（　　）

20. 在 Excel 2010 中只要运用了套用表格格式，就不能消除表格格式，把表格转为原始的普通表格。（　　）

21. 在 Excel 2010 中只能插入和删除行、列，不能插入和删除单元格。（　　）

22. 在 Excel 中，公式都是以“=”开始的，后面由操作数和运算符构成。（　　）

23. 比较运算符可以比较两个数值并产生逻辑值 TRUE 或 FALSE。（　　）

24. 文本连接运算符“&”可以将一个或多个文本连接为一个组合文本。（　　）

25. 更新了工作表数据，图表不会发生相应的自动更新。（　　）

26. Excel 的编辑栏用于显示当前命令或操作的有关信息。（　　）

27. 在 Excel 工作表中，不只一个活动单元格。（　　）

28. Excel 中，要关闭或显示工具栏可使用【视图】菜单中的【工具栏】命令。（　　）

29. 在 Excel 2010 中不能进行超链接设置。（　　）

项目五　演示文稿软件 PowerPoint 2010

任务一　创建新演示文稿

一、实训要点

掌握演示文稿的创建、保存、放映等的操作，掌握幻灯片中模板的使用。

二、实训过程

(1)启动 PowerPoint 2010，进入默认的 PowerPoint 2010 工作窗口。

(2)执行【文件】→【新建】命令，打开新建窗口，如图 5-1 所示。在【可用的模板和主题】列表框中选择“样本模板”。

图 5-1　PowerPoint 2010 新建窗口

(3)根据自己的需要，选择一种模板，双击进入或者左键单击，再点击右边的【创建】。比如打开“古典型相册”，如图 5-2 所示。

(4)单击第一张幻灯片(如果不按模板设计，可以单击【开始】选项卡的【幻灯片】组中的【新建幻灯片】，选择一种合适的版式即可)，根据每一张幻灯片的提示输入相关的内容，如图 5-3 所示。

单击右下方的占位符，输入提示信息(可同时对输入的内容进行字体、字号、颜色等简单的编辑)，如图 5-4 所示。

图 5-2　应用设计模板

图 5-3　古典型相册首页

如果要添加自己的图片，可以在右边编辑区原图片占位符位置右键单击，选择【更改图片】，如图 5-5 所示，插入合适的图片即可。

(5)选择第二张幻灯片，在图片上右键单击，在弹出的快捷菜单中选择【更改图片】，将图片更换为图片库中的某一张，选择【大小和位置】，设置图片高度为 8 厘米，宽度为 10 厘米(要取消选项【锁定纵横比】前面的对钩)；选中插入的图片，在【图片工具—格式】选项卡的【图片样式】组中选择“双框架　黑色”，单击【图片效果】→“发光”→“蓝色，5pt 发光　强调文字颜色 2”，效果如图 5-6 所示。

(6)选择第三张幻灯片，选中第一张图片，拖动尺寸控制点进行大小调整，在【图片工

图 5-4　古典型相册首页设计

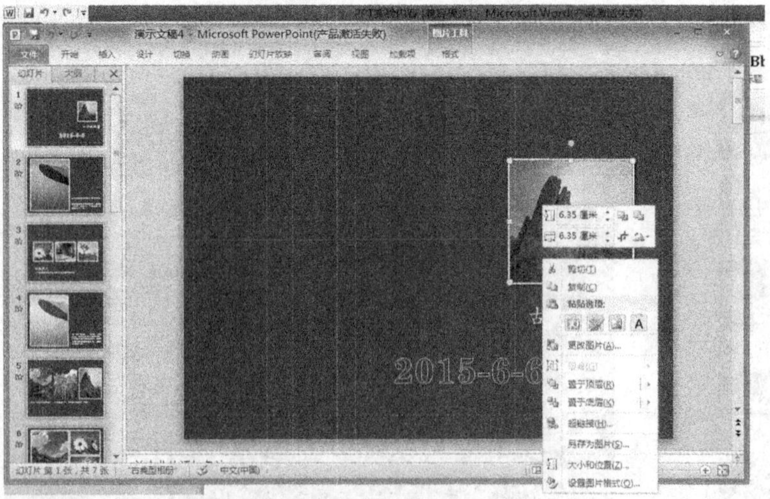

图 5-5　更改图片

具一格式】选项卡中单击【更正】→【锐化和柔化】，选择“柔化 25%”，【颜色】→【颜色饱和度】→“饱和度 200%”，效果如图 5-7 所示。

（7）按照以上操作步骤，依次对每一张幻灯片进行编辑。保存演示文稿，将完成以上操作的演示文稿以“古典型相册. pptx”为文件名保存在磁盘中。

（8）放映幻灯片。按【F5】键或选择【幻灯片放映】→【从头开始】命令，屏幕上显示第一张幻灯片，单击鼠标可切换到下一张，直到放映到最后一张。此时再单击鼠标，将结束幻灯片放映，返回到 PowerPoint 2010 主窗口。

三、拓展操作

1. 打开以上创建的“古典型相册. pptx”文件，完成以下操作：

图 5-6　更改图片并设置图片效果

图 5-7　图片调整

(1)将第一张幻灯片的主题文字设置为隶书，日期设置为华文行楷。

(2)将第二张幻灯片中的图片的艺术效果设为“水彩海绵”。

2. 采用适合的模板创建自己的演示文稿。

(1)设计模板为“培训. potx”。

(2)自行设置各张幻灯片中的各项内容及字体、字号、颜色、对齐等格式。

(3)将完成的演示文稿以自己的姓名为文件名保存。

(4)放映该演示文稿,并观看放映效果。

任务二　幻灯片的基本操作及外观修饰

一、实训要点

掌握幻灯片的新建、格式化、插入对象的基本操作,以及幻灯片外观的修饰等操作。

二、实训过程

(1)启动 PowerPoint 2010,打开空白演示文稿。

(2)添加第二张幻灯片,在【开始】选项卡中选择【新建幻灯片】→"标题和内容"版式,如图 5-8 所示。

图 5-8　新建幻灯片

(3)以同样的方法添加第三张、第四张、第五张幻灯片,其中第四张选择"两栏内容"版式,第五张插入表格。为各张幻灯片分别输入内容,结果如图 5-9 所示。

(4)设置字体。选定第一张幻灯片的标题文字,右键单击鼠标,选择【字体】,打开字体设置对话框,将字体设置为华文彩云,红色,48 磅,加粗。使用同样的方法将副标题文字设置为华文行楷,黄色,36 磅,加粗。

(5)设置项目符号。选择第三张幻灯片,选定正文文字,右键单击鼠标,选择【项目符号和编号】,设置项目符号为圆点。

(6)设置行距。选择第二张幻灯片,选定正文文字,右键单击鼠标,选择【段落】,行距设为固定值 40 磅。

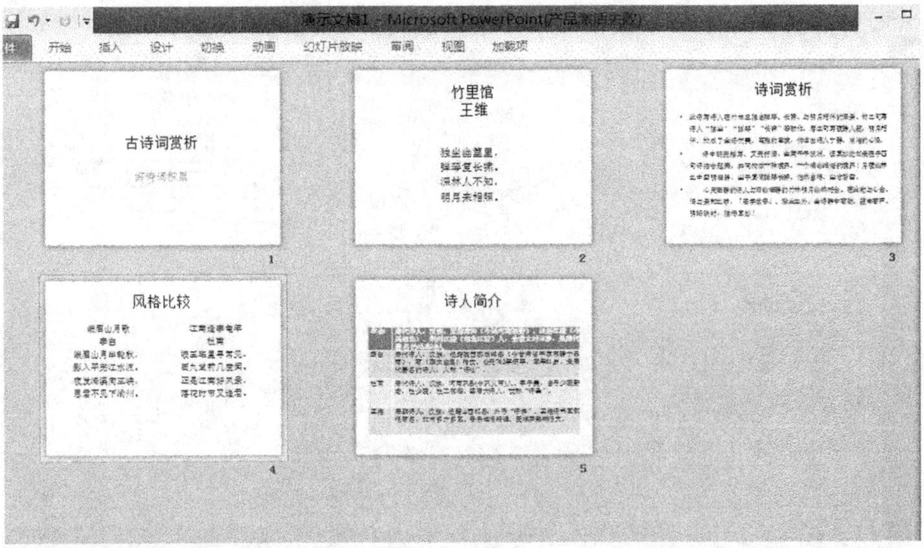

图 5-9　新建 5 张幻灯片内容

(7)设置背景。选择第一张幻灯片,执行【设计】→【背景样式】→【设置背景格式】→【填充】→【纯色填充】,背景填充为浅绿色,并把所有幻灯片作同样的背景设置。

(8)设置页眉/页脚。执行【插入】→【页眉和页脚】命令,打开【页眉和页脚】对话框,如图 5-10 所示。

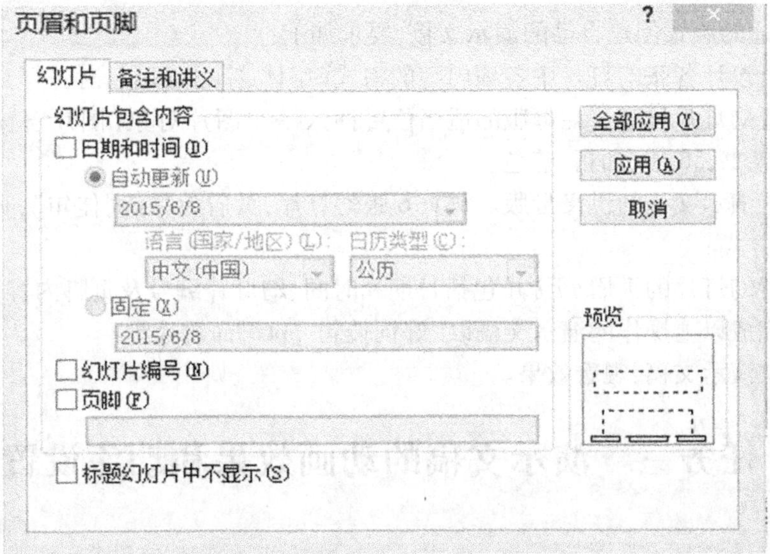

图 5-10　【页眉和页脚】对话框

在对话框中选中【日期和时间】复选项,并在下拉列表框中选择日期和时间格式,再选定【自动更新】,选中【幻灯片编号】复选框。选中【页脚】复选项,并在文本框中输入“古诗词赏析”。若以上设置不想在标题幻灯片中显示,则可以选定【标题幻灯片中不显示】复选项。最后单击【全部应用(Y)】按钮确认,最终效果如图 5-11 所示。

将完成以上操作的演示文稿以“古诗词赏析. pptx”为文件名保存。

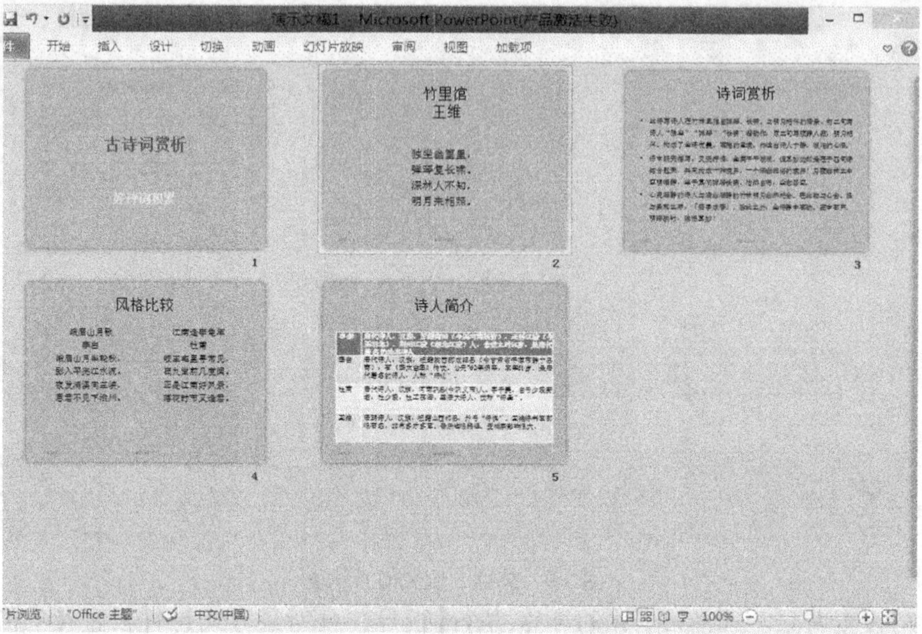

图 5-11 "古诗词赏析. pptx"的最终效果

三、拓展操作

采用合适的版式创建自己的演示文稿，要求如下：

(1)自行设计各张幻灯片中各项内容的格式(字体、字号、颜色、对齐等)。

(2)设置幻灯片母版。在母版的适当位置插入一个图片对象(图片自选)，将幻灯片标题设置为隶书，56 磅，加粗，蓝色。

(3)设置演示文稿的讲义母版。每页 6 张幻灯片，页眉为"好词佳句"，页脚为自己的姓名和联系方式。

(4)设置幻灯片的页眉/页脚(包括日期和时间、幻灯片编号及页脚内容)。

(5)将完成以上操作的演示文稿以"好词佳句. pptx"命名存盘。

(6)放映演示文稿，观看效果。

任务三　演示文稿的动画效果和动作设置

一、实训要点

掌握幻灯片的切换设置、幻灯片中对象的动画效果设置、放映设置等方法，学会在演示文稿中建立超链接的操作。

二、实训过程

首先打开任务二中制作的"古诗词赏析. pptx"演示文稿。

（一）动画效果的设置

（1）选定第一张幻灯片中的标题“古诗词赏析”，执行【动画】→【添加动画】命令，打开如图 5-12 所示的【添加动画】任务窗格。本例选择“进入”选项组的“旋转”，如图 5-12 所示。

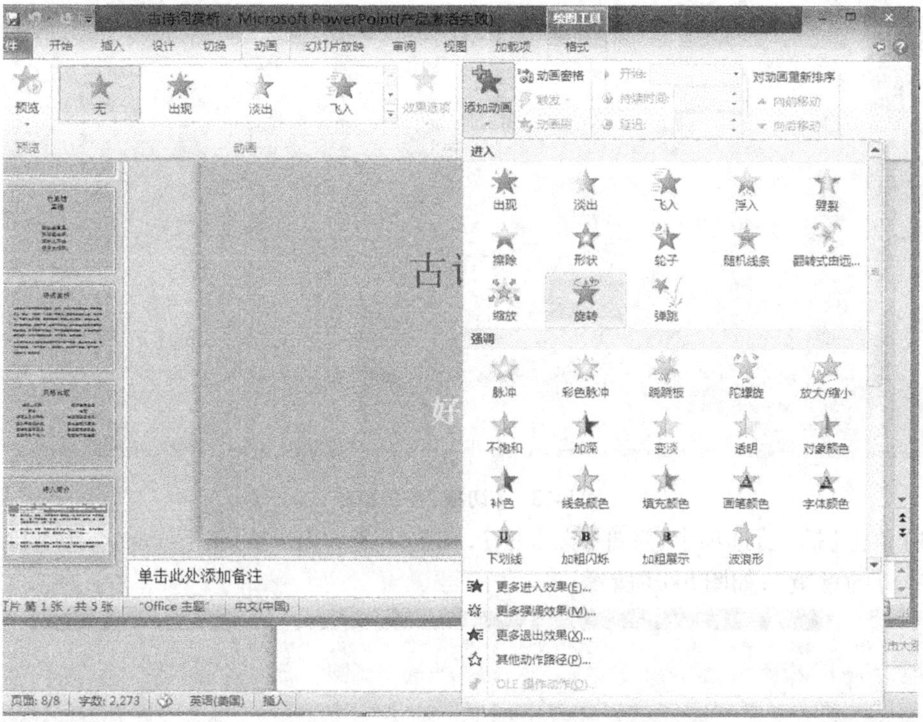

图 5-12　【添加动画】任务窗格

（2）单击【开始】命令下拉按钮，从其下拉列表中选择出现效果的时间为“单击时”。

（3）单击【效果选项】的下拉按钮，在弹出的【方向】下拉列表中，选择对象出现的方向为“自顶部”。

（4）重复步骤（1）~（3），为每一个需要动态显示的对象设置动画效果。

（二）幻灯片切换效果的设置

（1）单击【切换】选项卡【切换到此幻灯片】组中的【其他】按钮，打开【切换】任务窗格，如图 5-13 所示。

（2）在窗格中选择【动态内容】→【平移】选项，返回【切换】选项卡，选择【效果选项】→【自底部】选项，在【声音】选项区域中设置【风铃】选项，然后单击【全部应用】。

（3）执行【幻灯片放映】→【从头开始】命令，开始放映幻灯片。第一张放映完以后单击幻灯片的任意位置切换到下一张幻灯片，一直到放映结束，单击鼠标退出，并返回放映之前的状态。

（三）演示文稿中超链接及动作设置

在第二张演示文稿中插入一个包含文字“诗的意境”的文本框，放映时单击该文本框中的文字“诗的意境”，可转到第六张幻灯片“诗的意境”。

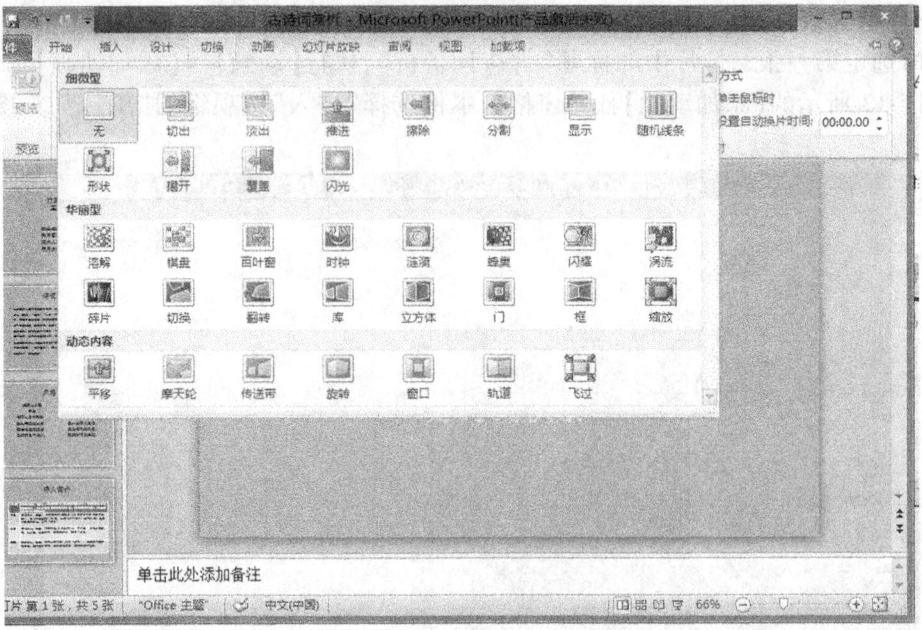

图 5-13 【切换】任务窗格

(1)单击【插入】选项卡,选择【文本框】,在第二张幻灯片的左下角插入文本框,并输入文字“诗的意境”,如图 5-14 所示。

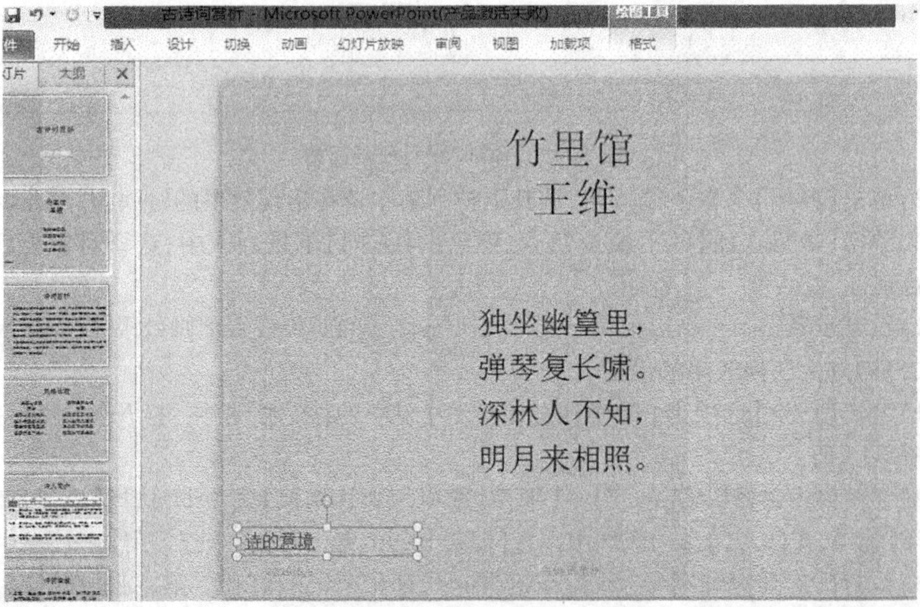

图 5-14 插入文本框

(2)选中文本“诗的意境”,并单击鼠标右键,在弹出的快捷菜单中选择【超链接】选项,打开【插入超链接】对话框,在【链接到】区域选择【本文档中的位置】,弹出图 5-15 所示的对话框,在【请选择文档中的位置】列表框中单击【幻灯片标题】下的【6. 诗的意境】,再单击【确定】按钮完成超链接的设置。此时会看到幻灯片中的“诗的意境”文本增加了下划线,同时字体颜色也发生了变化。

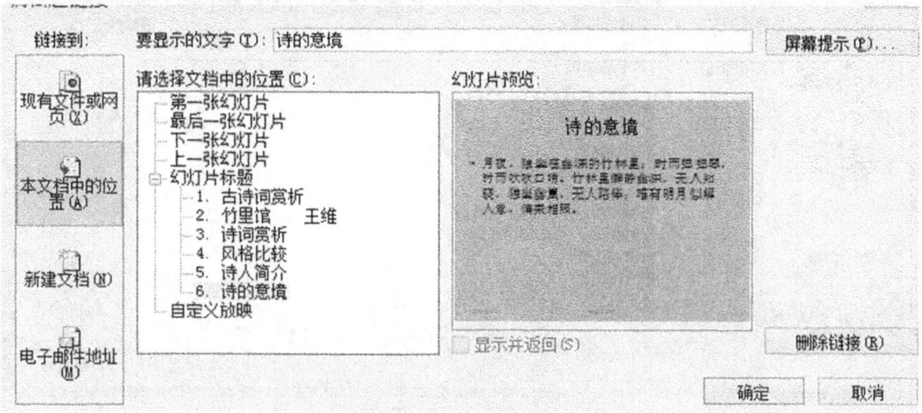

图 5-15 【插入超链接】对话框

(3)将完成以上操作的演示文稿以"古诗词赏析 2. pptx"为文件名保存。

三、拓展操作

1. 建立一个有四张空白文档的演示文稿。

2. 将第一张幻灯片的背景设置为红色,切换效果设置为"显示"效果。

3. 在第二张幻灯片中插入一张"植物"类型的剪切画,并为该剪切画设置自定义动画"擦除"效果。

4. 点击第三张幻灯片,插入一个组织结构图,并把演示文稿的放映方式设置为"从当前幻灯片开始"。

5. 在第四张幻灯片上插入一文本框,文本框内输入"回到首页",对该文本框设置超链接,超链接到第一张幻灯片。

任务四 演示文稿的综合应用

一、实训要点

掌握幻灯片的各种修饰设置,学会在演示文稿中建立超链接,插入音效、视频等的操作。

二、实训过程

首先打开任务二中制作的"古诗词赏析. pptx"演示文稿。

(一)插入超链接

(1)选定第一张幻灯片中的标题"古诗词赏析",执行【插入】→【超链接】命令,打开如图 5-16 所示的对话框。将事先准备好的网页链接到此处,插入链接地址 http://www.haoshiwen.org/。

(2)在放映幻灯片时,打开超链接,如图 5-17 所示。

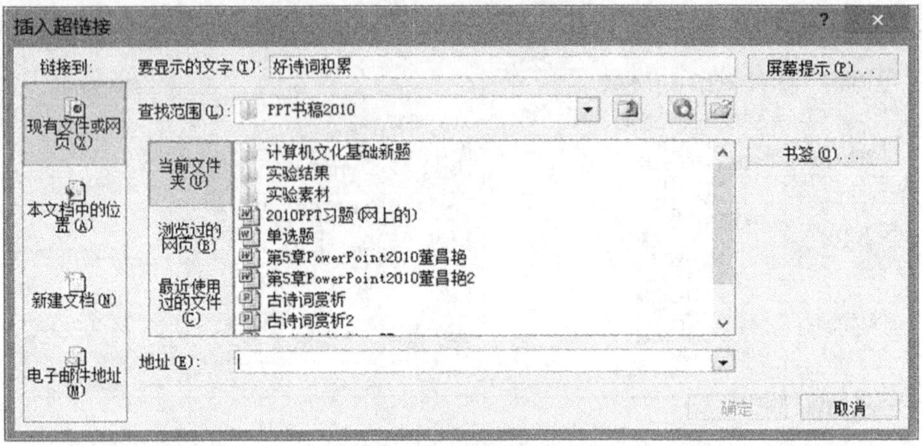

图 5-16　插入超链接

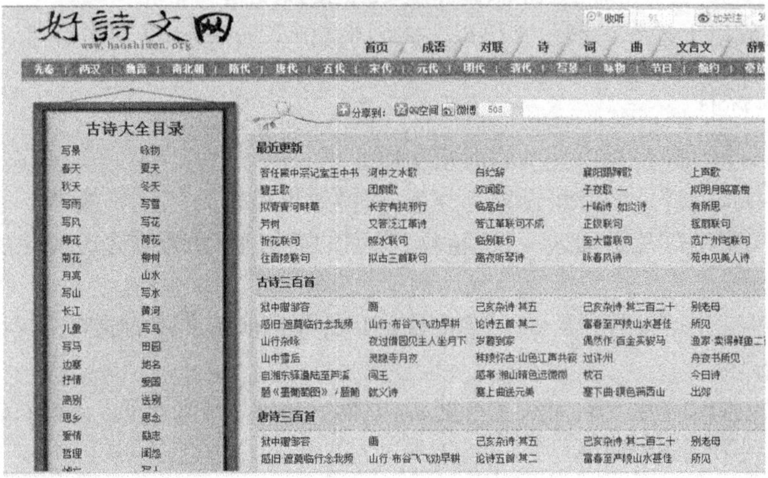

图 5-17　打开超链接

(二)设置动画效果

(1)打开文件的第二张幻灯片,依次选中每一条诗句,分别为诗句设置动画效果,同时依据播放速度设置持续时间。对同一组内容,最好设置相同的风格,避免太花哨。本例中设置的是“动画”中的“浮入”,持续时间 3 秒,如图 5-18 所示。

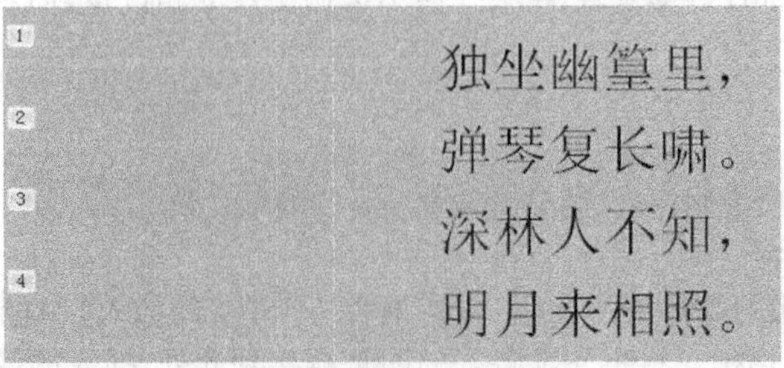

图 5-18　设置动画效果

(2)打开文件中的第三张幻灯片,选中标题,设置动画效果“飞入”,可根据需要同时设置其他选项,如图 5-19 所示。

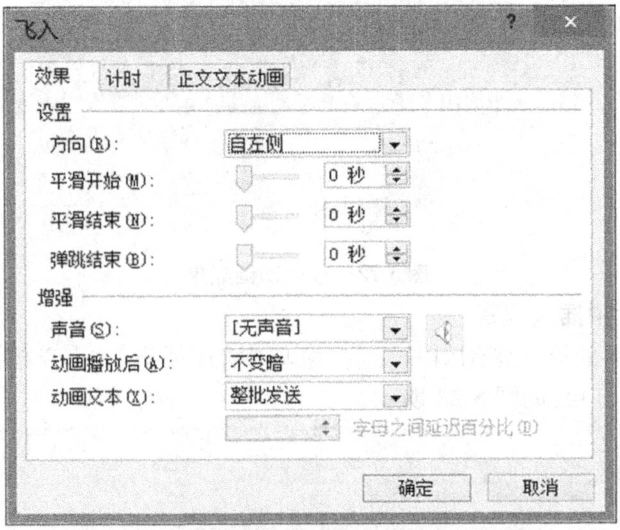

图 5-19　设置动画效果中的其他选项

(3)依次为文件中的幻灯片设置相应的动画效果。

(三)在同一张幻灯片上安排动画的播放顺序

(1)打开文件中的第四张幻灯片,设置动画如图 5-20 所示。

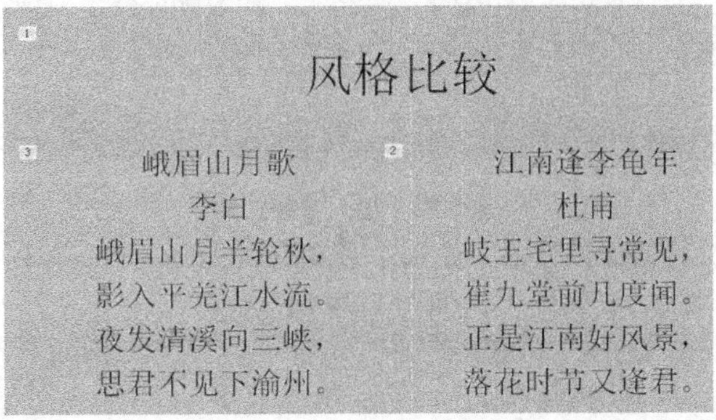

图 5-20　设置动画顺序

(2)如果想调整图 5-20 中的动画 2 和 3 的顺序,可以打开【动画】功能区,选中设有动画 3 的选项,选右边的“向前移动”,如图 5-21 所示。结果是动画顺序 2 和 3 互换,如图 5-22所示。

图 5-21　【动画】功能区

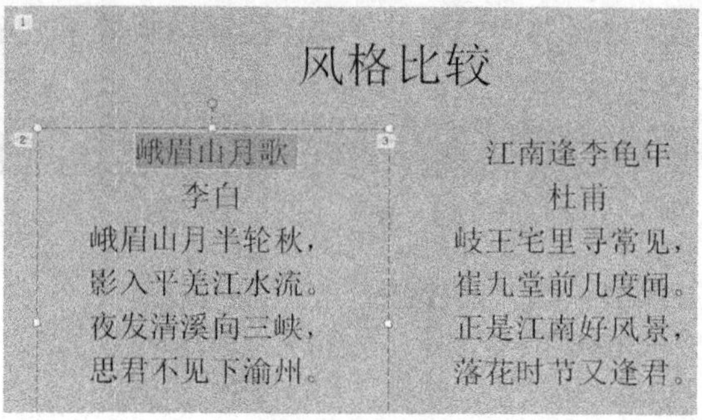

图 5-22　改变动画顺序

（四）在幻灯片中插入声音

（1）选中文件中的第一张幻灯片，选择菜单中的【插入】→【音频】，选择合适的音频文件即可插入到幻灯片，如图 5-23 所示。

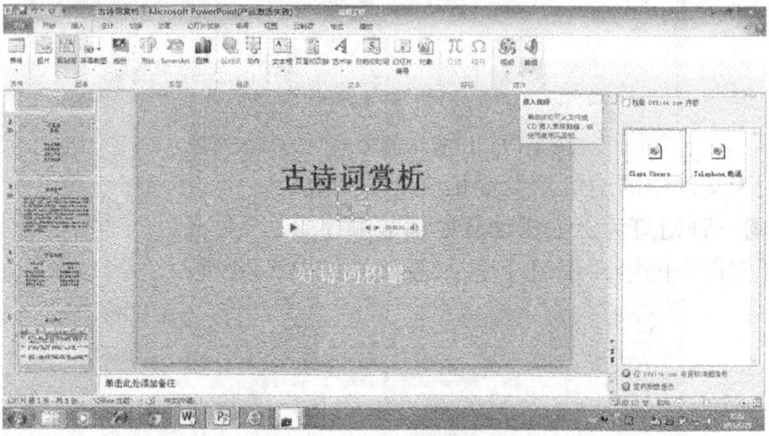

图 5-23　插入音频文件

（2）设置音频文件的播放效果。先选中音频文件图标，选择菜单中的【音频工具】→【播放】，勾选【循环播放，直到停止】，如图 5-24 所示。

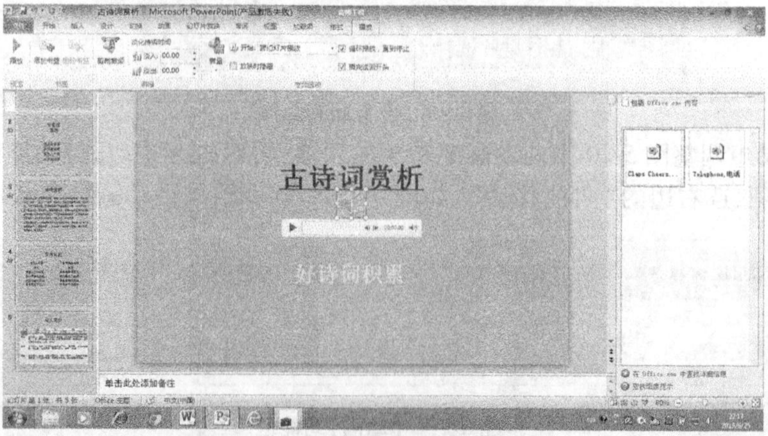

图 5-24　设置音频播放效果

(五)在幻灯片中插入视频

(1)选中文件中的第二张幻灯片,选择菜单中的【插入】→【视频】,选择合适的视频文件即可插入到幻灯片,如图 5-25 所示。

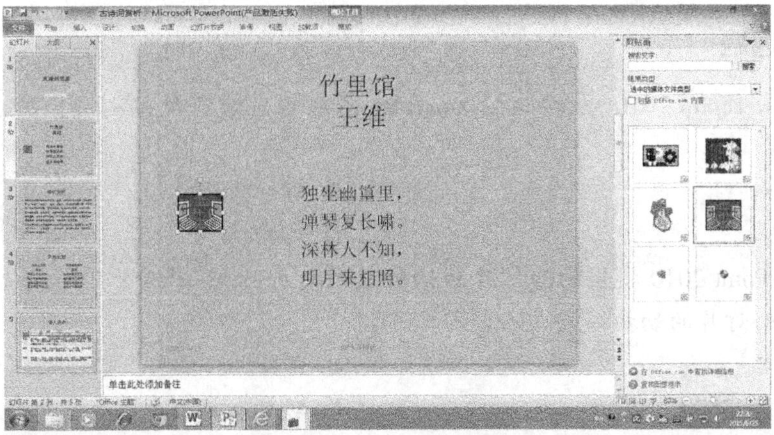

图 5-25　插入视频文件

(2)设置视频文件的播放效果。先选中视频文件图标,选择菜单中的【图片工具】,根据需要进行修改,如图 5-26 所示。

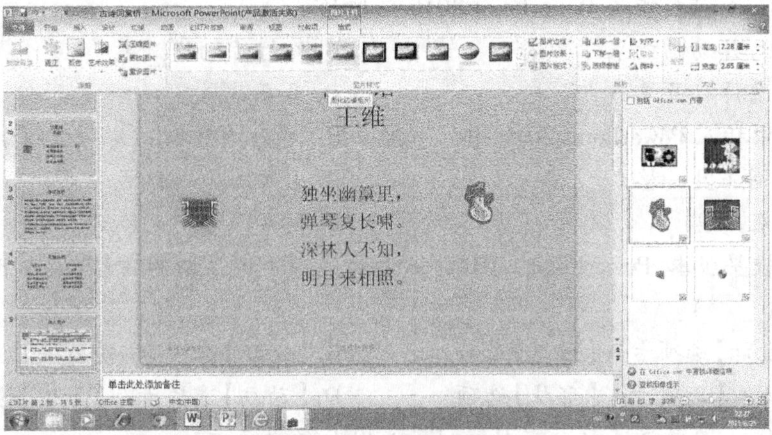

图 5-26　设置视频播放效果

最后,将设置好的文件以“综合应用. pptx”保存。

三、拓展操作

1. 试着将一个网页链接到幻灯片。
2. 试着将一个 Word 文档链接到幻灯片。
3. 对一张幻灯片上的若干个对象,安排它们的播放顺序。
4. 试着设置幻灯片的“排练计时”。
5. 在幻灯片中插入 MP3 声音文件,设置播放方式。

综合练习

一、单选题

1. 在 PowerPoint 2010 中,要运用 SmartArt 图形丰富演示文稿构成,应该选择( )选项卡。

A. 设计　　B. 幻灯片放映
C. 插入　　D. 动画

2. PowerPoint 2010 提供的幻灯片的切换效果更加细腻、精致,下列( )选项卡可以帮助设置幻灯片的切换效果。

A. 切换　　B. 开始
C. 设计　　D. 动画

3. 下列四个选项,属于 PowerPoint 2010【开始】选项卡的是( )。

A. 打开　　B. 关闭
C. 新建　　D. 段落

4. 以下( )功能是 PowerPoint 2010 新增的。

A. 幻灯片动画效果　　B. 幻灯片切换效果
C. 排练计时效果　　D. 屏幕截屏

5. 当选中插入 PowerPoint 2010 中的剪贴画时,立刻会增加( )选项卡。

A. 画图工具—格式　　B. 图片工具—格式
C. 图表工具　　D. 格式

6. 相比较早版本,PowerPoint 2010 将一些功能项进行了新的安排,原本的动作按钮现在被安排在( )。

A.【设计】选项卡—【效果】选项　　B.【切换】选项卡—【效果】选项
C.【插入】选项卡—【形状】选项　　D.【动画】选项卡—【触发】选项

7. 下列( )效果不包含在 PowerPoint 2010 的动画中。

A. 脉冲效果　　B. 蜂巢效果
C. 陀螺旋效果　　D. 弹跳效果

8. 在 PowerPoint 2010 中,一旦演示文稿被标记为最终状态,则( )。

A. 提供密码才能打开此演示文稿
B. 演示文稿属性将被标记为隐藏
C. 使用数字签名才能打开此演示文稿
D. 演示文稿属性将被标记为只读

9. 在 PowerPoint 2010 的【开始】选项卡中,【重设】按钮的作用是( )。

A. 撤销上一步刚完成的操作
B. 撤销背景、切换效果和动画效果

C. 将占位符位置、大小和格式重置为默认

D. 将背景、切换效果和动画效果重置为默认

10. PowerPoint 2010 提供了动画刷功能，其作用是(　　)。

A. 类似于格式刷，只不过它针对动画效果，设置的动画可以非常方便地运用于其他对象

B. 将系统默认的动画效果运用于指定的对象

C. 单击后，会将全部幻灯片套用同一动画效果

D. 单击后，会将全部幻灯片的动画效果取消

11. PowerPoint 2010 演示文稿的默认扩展名是(　　)。

A. ppt　　B. pptx

C. pot　　D. potx

12. PowerPoint 2010 支持从当前幻灯片开始放映，其快捷键是(　　)。

A.【Shift】+【F5】　　B.【Ctrl】+【F5】

C.【Alt】+【F5】　　D.【F5】

13. 要调整 PowerPoint 2010 的分辨率，则使用(　　)选项卡。

A. 文件　　B. 设计

C. 视图　　D. 幻灯片放映

14. PowerPoint 2010 提供了图片压缩功能，对于选中的 PowerPoint 2010 演示文稿中的图片，经过压缩后，不能输入的效果是(　　)。

A. 打印(220ppi)　　B. 屏幕(800ppi)

C. 邮件(96ppi)　　D. 文档分辨率

15. PowerPoint 2010 提供了屏幕截屏功能，其作用是(　　)。

A. 截取 PowerPoint 2010 当前的幻灯片到剪贴板

B. 截取当前 PowerPoint 2010 演示文稿图片到剪贴板

C. 截取当前桌面的图片到 PowerPoint 2010 演示文稿

D. 插入任何未最小化到任务栏的程序图片，并且可以进行剪辑编辑

16. 在 PowerPoint 2010 中，新建幻灯片的快捷键是(　　)。

A.【Ctrl】+【M】　　B.【Ctrl】+【N】

C.【Alt】+【M】　　D.【Alt】+【N】

17. 在 PowerPoint 2010 中，要插入一个在各张幻灯片相同位置都显示的小图片，应在(　　)选项卡中进行设置。

A. 画图工具—格式　　B. 幻灯片母版

C. 幻灯片背景　　D. 视图

18. 若要在打开的当前幻灯片中反映实际的日期和时间，可在【插入】选项卡的【文本】组中勾选【日期和时间】项，在弹出的【页眉和页脚】对话框中选中(　　)。

A. 编辑时间　　B. 固定

C. 自动更新　　D. 页脚

19. 用户可以在 PowerPoint 2010 中使用电子邮件发送演示文稿，如果以 PDF 或 XPS 的形式发送，系统会自动将(　　)的格式更改为 PDF 或 XPS 形式。

A. PowerPoint 模板　　B. PowerPoint 97—2003

C. 附件　　D. PowerPoint XML

20. PowerPoint 2010 中自带很多图片文件，若将它们加入演示文稿中，应使用【插入】→(　　)操作。

A. 来自文件　　B. 剪贴画

C. 图片　　D. 相册

21. 使用 PowerPoint 2010 中的【广播幻灯片】的操作步骤是：使用前单击【广播幻灯片】，然后单击【启动广播】命令，稍后 PowerPoint 将会自动分配给用户一个(　　)，将其发送给其他接受者，以使能与主机同步观看正在播放的幻灯片。人们可以在浏览器中远程观看幻灯片，而不需要安装任何软件。

A. 超链接　　B. IP 子网

C. 云空间　　D. 共享网址

22. 在 PowerPoint 2010 中，下列关于图片来源的说法错误的是(　　)。

A. 来自文件　　B. 来自相册

C. 来自剪贴画　　D. 来自打印机

23. 在 PowerPoint 2010 中，下列说法错误的是(　　)。

A. 在文档中插入多媒体内容后，放映时只能自动放映，不能手动放映

B. PowerPoint 2010 演示文稿设计模板的文件扩展名是 .potx

C. 动作按钮和自选图形在 PowerPoint 2010 中合并为了形状

D. PowerPoint 2010 支持复杂的数字公式输入

24. PowerPoint 2010 的视图模式不包括(　　)。

A. 普通视图　　B. 大纲视图

C. 浏览视图　　D. 阅读视图

25. PowerPoint 2010 的版式在(　　)选项卡中。

A. 开始　　B. 设计

C. 视图　　D. 审阅

26. 进入幻灯片母版的方法是(　　)。

A. 在【设计】选项卡中选择一种主题

B. 打开【文件】选项卡，单击【新建】命令，选择【样本模板】

C. 打开【开始】选项卡，单击【版式】命令，选择其中一种

D. 在【视图】选项卡中单击【幻灯片母版】

27. 在 PowerPoint 2010 中，下列说法错误的是(　　)。

A. 在文档中可以插入剪贴画

B. 在文档中可以插入多媒体的音频、视频文件

C. 在文档中插入的多媒体文件会自动播放，不受控制

D. 在文档中可以插入图片

28. 在任何版式的幻灯片中插入图表，除了可以使用【插入】→【图表】来完成，也可以使用(　　)来实现插入图表的操作。

A. SmartArt 图形　　B. 图表占位符

C. 表格　　D. 图片占位符

29. 关于幻灯片母版操作，在图标区域或者文本区域添加所有幻灯片共有的文本的方法是(　　)。

A. 使用文本占位符　　B. 使用文本框

C. 直接录入　　D. 使用模板

30. 下列(　　)选项是 PowerPoint 程序所特有的。

A. 视图　　B. 工具

C. 幻灯片放映　　D. 页面布局

31. 在 PowerPoint 2010 中，【审阅】选项卡中的“比较”功能作用是(　　)。

A. 将另一演示文稿与当前演示文稿进行比较并合并

B. 将当前幻灯片与下一张幻灯片进行比较并合并

C. 将另一演示文稿与当前演示文稿进行比较并套用同一主题

D. 将当前幻灯片与下一张幻灯片进行比较并套用同一主题

32. 下列不属于 PowerPoint 2010 中【插入】选项卡所包含的组是(　　)。

A. 表格　　B. 图像

C. 符号　　D. 批注

33. 下列关于 PowerPoint 2010 中颜色/灰度的说法正确的是(　　)。

A. 颜色/灰度可以在【设计】选项卡中找到并打开

B. 单击【颜色/灰度】组中的【灰度】或【黑白模式】按钮，会出现【灰度】或【黑白模式】选项卡

C.【灰度】选项卡打开后，其设置只会对选中的对象产生效果，不影响其他

D. 颜色/灰度的调整会引起屏幕分辨率的变化

34. 除微软默认的 PowerPoint 广播服务器外，用户也可以选择其他服务器来广播放映幻灯片，可在【添加广播服务】对话框中，输入(　　)地址。

A. 提供服务的 URL 路径　　B. 提供服务的云空间

C. 提供服务的 ISP 公司　　D. 提供服务的 FTP

35. 制作幻灯片时，设置每张幻灯片的播放时间，要通过执行(　　)操作完成。

A. 幻灯片切换设置　　B. 设置幻灯片放映

C. 自定义幻灯片放映　　D. 录制旁白

36. 在 PowerPoint 2010 中，用户可以插入本地视频或网络视频，不需要第三方软件就可以方便地对这些视频进行剪辑，它所支持的视频格式包括 AVI、WMA、(　　)等，还允许安装 DirectShow 类编码器，以支持更多的视频类型。

A. FLC　　B. H. 264

C. MP4　　D. WMV

37. 幻灯片中可以插入的视频来源不包括(　　)。

A. 文件中的视频　　B. 网站的视频

C. 剪贴画的视频　　D. 录制视频

38. 下列(　　)不是 PowerPoint 2010 新添加的功能。

A. 动画刷　　B. 动画触发

C. 屏幕截屏　　D. 宏

39. 下列不属于 PowerPoint 2010 保存类型的是(　　)。

A. PDF　　B. XPS 文档

C. Word 文档　　D. PowerPoint 97—2003 模板

40. "自定义功能区"在 PowerPoint 2010 的(　　)组中。

A.【文件】选项卡→【选项】　　B.【开始】选项卡→【编辑】

C.【审阅】选项卡→【比较】　　D.【设计】选项卡→【主题】

二、多项选择题

1. PowerPoint 2010 中插入的 SmartArt 图形类别有(　　)。

A. 流程　　B. 循环

C. 关系　　D. 矩阵

E. 层级结构

2. PowerPoint 2010 中的动画效果包含(　　)。

A. 进入效果　　B. 退出效果

C. 强调效果　　D. 其他动作路径

E. 蜂巢效果

3. 下列选项功能按钮属于【插入】选项卡的是(　　)。

A. 艺术字　　B. 公式

C. 屏幕截屏　　D. 背景

E. 批注

4. 在 PowerPoint 2010 中,使用电子邮件发送演示文稿有下列(　　)方式。

A. Internet 传真　　B. PDF 文件

C. XPS 文件　　D. 链接

E. 附件

5. 在 PowerPoint 2010 中,创建新演示文稿有以下(　　)方式。

A. 打开内置模板　　B. 创建空演示文稿

C. 打开自定义模板　　D. 打开已有的演示文稿

E. 打开母版

6. 创建新 PowerPoint 2010 演示文稿时,选用了某种幻灯片版式,以下说法正确的是(　　)。

A. 当添加一张新幻灯片时会自动应用这种版式
B. 只能决定幻灯片的布局内容,不能决定幻灯片的背景和颜色
C. 根据需要,演示文稿中的不同幻灯片还可以选用不同的版式
D. 该演示文稿中的所用幻灯片只能用这一种版式
E. 添加的新的幻灯片都没有任何版式,需要重新选择

7. 在 PowerPoint 2010 的页眉/页脚中,可以为幻灯片插入(　　)。
A. 日期　B. 标题
C. 时间　D. 编号
E. 页码

8. 在 PowerPoint 2010 中,可以完成复杂数学公式的输入的操作是(　　)。
A. 直接输入　B.【插入】→【对象】→【Microsoft 公式 3.0】
C.【插入】→【公式】　D.【插入】→【SmartArt 图形】
E.【插入】→【形状】

9. 下列关于幻灯片切换的说法错误的有(　　)。
A. 蜂巢、涡流等效果都是 PowerPoint 2010 版本所独有的效果
B. 幻灯片切换无法控制持续时间
C. 切换效果已经选定,就必定会套用在所有幻灯片上
D. 幻灯片放映时,切换是无法人为控制的,持续时间一到会自动切换到下一张
E. 可以设置幻灯片的自动换片时间

10. 下列属于 PowerPoint 2010 中【权限】按钮的内容是(　　)。
A. 标记为最终状态　B. 用密码进行加密
C. 按人员限制权限　D. 添加数字签名
E. 检查兼容性

11. PowerPoint 2010 的【开始】选项卡【编辑】组中不包含下列(　　)。
A. 查找　B. 替换
C. 排列　D. 选择
E. 符号

12. 关于 PowerPoint 2010 背景的说法正确的是(　　)。
A. 背景一旦选择,只能全部应用到所有幻灯片
B. 背景中所包含的图形可以隐藏
C. 背景中所包含的颜色可以隐藏
D. 背景中可以渐次改变光图效果
E.【背景】组在【幻灯片放映】中可以找到

13. 下列关于 PowerPoint 2010 打印功能的说法正确的是(　　)。
A. 在【开始】选项卡中可以找到【打印】命令
B. 可以选择打印全部幻灯片内容
C. 打印时无法打印其中的批注和墨迹标志

D. 在打印时可以编辑页眉和页脚

E. 可以打印纯黑白的幻灯片

14. 下列属于 PowerPoint 2010 中“形状”选项的子类别的是(　　)。

A. 线条　　B. 箭头总汇

C. 公式形状　　D. 标注

E. 动作按钮

15. 在 PowerPoint 2010 中,在【设计】选项卡中选定某种主题,则下列(　　)项是可调整的。

A. 颜色　　B. 风格

C. 位置　　D. 字体

E. 效果

16. 下列选项中,属于 PowerPoint 2010 版式的是(　　)。

A. 两栏内容　　B. 标题和表格

C. 比较　　D. 空白

E. 仅标题

17. 下列选项中,属于 PowerPoint 2010 动画效果的是(　　)。

A. 轨道　　B. 传送带

C. 轮子　　D. 弹跳

E. 陀螺旋

18. 下列选项中,属于 PowerPoint 2010 切换效果的是(　　)。

A. 立方体　　B. 门

C. 框　　D. 陀螺旋

E. 弹跳

19. 属于 PowerPoint 2010 幻灯片母版视图的选项是(　　)。

A. 幻灯片母版　　B. 备注页

C. 备注母版　　D. 讲义母版

E. 宏

20. PowerPoint 2010 功能区包含下列(　　)选项卡。

A.【引用】　　B.【设计】

C.【动画】　　D.【审阅】

E.【页面布局】

三、判断题

1. 在联机广播放映幻灯片时,所有切换效果在浏览器中显示都为淡出切换。(　　)

2. 进入幻灯片母版的方法是在【格式】选项卡中单击【幻灯片母版】按钮。(　　)

3. PowerPoint 2010 提供了自定义功能区,可以规划用户的常用功能选项。(　　)

4. PowerPoint 2010 内嵌入图像/图形处理软件,通过使用新增和改进的图像编辑与艺

术过滤器，如水印、画笔、虚化等功能，可以改变图像显示效果。(　　)

5. 在 PowerPoint 2010 中，设置幻灯片的“百叶窗”、“棋盘”等切换效果时，不能设置切换的速度。(　　)

6. 在幻灯片中插入音频文件时，将显示一个表示音频文件的图标，表示已将该音频文件嵌入到演示文稿中。(　　)

7. PowerPoint 2010 演示文稿设计模板的文件扩展名是. potx。(　　)

8. 在 PowerPoint 2010 中，【隐藏幻灯片】选项在【设计】选项卡中。(　　)

9. 使用内容向导建立模板能实现制作 PowerPoint 2010 幻灯片模板操作。(　　)

10. 利用 PowerPoint 2010【设计】选项卡可以设置幻灯片背景。(　　)

11. PowerPoint 2010 提供了许多共享演示文稿的方法，如果希望其他用户只能观看演示文稿，而不能对它进行修改等编辑操作，可以将演示文稿保存为 ppsx 文件。(　　)

12. PowerPoint 2010 用录制幻灯片演示取代了排练计时。(　　)

13. 为了增强演示文稿的放映效果，需要为每一张幻灯片设置换片方式，PowerPoint 2010 内置丰富的幻灯片切换效果，它包含动态内容、细微型、华丽型等共 30 多种转换效果。(　　)

14. PowerPoint 2010 中，当本次复制文本的操作成功后，上一次复制的内容自动丢失。(　　)

15. 设置幻灯片的页眉和页脚时，如果用户选择了“日期和时间”中的“自动更新”，则打开或演示这个幻灯片时，所插入的日期和时间就会按计算机系统的时钟自动更新。(　　)

16. 要打开 PowerPoint 2010，只能从【开始】菜单选择【所有程序】，然后单击【Microsoft PowerPoint 2010】。(　　)

17. 幻灯片浏览视图中，可以一次选中多张幻灯片进行删除、复制、移动等操作。(　　)

18. 幻灯片文本框中的文字是不能增加或删除的。(　　)

19. PowerPoint 2010 可以设置密码保护文档。(　　)

20. 幻灯片的背景不可以改变。(　　)

四、填空题

1. PowerPoint 2010 中，模板是一种特殊文件，其扩展名为________。

2. 在幻灯片中，自动出现的虚线边框被称为________。

3. PowerPoint 2010 提供了多种视图方式，分别是普通视图、________、阅读视图和幻灯片中放映视图。

4. ________用于设置 PowerPoint 2010 文稿中每张幻灯片的预设格式，这些格式包括每张幻灯片中标题及正文文字的位置和大小、项目符号的样式、背景图案等。

5. 在 PowerPoint 2010 中，完成了演示文稿的制作后，应该把演示文稿提前进行________操作，以方便在没有安装 PowerPoint 2010 的机器上演示。

6. 如果想在一个演示文稿的所有幻灯片的右上角加上一个公司徽标，可以在________中插入。

7. PowerPoint 2010 演示文稿文件的扩展名为________，放映文件的扩展名为________。

8. 自定义动画时，可以为幻灯片添加进入、退出、________与________动画效果。

9. 在幻灯片放映时，用户如果想点击某一图片时会转到另一张幻灯片进行放映，则必须为该图片设置________。

10. 在 PowerPoint 2010 中，为了在切换幻灯片时添加声音，可以使用【切换】选项卡【________】组中的【声音】命令。

项目六　数据库应用与 Access 2010

任务一　Access 2010 基本操作

一、实训要点

掌握 Access 2010 数据库与表的基本操作。

二、实训过程

(一)打开与关闭数据库

(1)执行【开始】→【Microsoft Office】→【Microsoft Access 2010】命令,启动 Access 2010,如图 6-1 所示。

图 6-1　启动 Access 2010

(2)单击【文件】→【打开】,选中所要打开的数据库"教学管理 1"文件,如图 6-2 所示。双击文件图标打开数据库,打开后的数据库界面如图 6-3 所示。

(3)单击【文件】→【关闭数据库】,关闭当前数据库,如图 6-4 所示。

(二)表创建

(1)打开"教学管理"数据库,单击【创建】选项卡,再在【表格】命令组中单击【表设计】命令按钮,打开表的设计视图,如图 6-5 所示。

(2)添加字段。在字段名称列中输入字段名称,在数据类型列中选择相应的数据类型,在常规属性窗格中设置字段大小。依次添加"学号"和"姓名"两个字段,如图 6-6

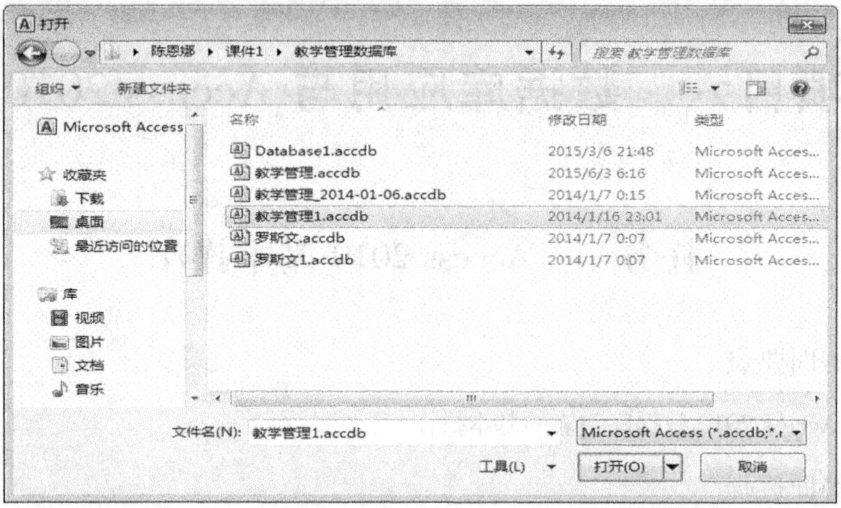

图 6-2　选定已存在的数据库文件

图 6-3　打开“教学管理”数据库

所示。

(3)将“学号”字段设置为表的主键。单击该字段行前的字段选定器以选中该字段，这时字段选定器背景为黑色。然后单击鼠标右键，在快捷菜单中选择【主键】命令。设置完成后，在“学号”字段选定器上出现钥匙图标，表示该字段是主键，如图 6-7 所示。

(4)选择【文件】→【保存】菜单命令，打开【保存】对话框，如图 6-8 所示。或在快速访问工具栏中单击【保存】按钮，在打开的【另存为】对话框中输入表的名称“学生”，然后单

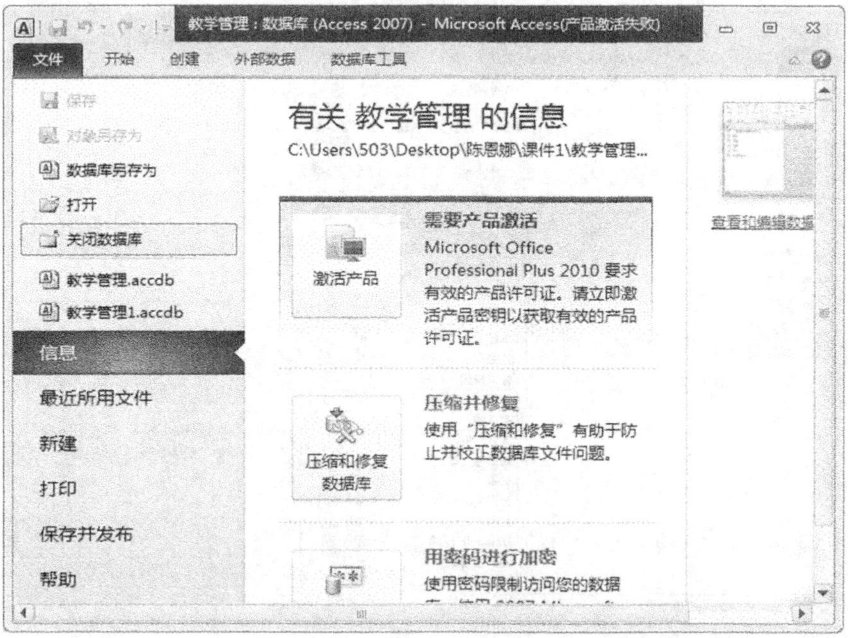

图 6-4　关闭数据库

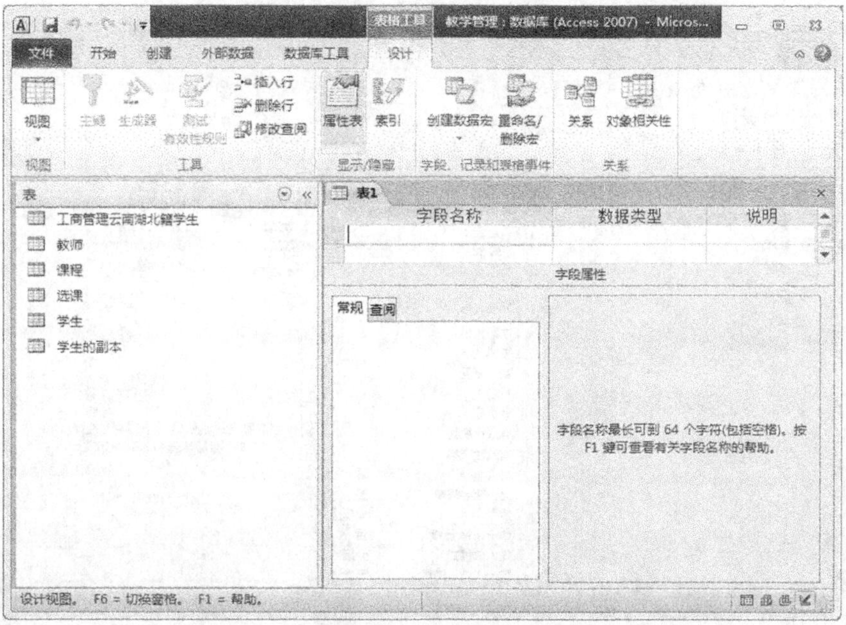

图 6-5　创建表的设计视图

击【确定】按钮，以"学生"为名称保存表。

（三）表数据导出

（1）在导航窗格中选择要导出的表，单击鼠标右键，并在快捷菜单中选择【导出】命

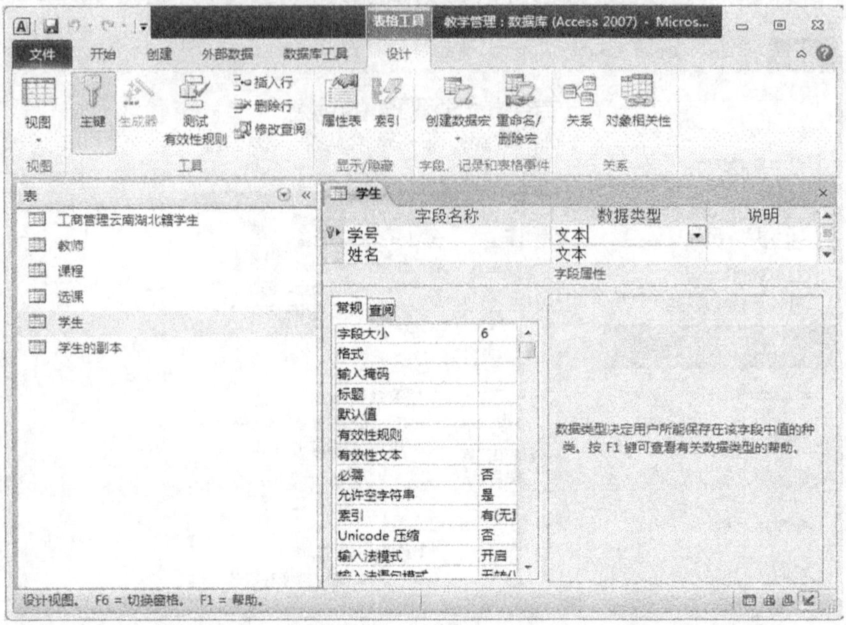

图 6-6　在表中添加字段

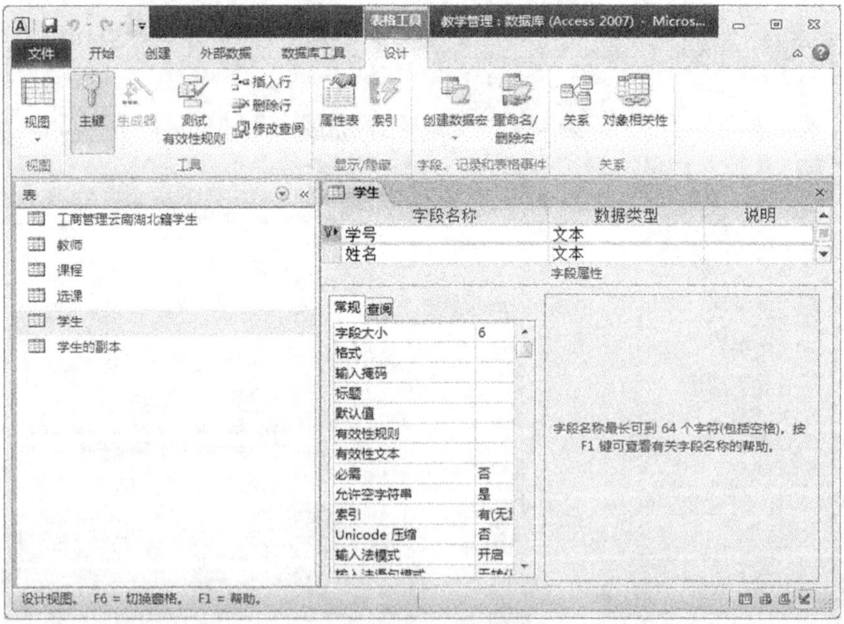

图 6-7　设置表的主键

令，在弹出的菜单中选择文件的类型，如图 6-9 所示。

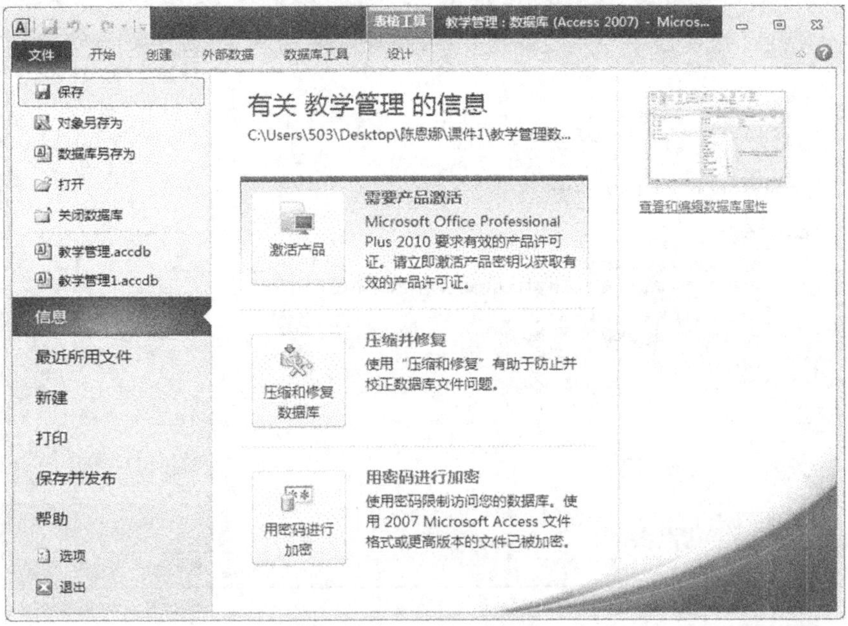

图 6-8　保存文件

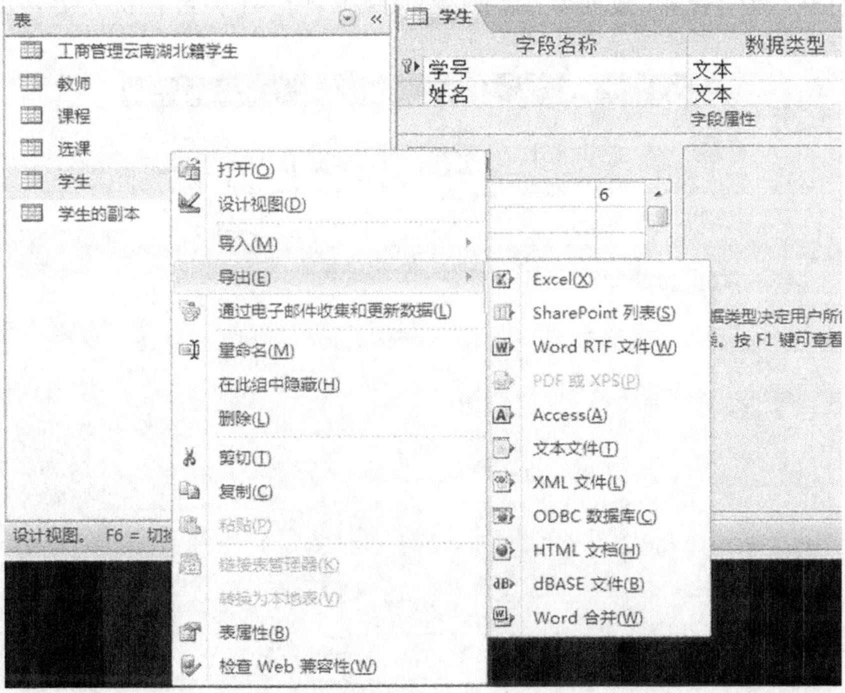

图 6-9　表数据导出

(2)再在弹出的对话框中选择存储位置和文件名,最后单击【确定】按钮,如图 6-10 所示。

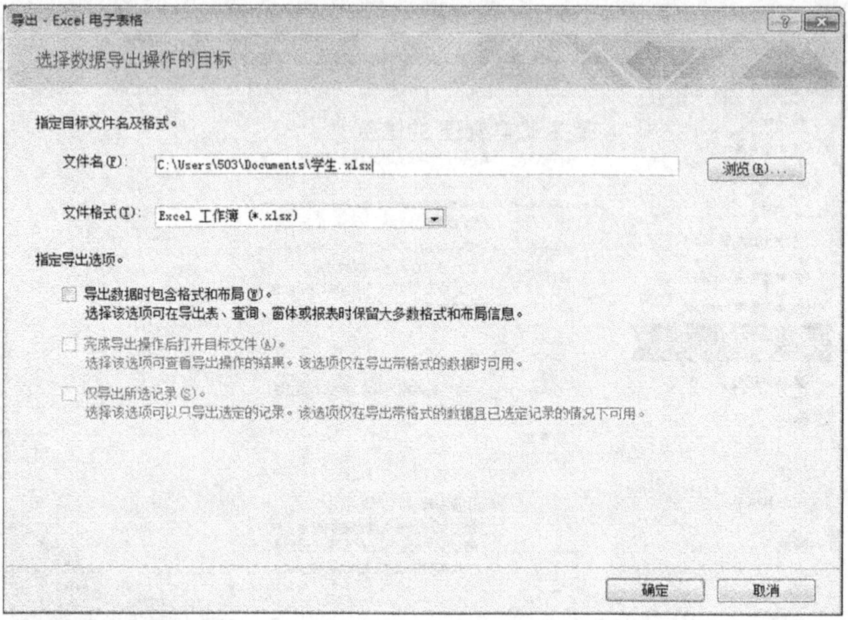

图 6-10　保存导出的数据

(四)建立表间关系

(1)打开“教学管理”数据库,单击【数据库工具】→【关系】,进入关系编辑器,见图 6-11。

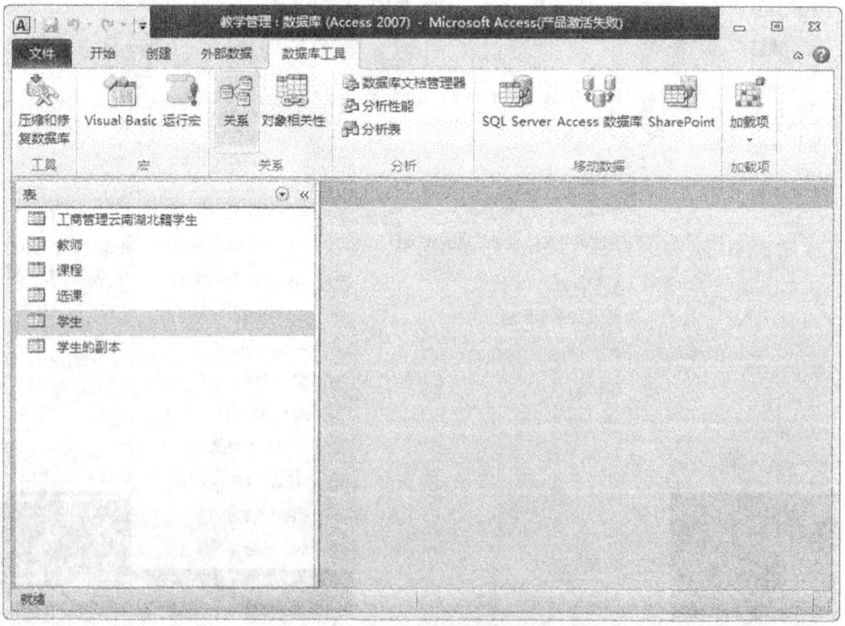

图 6-11　数据库的关系编辑器

(2)在【显示表】对话框中添加要建立关系的表,如图 6-12 所示。

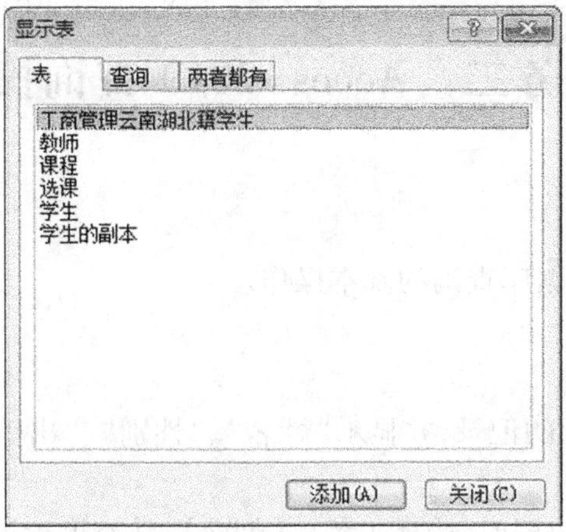

图 6-12 【显示表】对话框

(3)根据关联字段建立表间关系,在【编辑关系】对话框选择是否实施参照完整性,如图 6-13 所示。

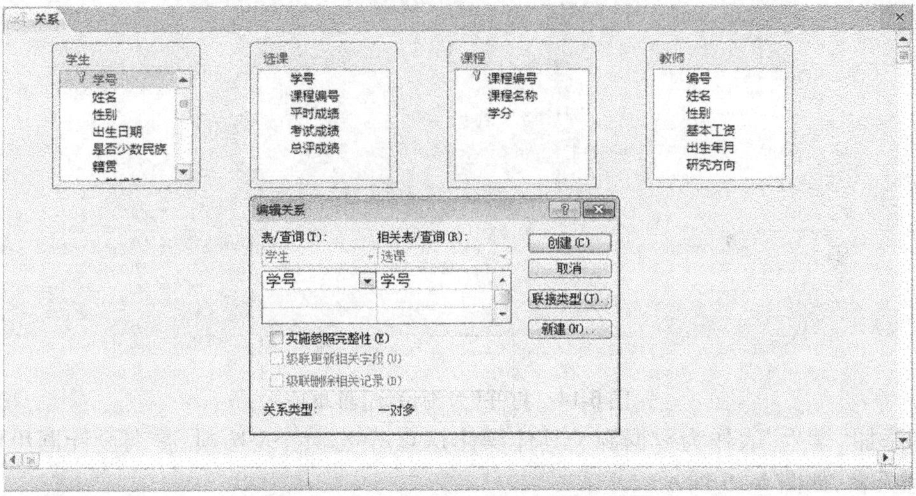

图 6-13 【编辑关系】对话框

(4)表间关系建立后,注意保存结果。

三、拓展操作

1. 建立本班级学生信息表和课程表,其中学生信息表包括学号、姓名、年龄、家庭住址、政治面貌、简历 6 个字段,课程表包括课程编号、课程名、学分 3 个字段。

2. 在上一题的基础上建立选课表,包括学生编号、课程编号 2 个字段,并建立这 3 个表的关系。

任务二　Access 2010 查询操作

一、实训要点

掌握 Access 2010 数据库查询的基本操作。

二、实训过程

(1)查找“学生”表中的记录,并显示“姓名”、“性别”、“出生日期”和“专业名称”4 个字段。

①打开“教学管理”数据库,选择主菜单【创建】—【查询设计】,如图 6-14 所示。

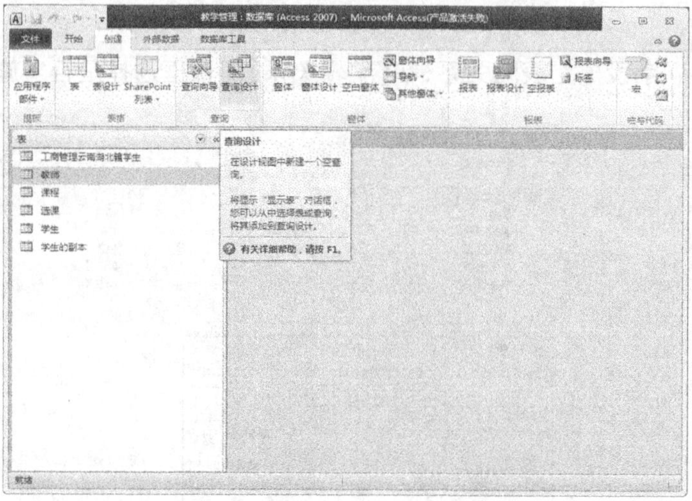

图 6-14　打开【查询设计】菜单项

②添加“学生”表作为数据源。具体操作是双击“学生”表选项,查询设计器里就会显示“学生”表,如图 6-15 所示。

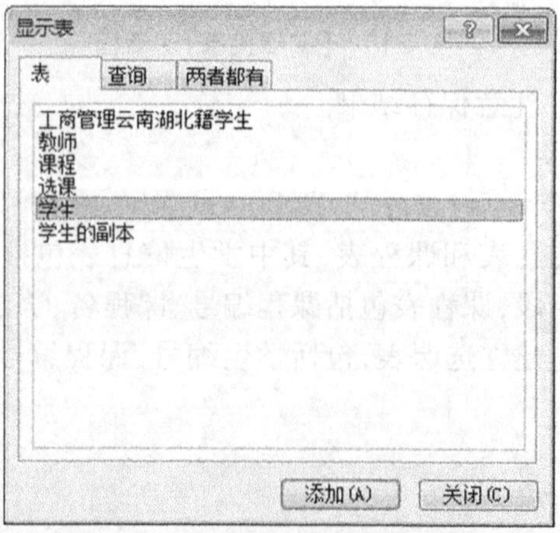

图 6-15　添加“学生”表作为数据源

③在【查询】对话框中依次双击“姓名”、“性别”、“出生日期”和“专业名称”4 个字段，如图 6-16 所示。

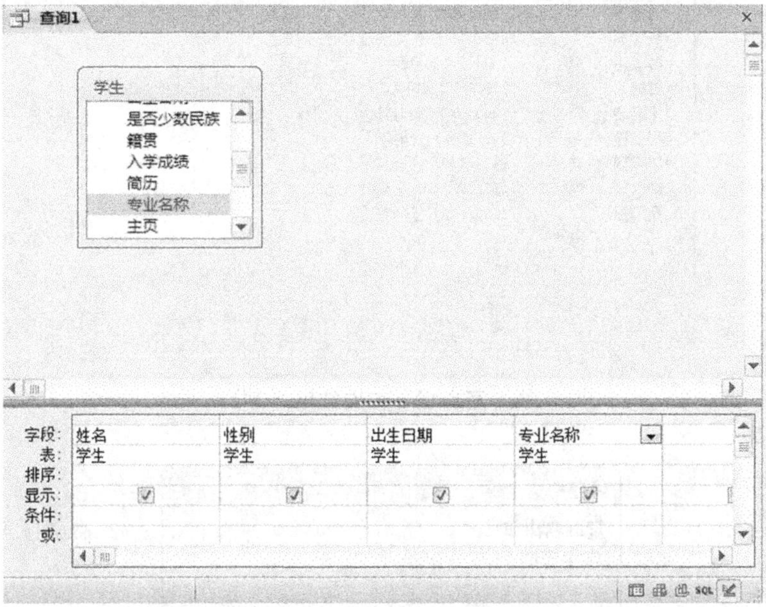

图 6-16　【查询】对话框

④可以选择【查询工具】→【设计】→【视图】→【数据表视图】，如图 6-17 所示。进入数据表视图下查看查询结果。查询结果如图 6-18 所示。

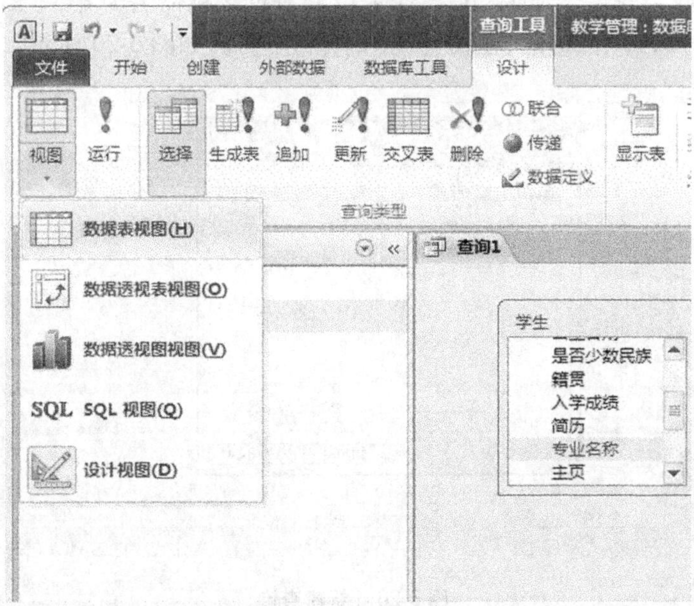

图 6-17　查询操作命令路径

⑤查询设计完成后，单击【文件】→【保存】，输入查询名称“学生查询”，单击【确定】，

查询1

姓名	性别	出生日期	专业名称
马淮樑	男	1994/4/30	工商管理
沃泰华	女	1994/9/7	财务管理
张蓉娟	女	1993/11/15	工商管理
梨佩汪	男	1994/7/10	金融学
谭赫	男	1990/6/23	电子商务
李荣浩	男	1993/8/30	财务管理
程丽杜	女	1995/12/31	金融学
方晓花	女	1994/7/23	会计学
舒铁导	男	1993/10/24	电子商务
蔡丽丽	女	1996/12/4	工商管理
*	男		

图 6-18　查询结果

如图 6-19 所示。

图 6-19　保存查询结果(一)

(2)创建一个查询,查找并显示年龄不大于 38 岁,职称是教授或副教授的教师的“编号”“姓名”“年龄”“学历”“职称”5 个字段,并将查询名称命名为 qT3。

①打开“教学管理”数据库,在设计视图中新建查询,如图 6-20 所示。

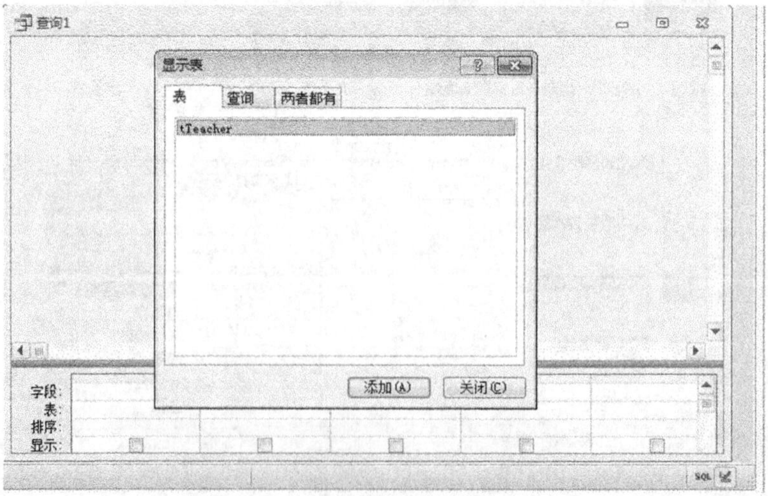

图 6-20　新建查询

②添加表“tTeacher”,如图 6-21 所示,关闭【显示表】对话框。

③双击“编号”“姓名”“年龄”“学历”“职称”字段,在“年龄”字段的条件行输入“ < =38”,在“职称”的条件行输入“"教授" or "副教授"”,如图 6-22 所示。

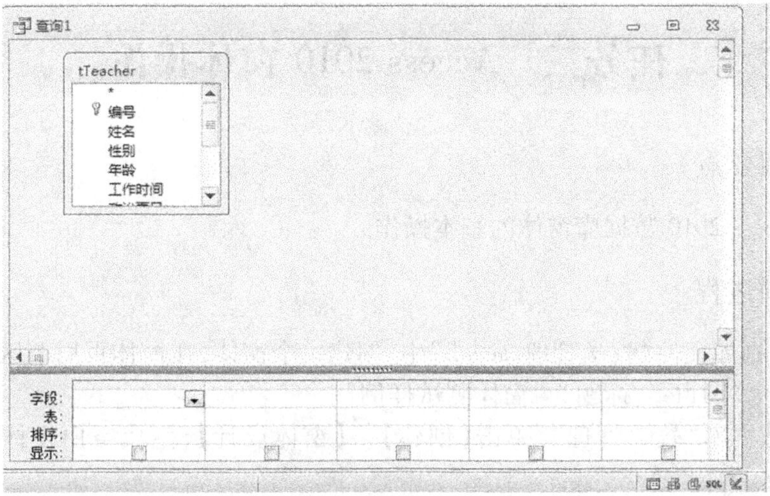

图 6-21　添加表“tTeacher”

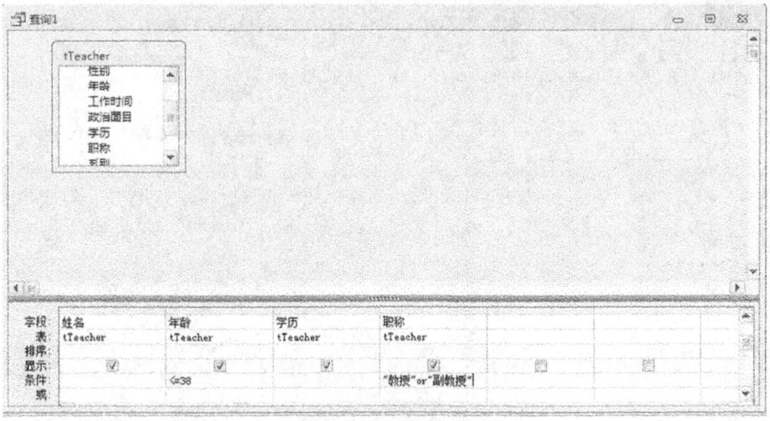

图 6-22　查询条件输入

④单击快速访问工具栏中的保存按钮，另存为“qT3”，如图 6-23 所示。关闭设计视图。

图 6-23　保存查询结果(二)

三、拓展操作

1. 针对学生信息表创建相关查询。
2. 利用学生信息表、课程信息表和选课表创建多表查询。

任务三　Access 2010 窗体操作

一、实训要点

掌握 Access 2010 数据库窗体的基本操作。

二、实训过程

(1)在数据库文件“教学管理. accdb”中,创建一个窗体,在窗体页眉节区添加一个标签控件,名称为“bTitle”,标题为“窗体测试样例”。

①打开数据库“教学管理”,单击【创建】→【窗体设计】,生成空白窗体,如图 6-24、图 6-25所示。

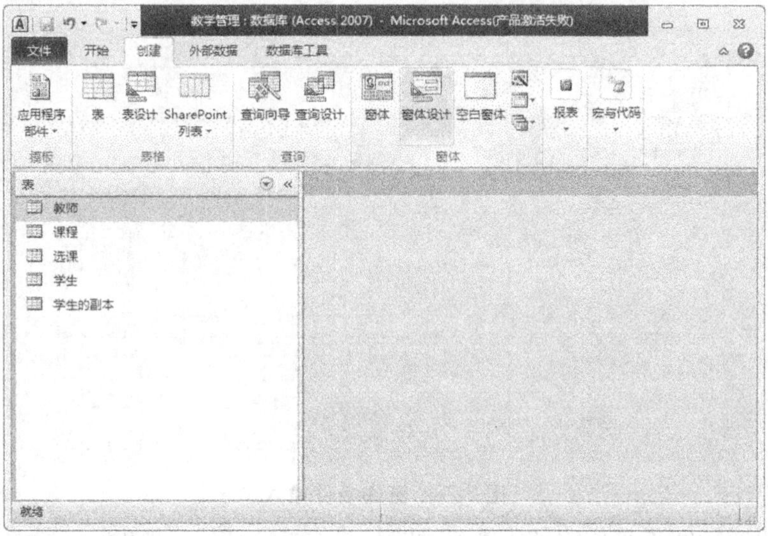

图 6-24　窗体设计界面

②选择【窗体设计工具】选项卡中的“标签”控件 Aa ,单击窗体页眉节区适当位置,输入“窗体测试样例”,如图 6-26 所示。

③右键单击“窗体测试样例”标签选择“属性”,在“名称”行输入“bTitle”,如图 6-27 所示,关闭属性界面。

(2)在窗体页脚节区添加一个命令按钮,命名为“bTest”,按钮标题为“测试”。设置命令按钮“bTest”的单击事件属性为给定的宏对象“m1”。将窗体标题设置为“测试窗体”。

①选择【窗体设计工具】选项卡中的“命令按钮”控件 ,单击窗体页脚节区适当位置,弹出一个对话框,单击“取消”按钮,如图 6-28 所示。

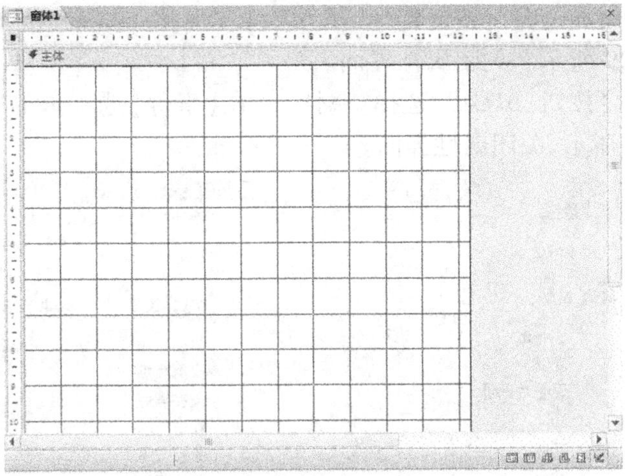

图 6-25　空白窗体

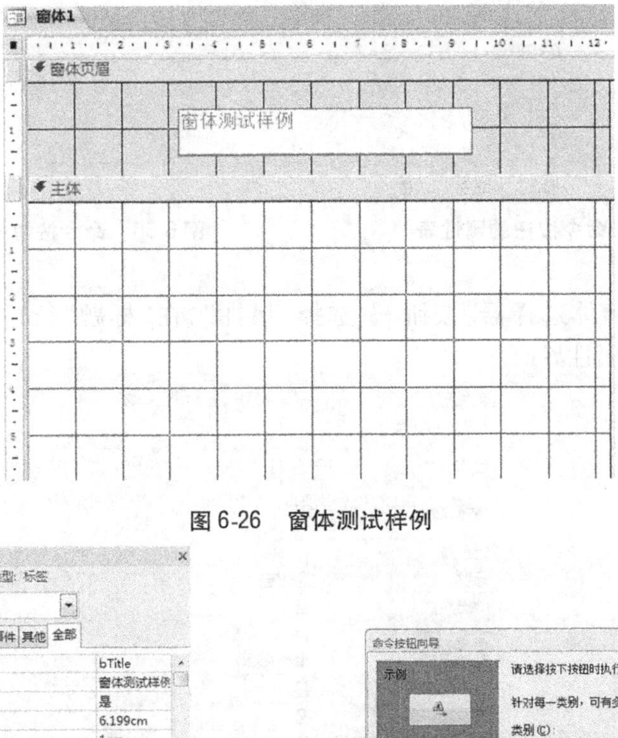

图 6-26　窗体测试样例

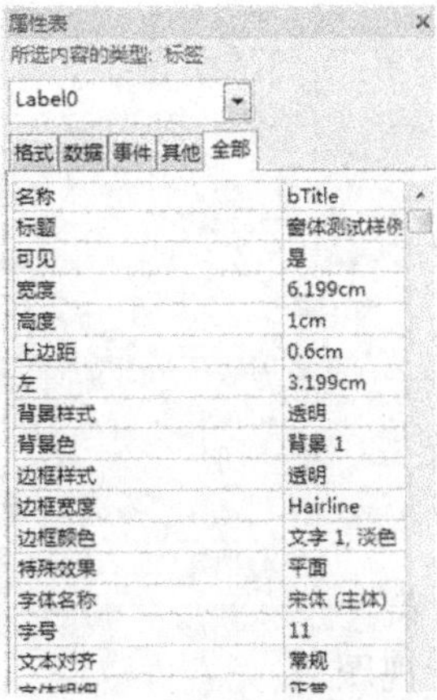

图 6-27　标签的属性表

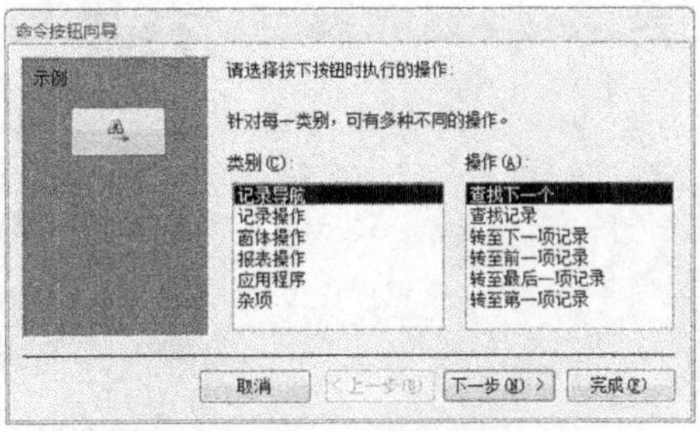

图 6-28　命令按钮向导

②右键单击刚添加的命令按钮选择“属性”，在“名称”和“标题”行分别输入“bTest”和“测试”，如图 6-29 所示。关闭属性界面。

③右键单击命令按钮“bTest”，选择“属性”。在【事件】选项卡的“单击”行列表中选中“m1”，如图 6-30 所示，关闭属性界面。

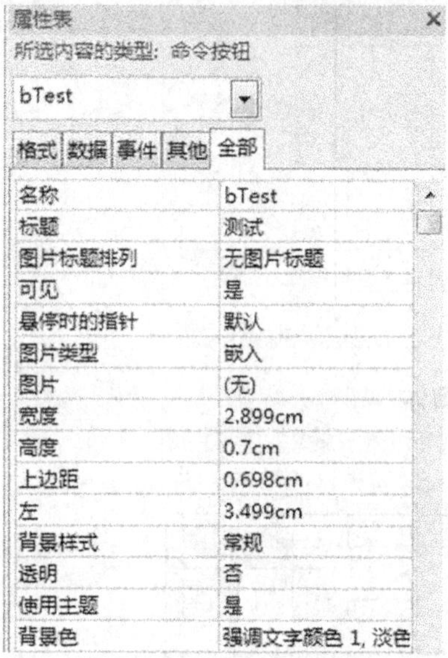

图 6-29　命令按钮的属性表

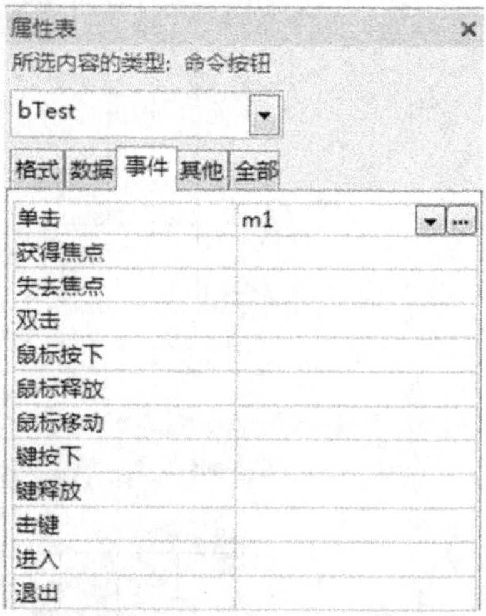

图 6-30　命令按钮的事件属性窗口

④右键单击“窗体选择器”按钮■，选择“属性”，在“标题”行输入“测试窗体”，如图 6-31 所示，关闭属性界面。

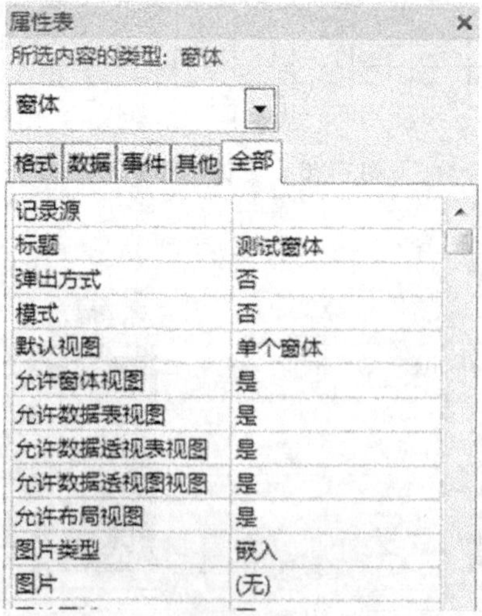

图 6-31　窗体的全部属性表

⑤单击快速访问工具栏中的保存按钮，关闭设计视图。

三、拓展操作

1. 利用学生信息表创建相关窗体。
2. 利用“控件向导”向上题中的窗体添加“按钮”控件，实现记录导航。

综合练习

一、选择题

1. Access 数据库文件的扩展名是(　　)。
   A. xls　　B. mdb
   C. ppt　　D. doc
2. 层次数据库最突出的优点是能够自然、直观地描述(　　)的层次关系。
   A. 一对多　　B. 一对一
   C. 多对多　　D. A、B、C 均可
3. 数据库中最常见的数据模型有三种，即(　　)。
   A. 瀑布模型　　B. 层次模型
   C. 关系模型　　D. 网状模型
   E. 自下而上模型
4. 下列有关主键的叙述错误的是(　　)。
   A. 不同记录的主键值允许重复
   B. 不同表中的主键可以是相同的字段
   C. 表中主键的数据类型可以定义为自动编号或文本
   D. 主键是数据表中的某个字段
5. Access 的“名次表”中的“姓名”与“成绩表”中的“姓名”建立关系，且两个表中的记录都是唯一的，则这两个表之间的关系是(　　)。
   A. 多对多　　B. 一对多
   C. 一对一　　D. 多对一
6. 数据仓库的主要特征有(　　)。
   A. 集成特性　　B. 弛性
   C. 时变特性　　D. 非易失特性
   E. 面向主题特性
7. 一般来说，数据库的设计过程大致可分为(　　)个阶段。
   A. 三　　B. 六
   C. 五　　D. 四
8. 表是由(　　)组成的。
   A. 记录和窗体　　B. 报表和查询
   C. 字段和记录　　D. 查询和字段

9. 在设计数据库的过程中,做需求分析的目的是(　　)。

A. 收集数据并具体建立一个数据库,运行典型的应用任务来验证数据库设计的正确性和合理性

B. 将现实世界的概念数据模型设计成数据库的一种逻辑模式

C. 获取用户的信息要求、处理要求、安全性要求和完整性要求

D. 建立"物理数据库"

10. 参与分析、设计、管理、维护和使用数据库的人员均是数据库的组成部分,这些人员包括(　　)

A. 数据库管理员　　B. 系统分析员

C. 应用程序员　　D. 网络管理员

E. 最终用户

11. 假设数据表 A 与 B 按某字段建立了一对多关系,B 为多方,正确的说法是(　　)。

A. B 中一个记录可与 A 中多个记录匹配

B. B 中一个字段可与 A 中多个字段匹配

C. A 中一个字段可与 B 中多个字段匹配

D. A 中一个记录可与 B 中多个记录匹配

12. (　　)是指拥有数据库技术支持的计算机系统,它可以实现有组织地、动态地存储大量相关数据,提供数据处理和信息资源共享服务。

A. 数据库技术　　B. 数据库设计

C. 数据库管理系统　　D. 数据库系统

13. 按照功能划分,数据库管理系统除模式翻译、应用程序的编译外,还包括(　　)。

A. 事务运行管理　　B. 数据的组织与存取

C. 交互式查询　　D. 数据库的维护

E. 数据库设计

14. 为设计出满足要求的数据库,数据库设计的第一步必须首先进行(　　)。

A. 需求分析　　B. 概念设计

C. 逻辑设计　　D. 物理设计

15. 在 Access 中要存放图像、图表、声音等信息时,数据类型是(　　)。

A. 备注　　B. 文本

C. 超(级)链接　　D. OLE 对象

16. 微型计算机中使用的学生档案管理系统,属下列计算机应用中的(　　)。

A. 科学计算　　B. 人工智能

C. 过程控制　　D. 信息管理

17. 在 Access 中,表的创建方式有很多,如(　　)。

A. 在 Word 中创建表　　B. 直接在"我的电脑"中创建表

C. 使用向导创建表　　D. 使用表设计器创建表

E. 通过输入数据创建表

18. 在 Access 数据库的七个对象中，(　　)在一定程度上集成了 Internet Explorer 浏览器和 Frontpage 编辑器的功能。

A. 报表　　B. 表

C. 页　　D. 查询

19. 在数据管理技术的三个阶段中，数据库系统阶段的特点有(　　)。

A. 数据结构化　　B. 用户接口不友好

C. 数据共享性好　　D. 数据存储力度大

E. 数据独立性好

20. (　　)对象用于从指定的表格中获取满足给定条件的记录。

A. 表格　　B. 窗体

C. 查询　　D. 表

二、判断题

1. Access 中，在数据表中删除一条记录，被删除的记录可以恢复。(　　)

2. Access 是一个大型关系数据库管理系统，适用于开发大型管理信息系统。(　　)

3. 层次数据库和网状数据库都存在结构较复杂，用户不易掌握，数据存取必须按模型结构中定义的存取路径进行，操作较复杂等缺点。这限制了这两种数据库管理系统的发展。(　　)

4. Access 中，不包含内置函数，用户必须手动输入。(　　)

5. Access 中，允许先建一个空数据库，再向其中添加表、查询等组件。(　　)

6. Oracle，Sybase，Informix，Visual Foxpro 等都是关系数据库，但 Access 不是。(　　)

7. 在 Access 关系数据库中任一时刻只能打开一个数据库窗口。(　　)

8. 人工数据管理阶段，能够对所处理的数据进行保存，但没有专门的数据管理软件。(　　)

项目七 计算机网络与安全

任务一 网络常用命令

一、实训要点

日常的网络维护中,需要使用操作系统本身内置的网络故障诊断命令来诊断网络状况。

二、实训过程

(一)Ping 命令

Ping 是"潜水艇"技术的专用语,表示回应的声纳脉冲。在网络中 Ping 是一个很强大的 TCP/IP 工具。其主要功能是检测网络的连通情况和分析网络速度。Ping 命令发送的数据包非常小,传输速度很快,可以快速地检测出当前的网络故障。

(二)Ping 127.0.0.1 命令

127.0.0.1 是一个特殊的 IP 地址, 使用 Ping 127.0.0.1 命令,Ping 程序将对本机网卡进行检测。在返回的四次检测结果中,如果网卡工作正常,网卡的返回时间将小于 10 ms。具体操作如下:

点击【开始】按钮,在如图 7-1 所示的搜索框中输入"cmd",回车后出现如图 7-2 所示的命令窗口。或者用快捷键【Win】+【R】可直接打开运行窗口,在打开的运行窗口输入"cmd"的命令,输入后点击【确定】打开命令窗口。

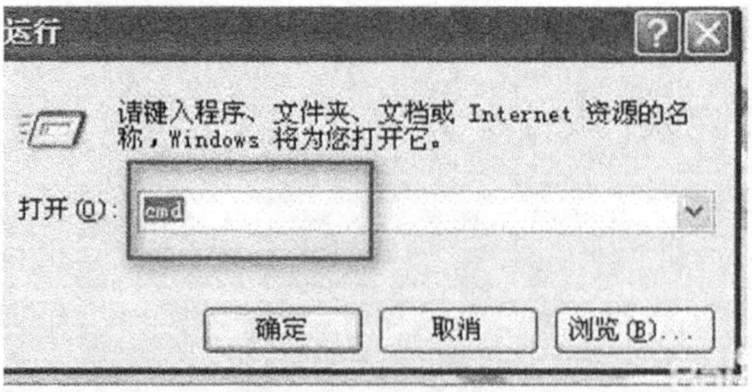

图 7-1 运行对话框

输入 Ping 127.0.0.1 后回车,出现图 7-3 所示的数据。

程序在对本机网卡的检测中,返回的四次检测结果里,时间都小于 1 ms,时间小于 10 ms 时说明本机网卡工作正常。

(三)Ipconfig 命令

该命令可以查看和修改网络中与 TCP/IP 协议有关的配置。在发现和解决 TCP/IP

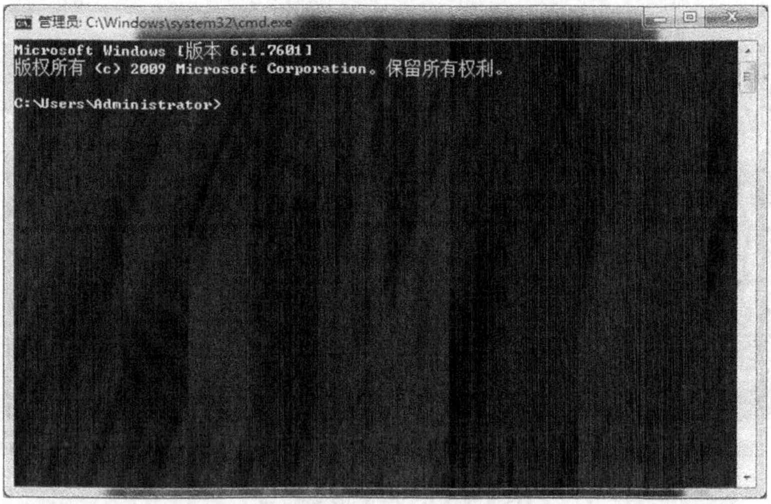

图 7-2　cmd 窗口

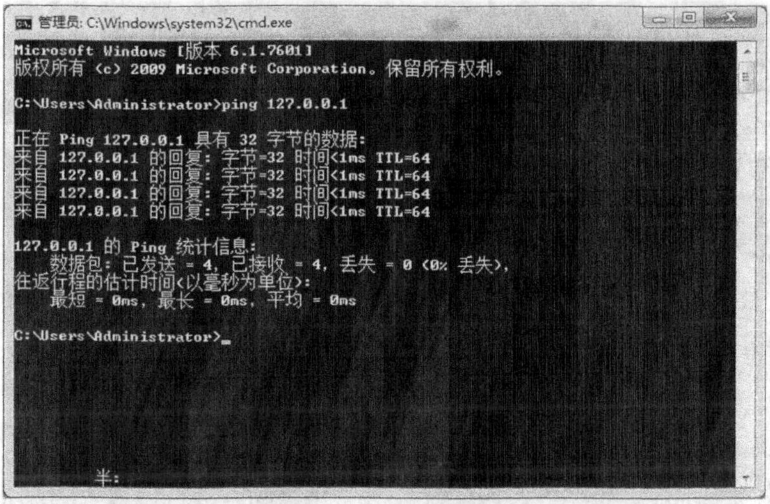

图 7-3　Ping 127.0.0.1 窗口

网络问题时，首先需要检查出有问题的计算机上的 TCP/IP 配置，如 IP 地址、网关、子网掩码等。

在 cmd 窗口中输入 Ipconfig 命令后回车，出现如图 7-4 所示的数据。

(四) Ipconfig/all **命令**

图 7-5 所示是 Ipconfig/all 命令运行后数据。

使用带/all 的 Ipconfig 命令时，运行结果将给出所有接口的详细配置报告，可以从中了解当前计算机使用的网卡类型、主机的 IP 地址、子网掩码、路由器的地址甚至包括任何已经配置的串行端口和使用的网络适配器的物理地址。

如果 IP 地址是从 DHCP 服务器租用的，Ipconfig 将显示 DHCP 服务器的 IP 地址和租用地址预计失效的日期。

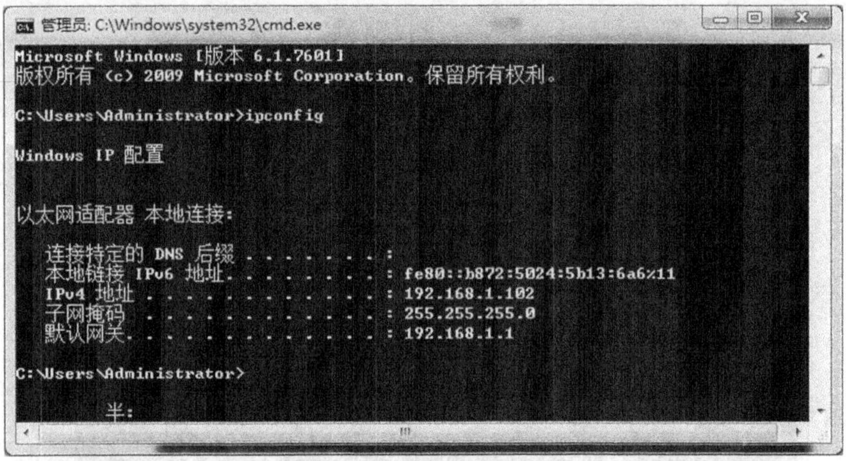

图 7-4　Ipconfig 命令窗口

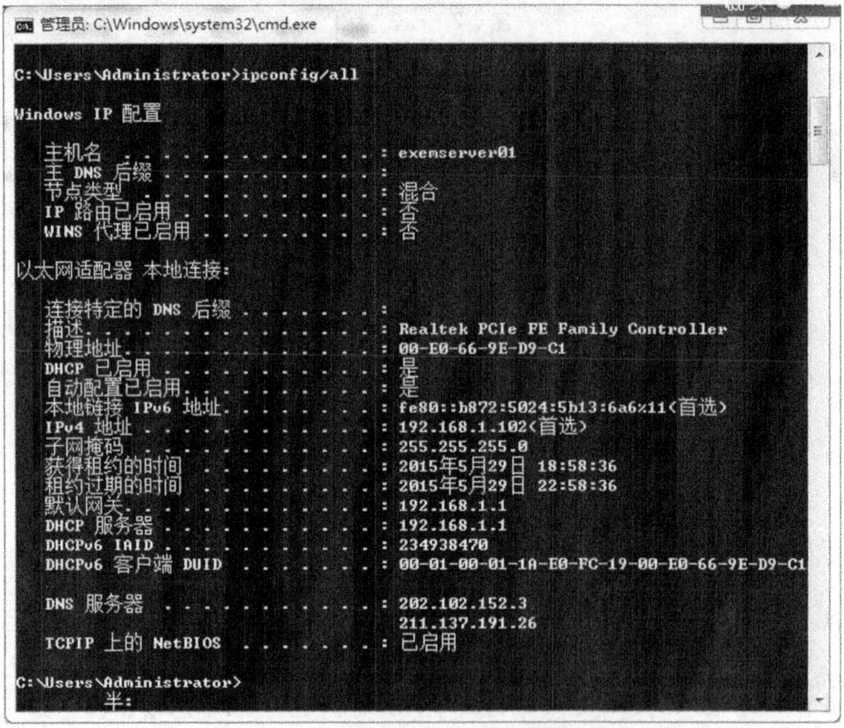

图 7-5　Ipconfig/all 命令的运行窗口

三、拓展操作

1. ARP(地址转换协议)的使用技巧。

2. Tracert、Route 与 NBTStat 的使用技巧。

任务二　使用 Foxmail 收发电子邮件

一、实训要点

练习使用 Foxmail 软件收发电子邮件

二、实训过程

(1)下载 Foxmail 软件,软件图标如图 7-6 所示。

图 7-6　下载的 Foxmail 软件图标

(2)双击软件图标安装软件,安装过程界面如图 7-7 所示。安装完成后设置账号,其界面如图 7-8 所示。

图 7-7　Foxmail 软件安装界面

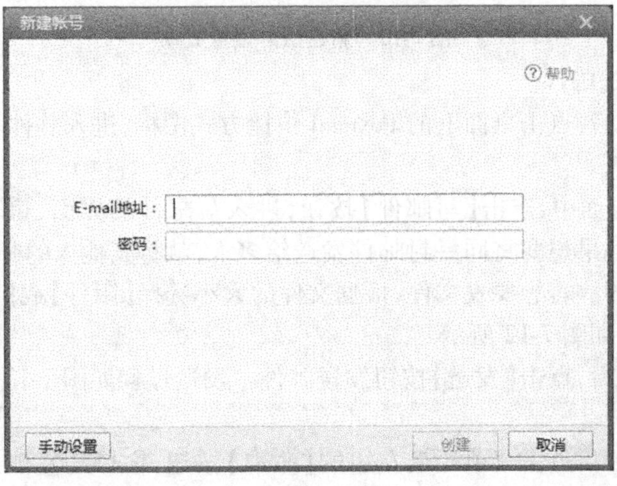

图 7-8　新建账号窗口

(3)输入自己的正确邮箱地址和密码后,点击【创建】,如图 7-9、图 7-10 所示。

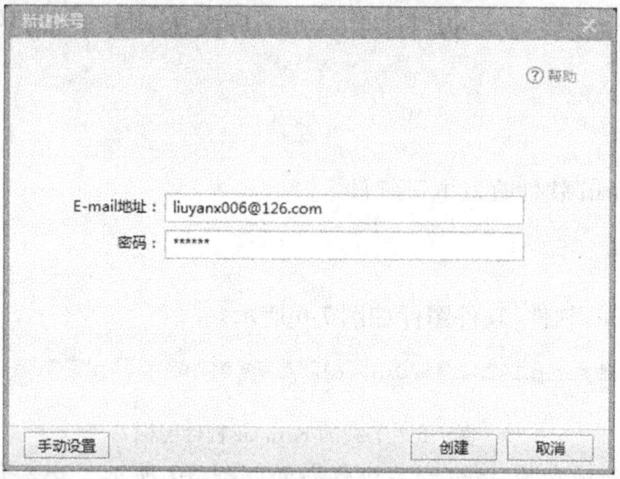

图 7-9　输入邮箱地址和密码

图 7-10　新建账户设置成功

(4)撰写和发送邮件。

账户设置成功后,点击桌面上的 Foxmail 快捷方式图标,进入软件界面。如图 7-11 所示。

Foxmail 软件界面中,点击【写邮件】按钮,进入写邮件的界面,填写收件人邮箱地址和主题问候语句,如果想要将同一封邮件发送给多人,就将其他人的邮件地址写在抄送栏里,中间用逗号隔开。若想要发文件,根据文件的大小选择【附件】或【超大附件】按钮,上传要发送的文件。如图 7-12 所示。

邮件内容完成后,点击【发送】按钮发送邮件。发送过程如图 7-13 所示。

(5)收取邮件。

想要收取邮件时,点击菜单栏最左边的【收取】按钮,窗口的左侧出现近期邮件的收取情况,如图 7-14 所示。

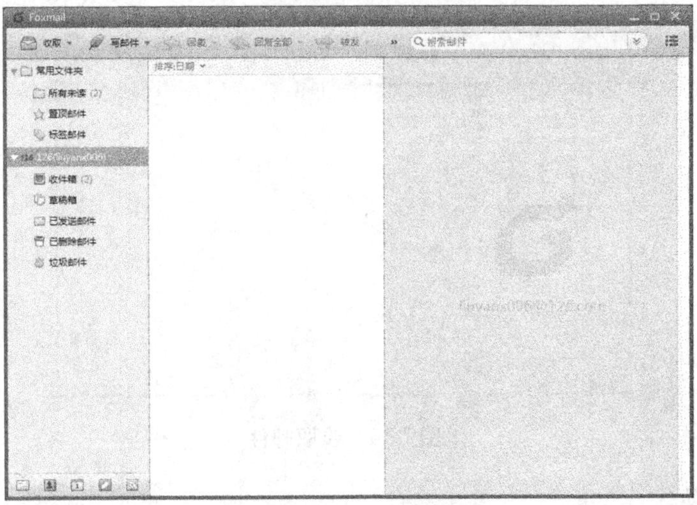

图 7-11　Foxmail 软件界面

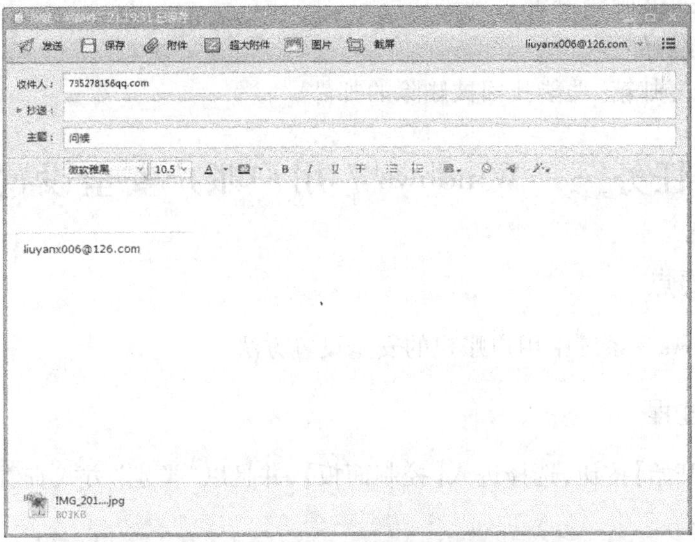

图 7-12　写邮件界面

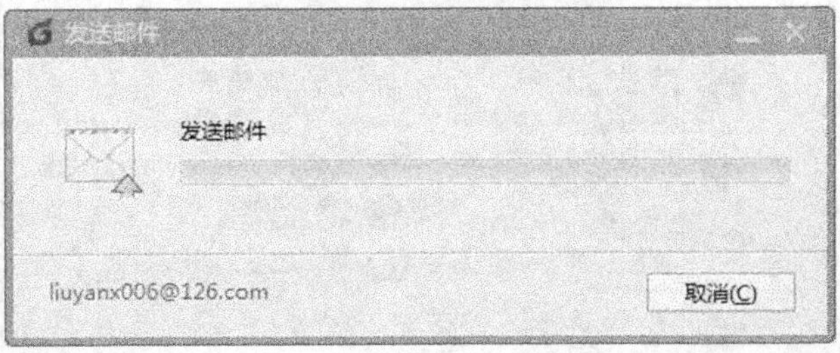

图 7-13　邮件发送中

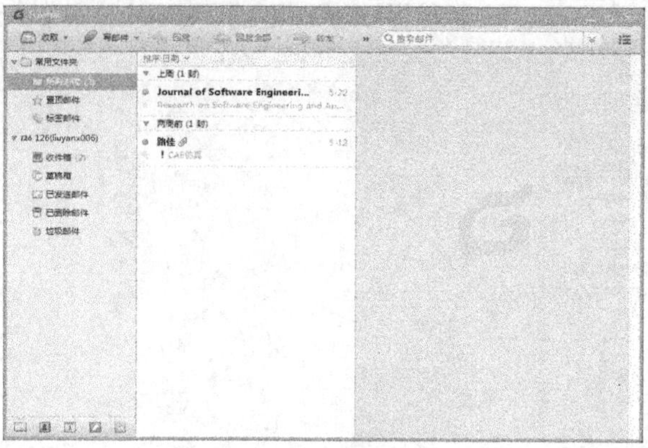

图 7-14　收取邮件

三、拓展操作

1. 清空 Foxmail 邮箱设置。
2. 定时接收邮件。
3. 使用“修复邮箱”功能找回被删除的邮件。

任务三　Windows 7 用户账户安全设置

一、实训要点

掌握 Windows 7 系统中用户账户的安全设置方法。

二、实训过程

(1)单击【开始】按钮,选择进入【控制面板】,并且以“类别”方式查看内容,如图 7-15 所示。

编者注:本书计算机截屏图中,“帐户”均应该为“账户”,编者未作修改。

图 7-15　【控制面板】对话框

(2)单击【用户账户和家庭安全】项目,打开【用户账户和家庭安全】设置界面,如图 7-16所示。

图 7-16　【用户账户和家庭安全】设置界面

(3)单击【添加或删除用户账户】,进入设置界面,选择【创建新账户】,如图 7-17 所示。

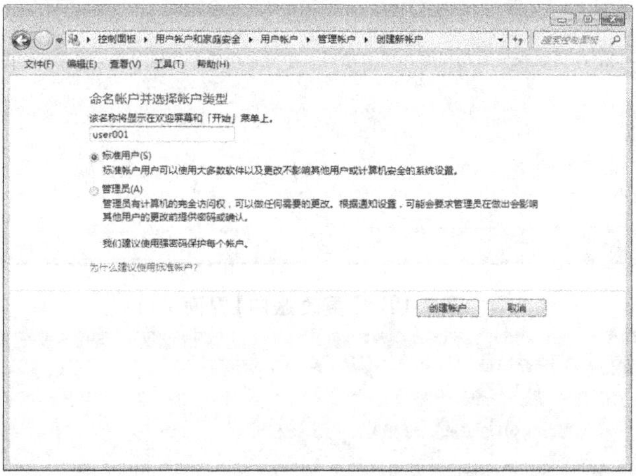

图 7-17　【创建新账户】界面

(4)为新账户命名“user001”,类型选择“标准用户”,有利于系统安全。单击【创建账户】按钮,进入【管理账户】界面,如图 7-18 所示。

(5)单击“user001”账户图标,进入【更改账户】界面,如图 7-19 所示。然后单击【创建密码】,进入密码设置界面。

(6)按照系统提示密码规则,输入密码,最后单击【创建密码】按钮,如图 7-20 所示。

(7)对账户“user001”设置家长控制权限:单击【设置家长控制】,进入如图 7-21 所示的【用户控制】设置界面,选择【启用,应用当前设置】,然后设置分项目。最后单击【确定】按钮。

(8)关闭“Guest”账户:单击图 7-22 中的“Guest”账户图标,选择【关闭来宾账户】。

图 7-18　创建完成的账户界面

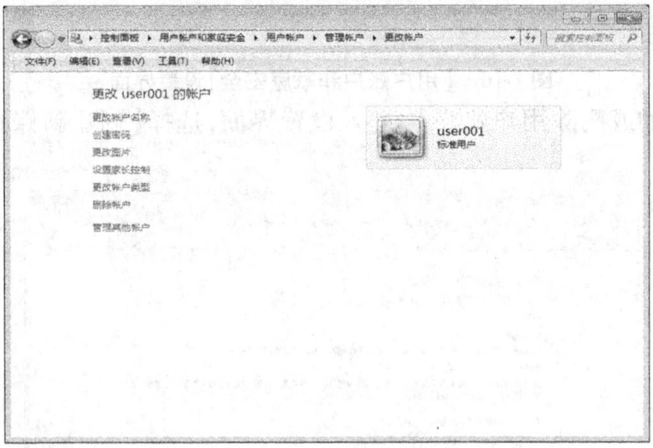

图 7-19　【更改账户】界面

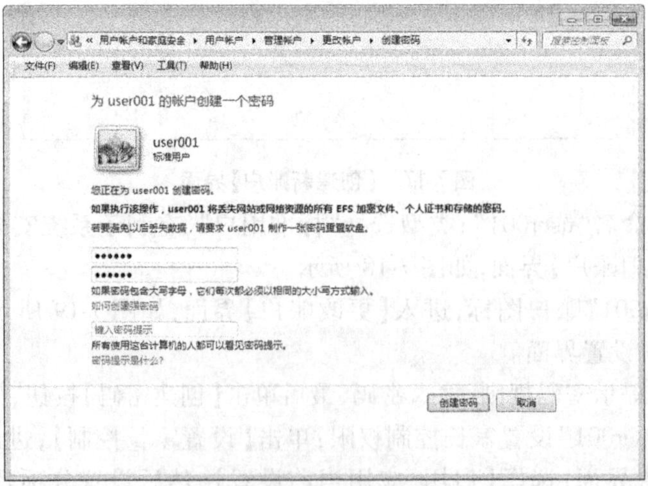

图 7-20　【创建密码】界面

图 7-21　【用户控制】界面

图 7-22　更改来宾选项界面

三、拓展操作

1. 建立一用户账户，进行家庭安全设置。
2. 删除 Guest 账户。

任务四　Windows 7 防火墙设置

一、实训要点

掌握 Windows 7 系统中防护墙的安全设置方法。

二、实训过程

(1) 进入【系统和安全】界面，如图 7-23 所示。

图 7-23　【系统和安全】设置界面

(2)单击【Windows 防火墙】,进入 Windows 防火墙设置界面,如图 7-24 所示。

图 7-24　【Windows 防火墙】设置界面

(3)单击【打开或关闭 Windows 防火墙】,进入【自定义设置】界面,如图 7-25 所示。可根据需要完成公用网络和家庭网络的防火墙的开启或者关闭,最后单击【确定】。

(4)回到图 7-24 所示的【Windows 防火墙】设置界面,单击【允许程序或功能通过 Windows 防火墙】,进入防火墙允许的程序设置界面,如图 7-26 所示。

(5)在图 7-24 所示的【Windows 防火墙】设置界面中,单击【高级设置】,进入防火墙的高级设置界面,如图 7-27 所示。

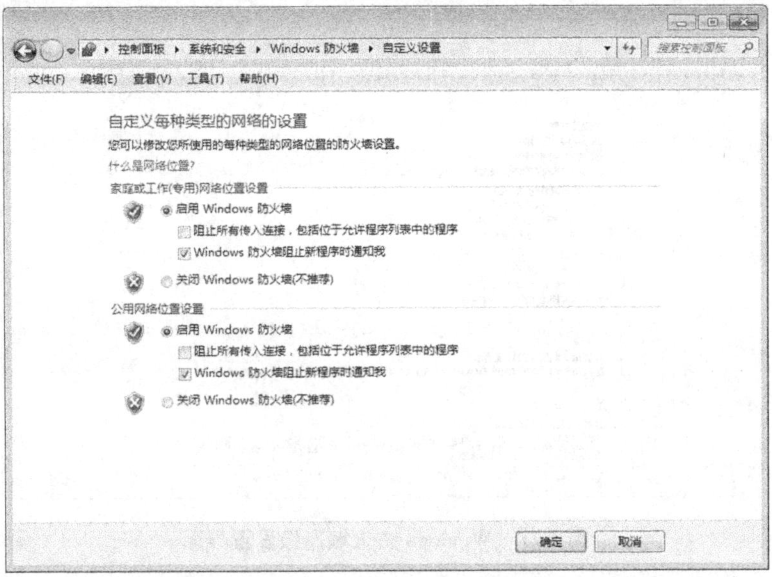

图 7-25　自定义防火墙设置界面

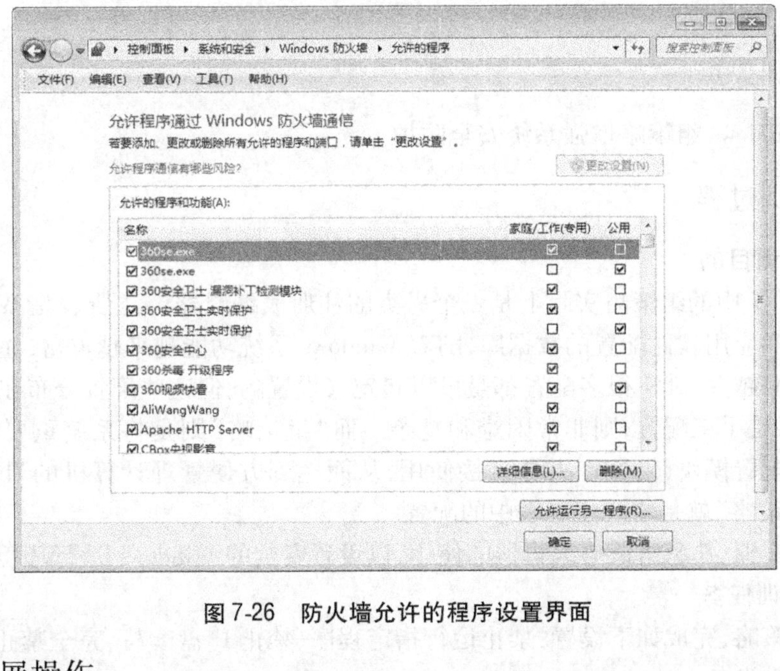

图 7-26　防火墙允许的程序设置界面

三、拓展操作

1. 设置防火墙对 IE 浏览器进行保护。
2. 在本地计算机上设置入站规则和出站规则。

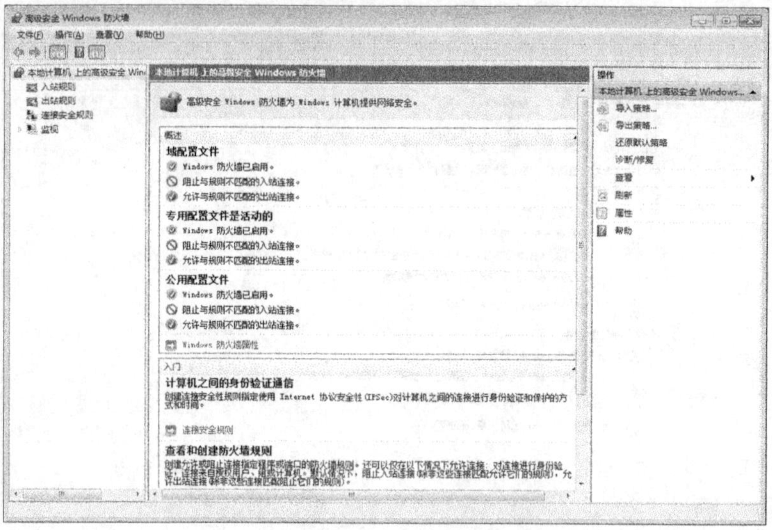

图 7-27　Windows 防火墙高级设置界面

任务五　Windows 7 组策略设置

一、实训要点

使用 Windows 组策略增强系统安全防护。

二、实训过程

(一)实训目的

Windows 7 中的组策略实际上是一个另类的注册表编辑器。注册表是 Windows 系统中保存系统和应用软件配置的数据库,随着 Windows 系统功能越来越丰富,注册表里的配置项目也越来越多,其实很多配置都是可以自定义设置的,但这些配置分布在注册表的各个角落,如果是手工配置,则非常困难和复杂。而“组策略”则是将系统重要的配置功能汇集成各种配置模块,供管理人员直接使用,从而达到方便管理计算机的目的。也就是说,修改“组策略”就是修改注册表中的配置。

通过本实训,熟悉组策略编辑器的使用,以设置安全的 Windows 运行环境。

(二)实训任务

使用组策略,完成如下设置:禁止运行指定程序、禁止 U 盘读写、完全禁止使用 U 盘、禁止安装移动设备。

(三)实训操作

1. 打开本地组策略编辑器

单击【开始】→【所有程序】→【附件】→【运行】,或者使用快捷键【Win】+【R】,就打开了【运行】对话框,如图 7-28 所示。在对话框中输入“gpedit. msc”,回车后启动【本地组策略编辑器】窗口,如图 7-29 所示。

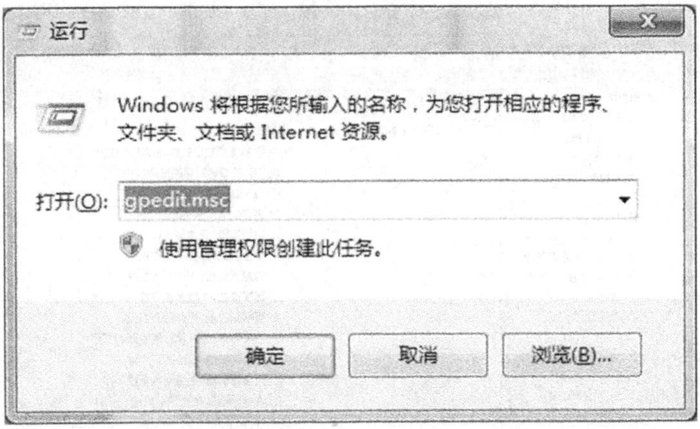

图 7-28　打开【运行】对话框

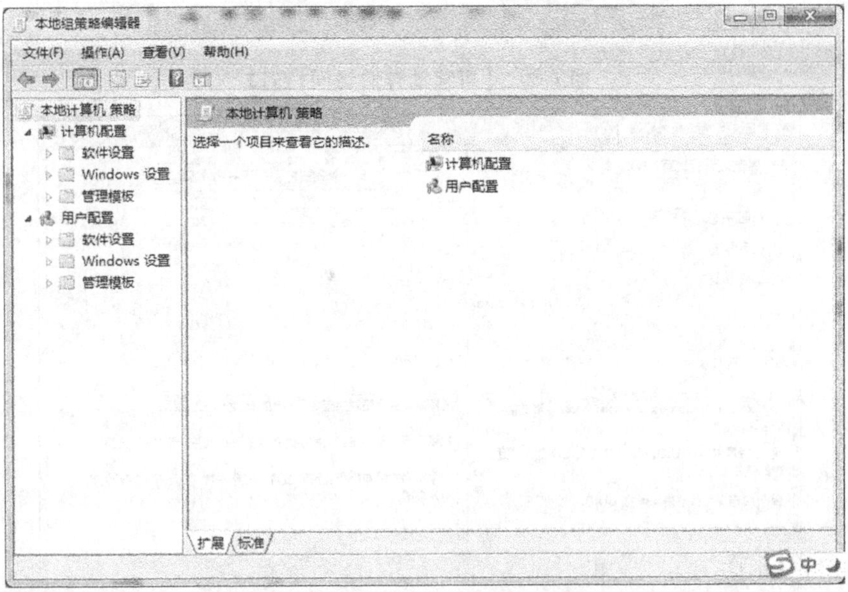

图 7-29　【本地组策略编辑器】窗口

2. 设置禁止数据写入 U 盘

在打开的本地组策略编辑器中，点击【用户配置】下的【管理模板】→【系统】→【可移动存储访问】，在窗口的右侧出现可以设置的各个项目，如图 7-30 所示。双击图 7-30 窗口右侧的【自定义类：拒绝写入权限】项，打开如图 7-31 所示的对话框。

在图 7-31 的窗口中，如果选择【已禁用】单选按钮，再点击【确定】，本机的 USB 接口就不能读 U 盘了。

三、拓展操作

1. 注册表配置更改练习。
2. 解除移动存储器的禁用设置。

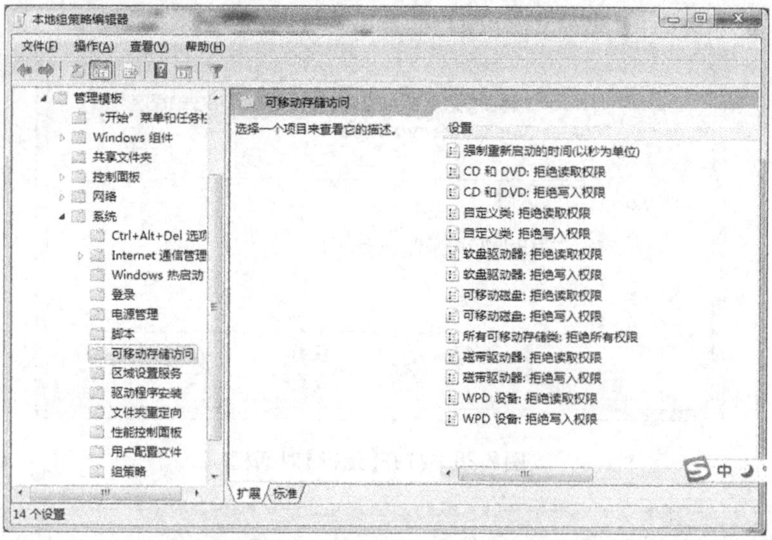

图 7-30 【可移动存储访问】窗口

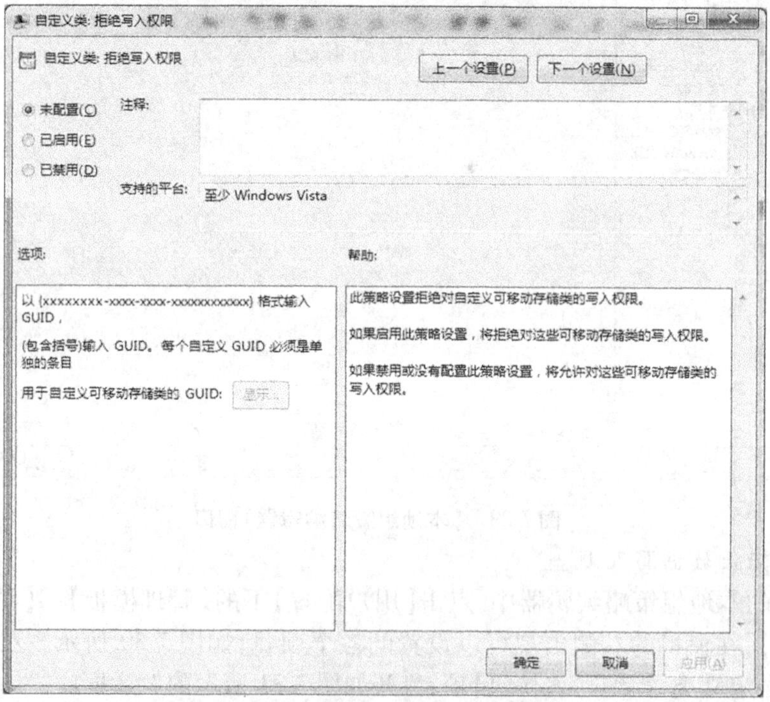

图 7-31 【自定义类：拒绝写入权限】窗口

3. 设置安全策略堵住木马进入的可疑端口。

4. 巧用 Windows 7 组策略为系统“瘦身”。

综合练习

一、选择题

1. 当你在网上下载软件时,你享受的网络服务类型是(　　)。

   A. 文件传输　　B. 远程登录

   C. 信息浏览　　D. 即时短信

2. 根据统计,当前计算机病毒扩散最快的途径是(　　)。

   A. 软件复制　　B. 网络传播

   C. 磁盘拷贝　　D. 运行游戏软件

3. 以下不属于计算机安全措施的是(　　)。

   A. 下载并安装操作系统漏洞补丁程序

   B. 安装并定时升级正版杀毒软件

   C. 安装软件防火墙

   D. 不将计算机联入互联网

4. 以下设置密码的方式中(　　)更加安全。

   A. 用自己的生日作为密码

   B. 全部用英文字母作为密码

   C. 用大小写字母、标点、数字以及控制符组成密码

   D. 用自己的姓名的汉语拼音作为密码

5. 下面关于域名的说法正确的是(　　)。

   A. 域名专指一个服务器的名字

   B. 域名就是网址

   C. 域名可以自己任意取

   D. 域名系统按地理域或机构域分层采用层次结构

6. 目前使用的 IPV4 地址由(　　)个字节组成。

   A. 2　　B. 4

   C. 8　　D. 16

7. IP 地址 126.168.0.1 属于(　　)IP 地址。

   A. D 类　　B. C 类

   C. B 类　　D. A 类

8. 以下(　　)设置不是上互联网所必需的。

   A. IP 地址　　B. 工作组

   C. 子网掩码　　D. 网关

9. 以下关于网络的说法错误的是(　　)。

   A. 将两台电脑用网线联在一起就是一个网络

   B. 网络按覆盖范围可以分为 LAN 和 WAN

C. 计算机网络有数据通信、资源共享和分布处理等功能

D. 上网时我们享受的服务不只是眼前的工作站提供的

10. OSI 模型和 TCP/IP 协议体系分别分成(　　)层。

A. 7 和 7　　B. 4 和 7

C. 7 和 4　　D. 4 和 4

11. 信息安全的基本属性是(　　)。

A. 保密性　　B. 完整性

C. 可用性、可控性、可靠性　　D. A、B、C 都是

12. 密码学的目的是(　　)。

A. 研究数据加密　　B. 研究数据解密

C. 研究数据保密　　D. 研究信息安全

13. 防火墙用于将 Internet 和内部网络隔离,(　　)。

A. 是防止 Internet 火灾的硬件设施

B. 是网络安全与信息安全的软件和硬件设施

C. 是保护线路不受破坏的软件和硬件设施

D. 是起抗电磁干扰作用的硬件设施

14. 完整的数字签名过程(包括从发送方发送消息到接收方安全地接收到消息)包括(　　)和验证过程。

A. 加密　　B. 解密

C. 签名　　D. 保密传输

15. 网络协议是支撑网络运行的通信规则,能够快速上传、下载图片、文字或其他资料的是(　　)。

A. POP3 协议　　B. FTP 协议

C. HTTP 协议　　D. TCP/IP 协议

16. WWW 客户与 WWW 服务器之间的信息传输使用的协议为(　　)。

A. SMTP　　B. HTML

C. IMAP　　D. HTTP

17. 假设某用户上网时输入 http://www. nju. edu. cn,其中的 http 是(　　)。

A. 文件传输协议　　B. 超文本传输协议

C. 计算机主机域名　　D. TCP/IP 协议

18. 对于网络协议,下面说法中正确的是(　　)。

A. TCP/IP 协议就是指传输控制协议

B. WWW 浏览器使用的应用协议是 IPX/SPX

C. Internet 最基本的网络协议是 TCP/IP 协议

D. 没有网络协议,网络也能实现可靠地传输数据

19. 某处于高山之巅、环境恶劣的气象台要在短期内接入 Internet 网,现在要选择连接山上山下节点的传输介质,恰当的选择是(　　)。

A. 无线传输　　B. 光缆

C. 双绞线　　D. 同轴电缆

20. 在因特网上的每一台主机都有唯一的地址标识，它是(　　)。

A. IP 地址　　B. 用户名

C. 计算机名　　D. 统一资源定位器

21. 对下一代 IP 地址的设想，因特网工程任务组提出创建的 IPv6 将 IP 地址空间扩展到(　　)。

A. 64 位　　B. 128 位

C. 32 位　　D. 256 位

22. 在组建某小型局域网时，采用静态 IP 分配，配置静态 IP 的过程为(　　)。

A. 单击【开始】菜单，单击【设置】，打开【控制面板】，双击【系统】，单击【网络标识】，单击【属性】进行参数修改

B. 单击【开始】菜单，单击【设置】，打开【控制面板】，双击【Internet 选项】，单击【连接】，单击【局域网设置】进行参数修改

C. 单击【开始】菜单，单击【设置】，打开【控制面板】，双击【网络和拨号连接】，单击【本地连接】，单击【属性】进行参数修改

D. 单击【开始】菜单，单击【设置】，打开【控制面板】，双击【电话和调制解调器选项】，进行参数修改

23. 负责 IP 地址与域名之间转换的是(　　)。

A. UNIX 系统　　B. FTP 系统

C. Windows NT 系统　　D. DNS 域名系统

24. 下列域名表示是江苏省的是(　　)。

A. www. cz. jx. cn　　B. www. cz. as. jp

C. www. cz. kg. cn　　D. www. nj. js. cn

25. 因特网中计算机域名的最高域名表示地区或组织性质，以下(　　)代表政府机关。

A. edu　　B. cn

C. gov　　D. com

26. 关于电子邮件，不正确的描述是(　　)。

A. 可发送一条由计算机程序自动作出应答的消息

B. 发送消息可包括文本、语言、图像、图形

C. 不可能携带计算机病毒

D. 可向多个收件人发送同一消息

27. 到银行去取款，计算机要求你输入密码，这属于网络安全技术中的(　　)。

A. 身份认证技术　　B. 加密传输技术

C. 防火墙技术　　D. 网络安全技术

28. 计算机网络给人们带来了极大的便利，其基本功能是(　　)。

A. 安全性好　　B. 运算速度快

C. 内存容量大　　D. 数据传输和资源共享

29. 表示局域网的英文缩写是(　　)。

A. WAN　　B. LAN

C. MAN　　D. USB

30. 广域网与局域网之间的主要区别在于(　　)。

A. 采用的协议不同　　B. 网络范围不同

C. 使用者不同　　D. 通信介质不同

31. 下面关于网络拓扑结构的说法中正确的是(　　)。

A. 网络上只要有一个节点发生故障就可能使整个网络瘫痪的网络结构是星型

B. 每一种网络只能包含一种网络结构

C. 局域网的拓扑结构一般有星型、总线型和环型三种

D. 环型拓扑结构比其他拓扑结构浪费线

32. 局域网常用的基本拓扑结构有环型、星型和(　　)。

A. 交换型　　B. 总线型

C. 分组型　　D. 层次型

33. 计算机网络所使用的传输介质中,抗干扰能力最强的是(　　)。

A. 光缆　　B. 超五类双绞线

C. 电磁波　　D. 双绞线

34. 计算机网络所使用的传输介质中,属于无线传输的是(　　)。

A. 超五类双绞线　　B. 双绞线

C. 电磁波　　D. 光缆

35. 下列设备不属于通信设备的是(　　)。

A. 路由器　　B. 交换机

C. 打印机　　D. 集线器

36. 下列不属于网络规划设计的工作是(　　)。

A. 选择网络硬件和软件　　B. 确定网络规模

C. 发布网站　　D. 确定网络拓扑结构

37. 某中学校园网内计算机经常受到来自外网计算机病毒的攻击。为保障学校本地局域网的安全,学校决定添置硬件防火墙。防火墙合适的放置位置是(　　)。

A. 学校域名服务器上　　B. 学校局域网与外网连接处

C. 教学区与图书馆服务器之间　　D. FTP 服务器上

38. 为提高网络应用的安全性,张华同学为自己的计算机做了下列工作,不恰当的是(　　)。

A. 设置了复杂的登录密码

B. 安装了 4 种不同的防火墙软件,并同时启用

C. 对输入到本地计算机的文件都先做病毒扫描,确认安全后使用

D. 不在网上下载任何共享、免费软件

39. 以下不属于有线传输介质的是(　　)。

A. 双绞线　　B. 红外线

C. 同轴电缆 D. 光缆

40. 以下不属于杀毒软件的是(   )。

A. 诺顿 B. 瑞星

C. 360 杀毒 D. 金山词霸

41. 如果互联的局域网分别采用 TCP/IP 协议,那么我们可以选择的网络互联设备应该是(   )。

A. 中继器 B. 网桥

C. 路由器 D. 网卡

42. 通过一个公用网络(通常是因特网)建立一个临时的、安全的连接,是一条穿过混乱的公用网络的安全、稳定的隧道。这种技术是(   )。

A. VPN 技术 B. 加密技术

C. WLAN 技术 D. 扫描技术

二、判断题

1. 为用户提供 Internet 接入服务的单位通常简称 ADSL。(   )

2. 网址 http://www. ys. edu. cn 中的"http"是指协议。(   )

3. 某同学在"www. baidu. com "的搜索栏输入"信息技术试题",然后点击"百度搜索",他的这种信息资源检索属于分类搜索 。(   )

4. 计算机网络根据通信的范围和距离可分为局域网(LAN)和广域网(WAN)。(   )

5. 计算机网络的三大功能是数据通信、资源共享、分布处理。(   )

6. TCP/IP 模型由低到高分别为应用层、传输层、互联层。(   )

7. 在计算机网络中,双绞线、同轴电缆及光纤等用于传输信息的载体被称为传输介质。(   )

8. 局域网的拓扑结构主要有总线型、星型、环型、树型四种,目前大多采用星型结构。(   )

9. 非法侵入计算机系统是指行为人通过多种手段破解计算机安全系统,非法进入自己无权进入的计算机系统实施破坏活动的行为。(   )

10. 窃用计算机服务犯罪是指无权使用计算机系统者擅自使用,或者计算机系统的合法用户在规定的时间以外及超越服务权限使用计算机系统的行为。(   )

11. 计算机病毒潜伏性是指计算机病毒可以依附于其他媒体寄生的能力,侵入后的病毒潜伏到条件成熟才发作。(   )

12. "蠕虫"型病毒通过计算机网络传播,不改变文件和资料信息。(   )

13. 木马程序都是用脚本代码编写的恶意代码。(   )

14. 防火墙按使用方法分为网络层防火墙、物理层防火墙和链路层防火墙三类。(   )

15. 防火墙对内部主动发起连接的攻击一般无法阻挡。(   )

16. 集线器主要提供信号放大和中转的功能。(   )

17. 中继器的作用就是放大电信号,增加信号的有效传输距离。(　　)

18. 网桥是一种工作在数据链路层的存储 - 转发设备。(　　)

19. 传输介质是为网络提供共享资源的基本设备,是网络控制的核心。(　　)

20. 网络适配器是计算机联网的设备。(　　)

21. 交换机的主要功能包括物理编址、错误校验、帧序列及流控等。(　　)

22. 网关工作在 OSI 模型的传输层或更高层,在所有网络互联设备中最为复杂,可用软件实现。(　　)

23. 计算机网络由通信子网和资源子网组成。(　　)

24. 双绞线由两根具有绝缘保护层的铜导线组成。(　　)

25. 光纤是一种利用光在玻璃或塑料制成的纤维中的全反射原理而制作的光传导工具。(　　)

26. 星型网是指网络中的各节点设备通过一个网络集中设备(如交换机 Switch)连接在一起。(　　)

27. 以太网(IEEE 802.3 标准)是目前最常用的局域网组网方式。(　　)

28. 应用层直接为用户的应用进程提供服务。(　　)

29. 网络接口层主要负责接收和处理上一层(IP 层)的数据包,并通过特定的网络接口向网络传输介质发送。(　　)

30. 网络安全从其本质上来讲就是网络上的信息安全。(　　)

31. 窃听是指用各种可能的合法或非法手段窃取系统中的信息资源和敏感信息。(　　)

32. 计算机病毒是一种在计算机系统运行过程中能够实现传染和侵害功能的程序。(　　)

33. 文件加密与数字签名技术可提高信息系统及数据的安全性和保密性。(　　)

34. 虚拟专用网提供加密数据、信息认证和身份认证、访问控制等功能。(　　)

35. 计算机犯罪及计算机网络犯罪比普通犯罪具有更高的隐蔽性。(　　)

36. 破坏计算机信息系统罪是指利用各种技术手段,对计算机系统内部的数据进行破坏,导致计算机信息系统及内部资源被破坏的行为。(　　)

37. 引导型病毒可以感染启动扇区和硬盘的系统引导扇区。(　　)

38. 寄生型病毒依附在系统的引导扇区或文件中,通过系统的功能进行传播。(　　)

39. “灰鸽子”“大小姐”“冰河”等都是蠕虫病毒。(　　)

40. 宏病毒是一种寄存在文档或模板的宏中的计算机病毒。(　　)

41. 防火墙不能处理计算机病毒。(　　)

42. Windows 7 的 Administrator 账户可以对电脑进行最高级别的控制,默认拥有管理员权限。(　　)

43. Guest 账户是系统内置账户,多用于临时访问电脑。(　　)

44. 无线网络的开放性带来了更多的威胁。(　　)

45. 无线网络更容易遭到攻击。(　　)

项目八　网页制作

任务一　HTML 使用

一、实训要点

了解常用 HTML 标记的意义和语法，掌握 HTML 文件的基本结构，用“记事本”编辑简单的 HTML 文件。

二、实训过程

(一)打开“记事本”程序，用 HTML 语言编写一个简单的网页

单击【开始】→【所有程序】→【附件】→【记事本】，打开“记事本”程序。编写如下代码：

```
<html>
  <head>
    <title>一个简单的 HTML 页面</title>
  </head>
  <body>
    <h1>欢迎来到 HTML 代码世界</h1>
    <p>h 之间的字符是标题内容，p 之间的内容是一个段落。</p>
    <p>body 元素的内容会显示在浏览器中。</p>
    <p>title 元素的内容会显示在浏览器的标题栏中。</p>
  </body>
</html>
```

将上述代码在文本编辑器中编辑并保存为一个扩展名为.htm(或.html)的文件，双击该文件的图标，浏览器中显示图 8-1 所示的结果。

(二)为网页插入图片背景

在“记事本”里输入以下内容：

```
<html>
  <body background="背景.jpg">
    <h1>春晓</h1>
      <p>春眠不觉晓，
          处处闻啼鸟
          夜来风雨声
```

图 8-1　一个简单的 Web 页

```
            花落知多少 </p>
    </body>
</html>
```

点击“记事本”的【文件】→【另存为】,在弹出的对话框中选择保存位置,保存时文件的扩展名改为. htm 或. html,保存类型为“所有文件”。回到保存文件的位置,可看到文件图标已经变成网页图标,双击该图标查看网页效果,如图 8-2 所示(注:背景图片和网页的保存位置在同一个文件夹里)。

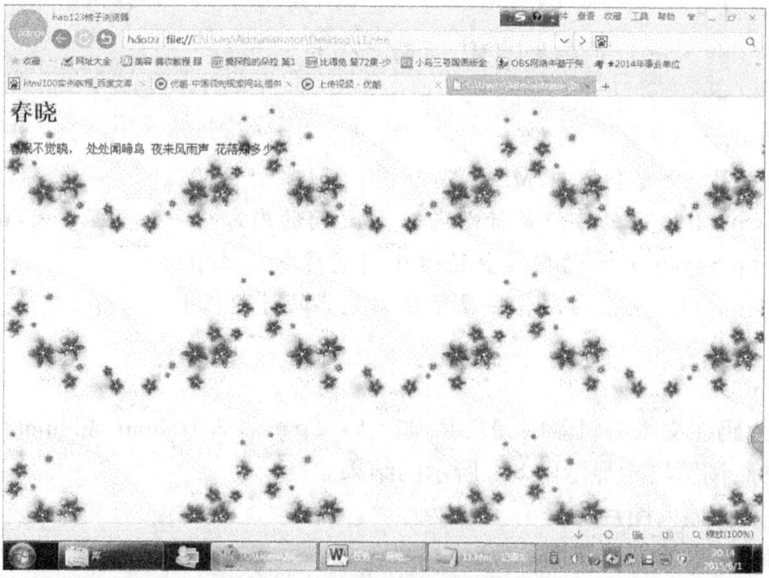

图 8-2　《春晓》1 网页效果

(三)修改现有代码

```
<html>
    <body background = "背景. jpg" >
        <h1 >春晓 </h1 >
```

```
            <p>春眠不觉晓，</p>
              <p>处处闻啼鸟</p>
               <p>夜来风雨声</p>
                <p>花落知多少</p>
              </body>
        </html>
```

保存后再查看网页效果，如图 8-3 所示。

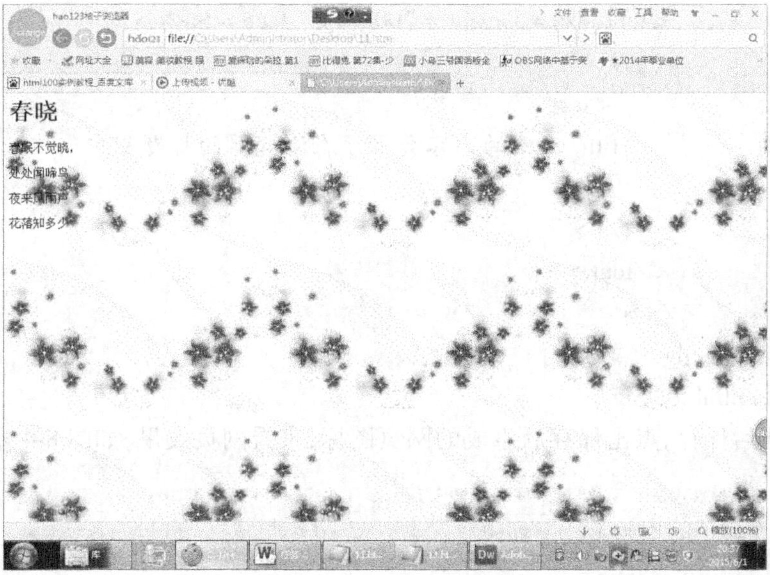

图 8-3　《春晓》2 效果图

(四) 文字格式的设置

在记事本中编写如下代码：

```
<html>
  <head>
    <title>我的第一个 HTML 页面</title>
  </head>
  <body background="背景.jpg">
    <p>
    <font size=6 color="red" face=楷体>
   body 元素的内容会显示在浏览器中。
    </font>
    </p>
      <p>
        <font size=6 color="red" face=楷体>
          <b>body 元素的内容会显示在浏览器中。</b>
        </font>
```

```
        </p>
      <p>
      <font size =5 color = "0000FF" face = 宋体 >
       title 元素的内容会显示在浏览器的标题栏中。
      </font>
      </p>
        <p>
          <font size =5 color = "0000FF" face = 宋体 >
            <i >
              <u >
             title 元素的内容会显示在浏览器的标题栏中。
              </u >
            </i >
          </font >
        </p >
    </body >
  </html >
```

编写完毕后保存,点击保存后生成的网页图标,查看网页效果,如图 8-4 所示。

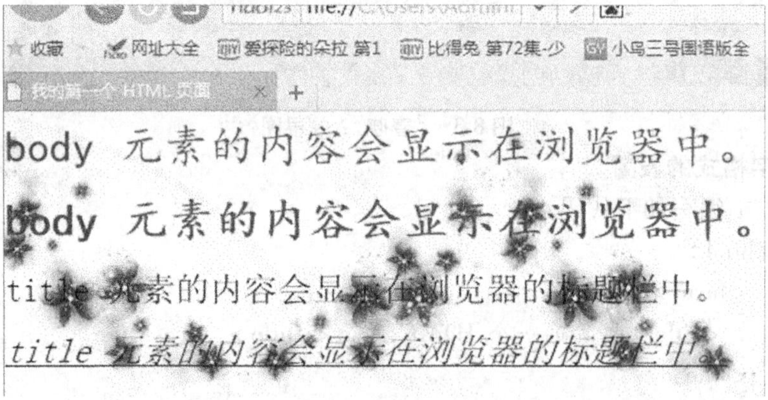

图 8-4　设置字体颜色和字形、字号

任务二　Dreamweaver CS5 使用

一、实训要点

1. 练习使用 Dreamweaver CS5 新建站点和网页。
2. 在网页中输入和编辑文字,在网页中插入图片并进行设置。

二、实训过程

使用 Dreamweaver CS5 建立一个站点:我的水利学院,在该网站中新建一个网页:欢迎大一新生同学!输入一篇文章:《我的大学生活》。插入一幅图片:美丽的水利学院!

(一)启动 Dreamweaver CS5

双击桌面图标即可启动该程序。

(二)新建站点

单击【站点】菜单中的【新建站点】命令,弹出【站点设置对象】对话框,在对话框中选择【站点】选项卡,如图 8-5 所示。在【站点名称】文本框中输入站点名:我的水利学院。单击【本地站点文件夹】右侧的"浏览文件夹"按钮,选择准备使用的站点文件夹,单击【保存】按钮后在【文件】面板中就能看到创建的站点文件了。

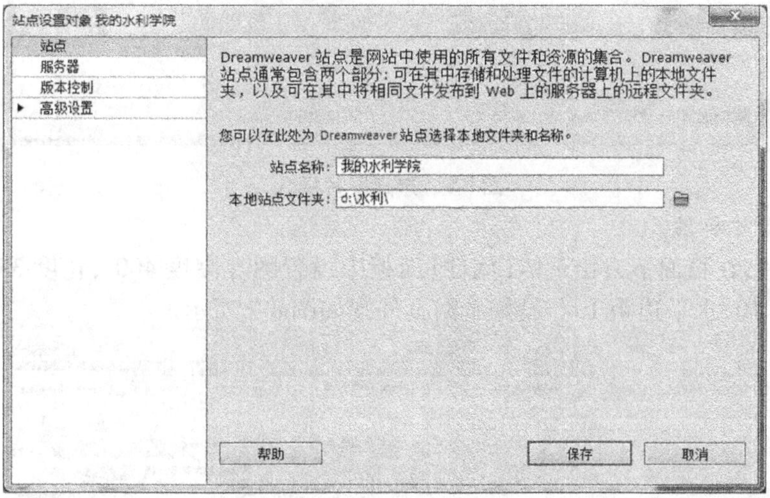

图 8-5 建立站点

1. 在站点里新建网页

从菜单栏中选择【文件】→【新建】命令,弹出【新建文档】对话框,选择【空白页】→【HTML】命令,即可创建一个 HTML 文档。

2. 输入文本

点击【文件】→【导入】→【Word 文档】,将提前准备好的文档"我的大学生活"内容一次性导入到该网页里。

3. 插入图片

将鼠标定位在欲插入图片的位置,单击【插入】→【图像】,在弹出的【选择图像源文件】对话框中,如图 8-6 所示,点击【查找范围】将素材中提前准备好的图片"美丽的水利学院"插入网页中。

4. 格式化文本

点击【修改】→【页面属性】,选择"外观(CSS)"项,字体设为默认字体"24",文本颜色设为"#00F",背景颜色设为"#0FF"。

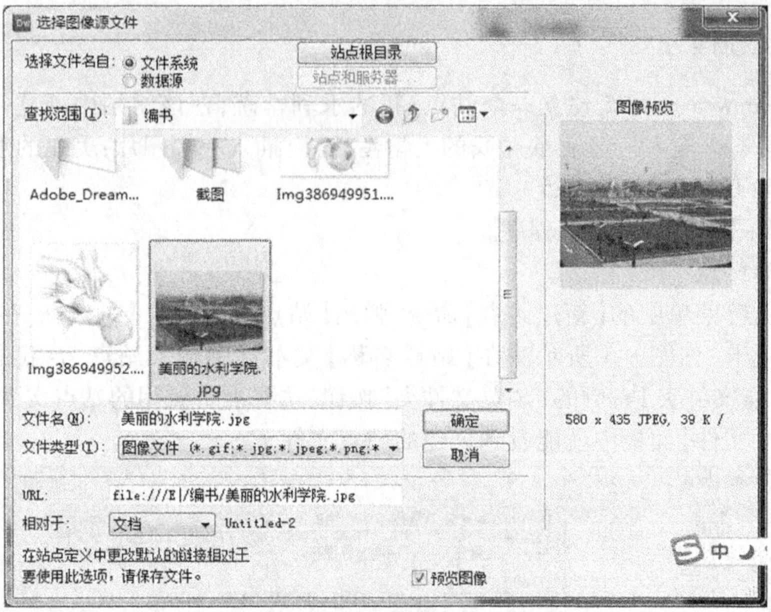

图 8-6　选择图片插入

5. 设置图片属性

点击图片,在页面下方出现的【属性】面板中设置图片高度 400 ,宽度 350,左对齐方式,垂直边距 10,水平边距 10。设好后网页外观如图 8-7 所示。

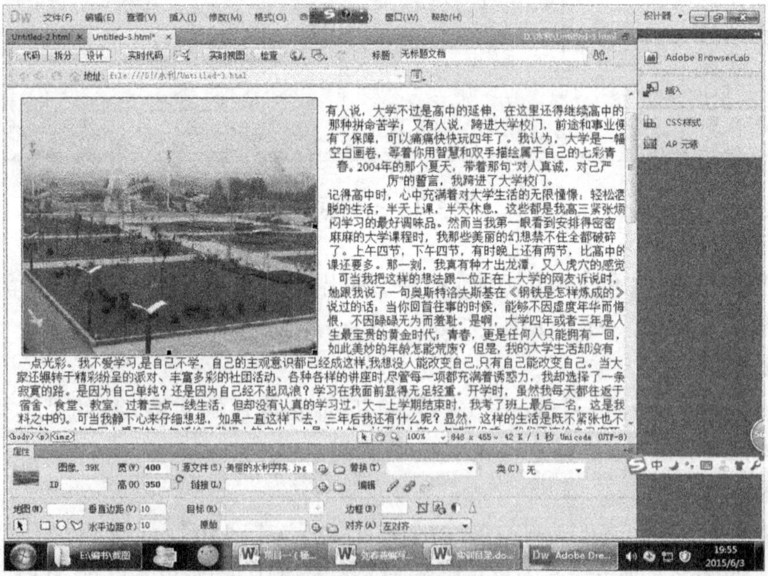

图 8-7　设置好的网页外观

6. 插入水平线

鼠标定位在标题"我的大学生活"后面,点击【窗口】→【插入】→【水平线】。就插入了一条水平线。点击该水平线,在网页的下方出现设置水平线属性的面板。在该面板上可以设置水平线的高度和宽度为多少像素,以及水平线的对齐方式。设置水平线颜色的方法是:鼠标移到水平线上,点击右键,选择【编辑标签】→【浏览器特定的】,就会看到选择颜色的框,选择颜色后,点击【确定】按钮。设置水平线颜色如图 8-8 所示。

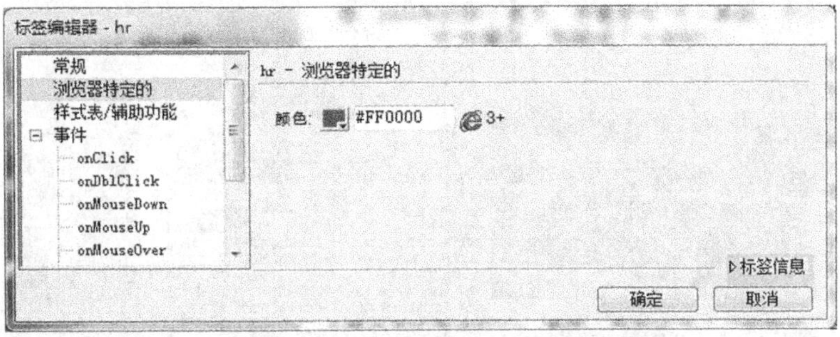

图 8-8　设置水平线颜色

7. 设置网页背景

点击【修改】菜单→【页面属性】(或【Ctrl】+【J】快捷键),打开如图 8-9 所示的对话框,在【外观(CSS)】选项卡中,可以设置文本颜色、背景颜色、背景图片等。将图片“图图和小美. jpg”设置为背景图片后,效果如图 8-10 所示。

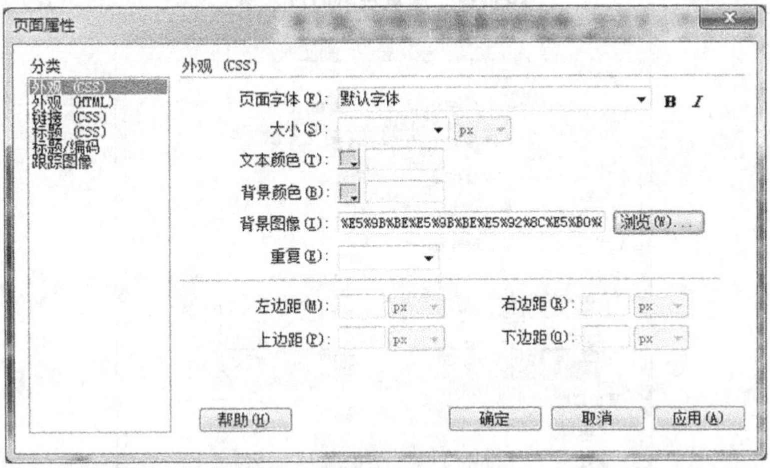

图 8-9　【页面属性】对话框

8. 插入表格

点击【插入】菜单→【表格】,在打开的如图 8-11 所示的对话框中设置表格行数为 3,列为 4,表格宽度为 600 像素,边框粗细为 3 像素,点击【确定】按钮,插入表格后的效果如图 8-12 所示。

9. 设置超链接

在插入表格的第一行的单元格内,分别输入“信息工程系”、“水利工程系”、“国际合作部”、“搜狐”。选定单元格后,在页面下方出现的属性面板中,可以设置单元格内文字的水平方向和垂直方向的对齐方式、字体的格式、单元格的高度和宽度、单元格的背景颜色等属性。

选择“搜狐”文本,点击【插入】菜单→【超级链接】,在打开的如图 8-13 所示的对话框中,输入搜狐网址 http://www. sohu. com。点击【确定】按钮,按【F12】键,查看网页效果,

图 8-10　设置网页图片背景

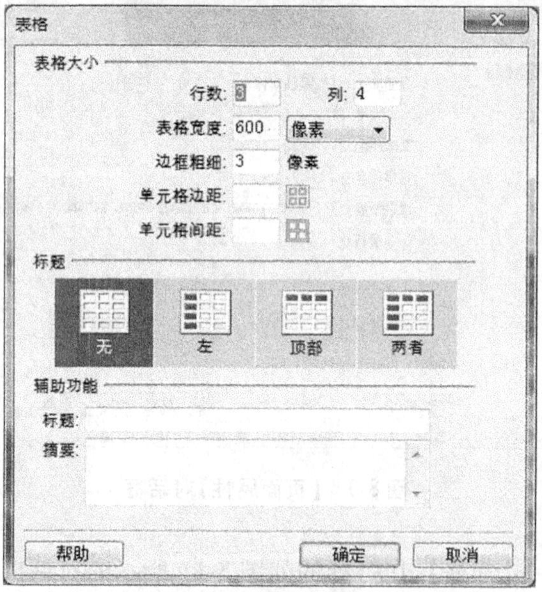

图 8-11　插入表格对话框

如图 8-14 所示。

三、拓展操作

建立一个有两个网页的小网站,要求:

1. 第一个网页中设计可以提供给用户填写个人资料及意见的表单域。

2. 第二个网页中插入 2 行 3 列的表格,表格第一行的三个单元格内各插入一幅风景图片(图片在网络上寻找),第二行的每个单元格分别超链接到三个风景网站。

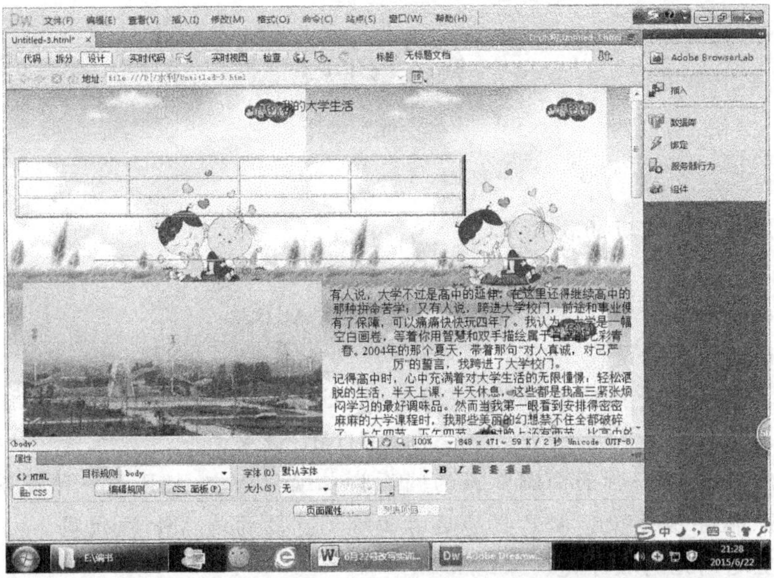

图 8-12　插入 3 行 4 列的表格效果图

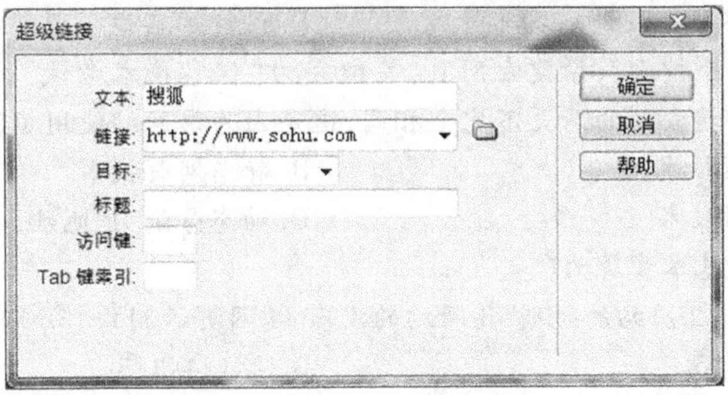

图 8-13　设置超链接对话框

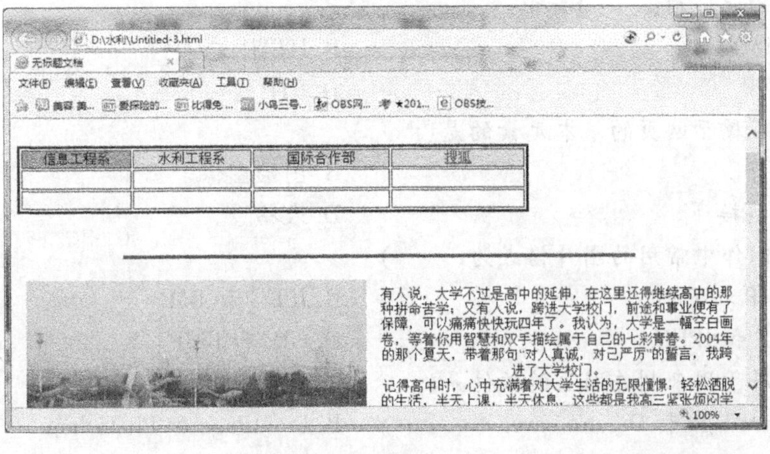

图 8-14　网页效果

综合练习

选择题

1. 不能用来制作网页的软件是(　　)。

A. 记事本　　B. FrontPage

C. Dreamweaver　　D. ACDSee

2. 下面说法正确的是(　　)。

A. 动态网页就是指动态 HTML，通过 JavaScript 和 ASP 都能实现动态网页

B. 网页上只要有“动”的效果就是动态 HTML 效果

C. JavaScript 是一种面向浏览器的网页脚本编程语言，ASP 是一种服务器编程技术

D. ASP 服务器运行完 ASP 程序后返回给浏览器的是 ASP 源代码

3. 建立主题网站的顺序是(　　)。

A. 规划→设计→实现→发布管理　　B. 设计→规划→实现→发布管理

C. 规划→实现→设计→发布管理　　D. 设计→实现→规划→发布管理

4. 张三用同一个搜索引擎搜索网页，关键字为“信息技术考试”，出现的网页与 3 天前他用相同关键字搜索到的网页不完全相同，这是因为该网站使用了(　　)。

A. 动态网页技术　　B. 静态网页技术

C. 域名解析技术　　D. 动态分配 IP 地址

5. 建立网站的基本步骤为(　　)。

①网站的设计 ②网站的规划 ③网站的发布 ④网页的制作 ⑤网站的评价

A. ①②④③⑤　　B. ②①④③⑤

C. ①②③④⑤　　D. ②①③④⑤

6. 网站的地址用(　　)标识。

A. HTML　　B. HTTP

C. UTL　　D. FTP

7. 以下不属于网页的基本元素的是(　　)。

A. 文字　　B. 图形图像

C. 超链接　　D. 表格

8. 网页制作中常用的图片格式为(　　)。

A. BMP 和 PSD　　B. JPEG 和 BMP

C. GIF 和 JPEG　　D. GIF 和 BMP

9. 以下属于用来制作网页的软件是(　　)。

A. FrontPage 和 Dreamweaver　　B. FrontPage 和 Photoshop

C. Dreamweaver 和 WPS　　D. Word 和 OCR

10. 下列关于网站制作的评价指标中，你认为(　　)是必要的。

A. 主题明确，内容有意义　　B. 界面友好，结构清晰

C. 各种媒体处理和运用恰当　　D. 链接正确,各主要页面能相互返回

11. 某同学在机房里设计制作了一个网站,为了能让同学们都能看到自己的网站,他应该采取的最佳做法是(　　)。

A. 将自己的网站复制给别人　　B. 将网站通过 E-mail 发给所有同学

C. 将网站文件夹共享　　D. 将网站上传给 Web 服务器发布

12. 下列关于网站开发中网页上传和网站发布的说法正确的是(　　)。

A. FrontPage 或 Dreamweaver MX 既可以制作网站,也可上传网页

B. FrontPage 或 Dreamweaver MX 只能制作网站

C. 只要安装了 Windows 7 就可以发布网站

D. 网页上传后就不用再进行网站发布了

13. 在 HTML 中加入 <table style = "color:red; font - size:10pt" >,此为(　　)。

A. 外联式样式表　　B. 动态式样式表

C. 内联式样式表　　D. 嵌入式样式表

14. 网页中设有超链接的文字,在鼠标划过时,变成淡蓝色,字体也由 9pt 变为 10pt,并出现下划线,这是使用了(　　)。

A. 动画效果　　B. 加入 HTML 的 CSS 方式

C. 网站标志　　D. 以上都不对

15. 使用 CSS 为多个网页进行相同风格的布局和外观设置时,为了方便对这些网页进行修改,最好使用(　　)。

A. 外联式样式表　　B. JavaScript 样式表

C. 内联式样式表　　D. VBScript 样式表

16. 可以通过一个. css 文件管理网站中多个网页外观设置的是(　　)。

A. VBScript 样式表　　B. JavaScript 样式表

C. 内联式样式表　　D. 外联式样式表

17. HTML 文件如下所示,在 <style type = "text/css" >和 </style >之间的文本不能正常显示出来,是因为浏览器比较老,不支持样式表语法。若要避免这种情况的发生,(　　)。

```
<style type = "text/css" >
h3{
    font-family:"宋体";
    color:green;
    font-style:italic;
}
</style >
```

A. 必须更新新的浏览器　　B. 只要加入<! - - 和 - - >代码

C. 只要加入 CSS　　D. 以上都不对

18. 若想只对当前页面应用样式,一般使用(　　)。

A. 外联式样式表　　B. 内联式样式表

C. JavaScript 样式表　　　　D. VBScript 样式表

19. 下列关于 CSS 样式表作用的叙述中(　　)是正确的。

A. 精减网页,提高下载速度

B. 只需修改一个 CSS 代码,就可改变页数不定的网页外观和格式

C. 可以在网页中显示时间和日期

D. 在不同浏览器和平台之间具有较好的兼容性

20. 下列关于 HTML 语言描述不正确的是(　　)。

A. HTML 语言中可以嵌入如 ASP、JAVA 等编程语言

B. FrontPage 是制作网页的软件,它和 HTML 无关

C. HTML 语言是通过一系列特定的标记来标识出相应的意义和作用的

D. HTML 文档本身就是文本格式的文件

21. 在 HTML 语言中,表格中行的开始和结束标记是(　　)

A. <body> </body>　　　　B. <tr> </tr>

C. <td> </td>　　　　D. <table> </table>

22. HTML 语言中,表格标记符是(　　)。

A. <table> </table>　　　　B. <html> </html>

C. <head> </head>　　　　D. <form> </form>

23. 为了标识一个 HTML 文件,应该使用的 HTML 标记是(　　)。

A. <p> </p>　　　　B. <boby> </body>

C. <html> </html>　　　　D. <table> </table>

24. 超文本标记语言“<a href = http://www. sina. com. cn>新浪网</a>”的作用是(　　)。

A. 插入一段新浪网的文字　　　　B. 插入一幅新浪网的图片

C. 创建一个指向新浪网的电子邮件　　　　D. 创建一个指向新浪网的超链接

25. 下面不是组成一个 HTML 文件基本结构标记的是(　　)。

A. <form> </form>　　　　B. <head> </head>

C. <body> </body>　　　　D. <html> </html>

26. 在制作网页时,下列关于创建超链接的叙述正确的是(　　)。

A. 在表格中可以建立超链接

B. 在表单中不可以建立超链接

C. 一张图片只能包含一个链接

D. 不可以链接到电子邮件信箱

27. 可以建立同一个网页内的链接点,可以让你点选某一链接后,迅速跳到同一网页内的另一特定位置。这种链接称为(　　)。

A. 书签链接　　　　B. 表单链接

C. 表格链接　　　　D. 单元格链接

28. 下列软件中不能用于制作网页的是(　　)。

A. Flash MX　　　　B. Dreamweaver MX

C. CuteFTP　　D. FrontPage

29. 在制作网页中的表格时，如果要想在浏览时看不到表格的边框，则应将(　　)调整为0。

A. 单元格的边框　　B. 边框的粗细

C. 宽度与高度　　D. 单元格的间距

30. 图片在网页中起到美化的作用，在网页中最为常用的两种图像格式是(　　)。

A. JPEG 和 GIF　　B. GIF 和 BMP

C. JPEG 和 PSD　　D. BMO 和 PSD

31. 在浏览器中看到的网页与计算机显示器的分辨率有关，现在因特网中的网页一般是按(　　)来设计的。

A. 640×480 像素　　B. 800×600 像素

C. 1024×768 像素　　D. 2046×1536 像素

32. 我们可以使用下列(　　)方法了解访问者的意见，统计调查访问信息。

A. 单元格　　B. 表单

C. 表格　　D. 框架

33. 在网页制作时正好完整的页面，在有的电脑通过浏览器打开时却不能看到完整的页面，忽大忽小，造成这种现象的原因可能是(　　)。

A. 图片大小的影响

B. 制作网页的页面像素设置和打开浏览器的电脑的显示器分辨率设置不一致

C. 版面设计的问题

D. 栏目设置过多

34. 我们把进入一个网站的 Web 页面时，首先看到的超文本文档称为首页。首页默认的文件名一般为(　　)。

A. WEB　　B. E-mail

C. index　　D. News Group

35. 在建立网站站点的过程中，下列(　　)行为是恰当的。

A. 建立自己的主题站点，首先需要创建一个 Web 站点，用于保存和调试创建的网页

B. 制作网页之前，应该对版面进行设计

C. 建立站点，就是制作一个个网页，不需要先创建一个站点

D. 图片总是比文字更多地受浏览者的欢迎，因此网页中图片越多越好

36. 如果一个网站目录结构不清晰，内容东一块西一块，主要是(　　)出问题了。

A. 网站标志不清楚　　B. 栏目设置不合理

C. 色彩不和谐　　D. 字体不标准

37. 在网站建设中下列几个过程是必须经历的，你认为网站建设比较合理的流程是(　　)。

①规划网站结构，并确定设计风格(标志、主色调、文字效果、栏目设置和版面布局)②发布网站③网页制作④了解网站运行环境，选择网站开发工具⑤确定网站主题，收集素材

A. ①②③④⑤　　B. ⑤①④②③

C. ①④⑤②③　　D. ⑤①④③②

38. 网页要呈现的内容很多,(　　)可以合理地放置信息,使之看起来井井有条,主次分明。

A. 选定网页制作工具　　B. 栏目设置

C. 版面设计　　D. 语言确定

39. 网站标志是树立网站整体风格的第一步,其设计一般应遵循的原则有(　　)。

A. 选择与网站主题密切相关的人或物,加以卡通化、艺术化

B. 适当运用本专业有代表性的物品或者标志

C. 巧妙运用自己网站的中文或英文名称作为标记

D. 标志要尽量复杂,赋予极其多的含义

40. 树立一个网站的整体风格,你认为跟下列(　　)无关。

A. 网站标志　　B. 标准色彩

C. 标准字体　　D. 附加信息

41. 下列关于网页制作中收集素材的描述,(　　)是错误的。

A. 收集来的素材无需分类,集中在一个文件夹中存放较好

B. 收集来的素材因为是准备制作网页给大家看的,所以不存在版权的问题

C. 收集来的素材应该分类,不同类素材最好用不同的文件夹管理

D. 收集来的素材文件名要易懂易记,便于调用

42. 下列(　　)不属于网络规划设计的工作。

A. 选择网络硬件和软件　　B. 发布网站

C. 确定网络规模　　D. 确定网络拓扑结构

项目九　数字多媒体应用

任务一　Photoshop 图像处理基础

一、实训要点

熟悉 Photoshop CS5 的工作界面，掌握 Photoshop CS5 的基本操作，能够进行简单的图像处理操作。

二、实训过程

（一）打开文件

方法一：选择【开始】→【所有程序】→【Adobe Photoshop CS5】菜单命令，启动 Photoshop CS5，选择【文件】→【打开】菜单命令或按【Ctrl】+【O】组合键，在打开的对话框中选择要打开的图像文件，单击【打开】按钮。

方法二：双击桌面上的 Photoshop CS5 快捷方式图标，或双击保存在任意磁盘中的后缀名为“. psd”的文件，然后在打开的对话框中选择要打开的图像文件，单击【打开】按钮。

（二）认识 Photoshop CS5 工作界面

Photoshop CS5 工作界面如图 9-1 所示。

图 9-1　Photoshop CS5 工作界面

（三）关闭文件和退出软件

1. 关闭文件

方法一：单击图像窗口右侧的关闭按钮。

方法二：选择【文件】→【关闭】菜单命令可关闭当前图像文件，选择【文件】→【关闭全部】菜单命令将关闭所有打开的图像文件。

方法三：按【Ctrl】+【W】组合键。

方法四：按【Ctrl】+【F4】组合键。

2. 退出软件

方法一：单击 Photoshop CS5 工作界面标题栏右侧的关闭按钮。

方法二：选择【文件】→【退出】菜单命令。

（四）操作实例：制作"星夜"图像

选择【文件】→【新建】菜单命令或按【Ctrl】+【N】组合键，打开【新建】对话框，在其中相应的位置处设置名称、大小、分辨率、颜色模式、背景内容等，然后单击【确定】按钮即可，如图 9-2 所示。

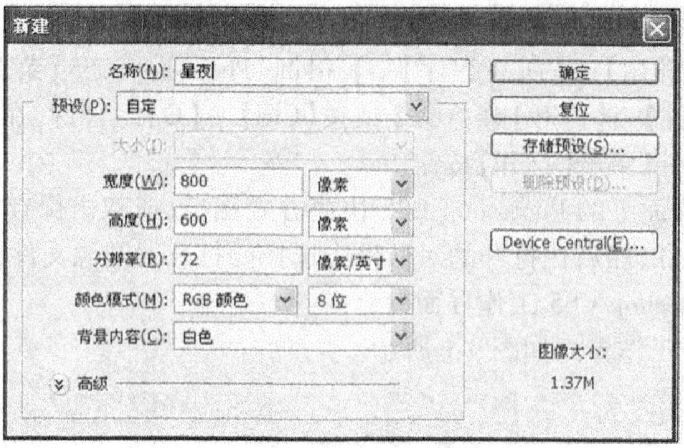

图 9-2 【新建】对话框

1. 设置标尺

标尺一般用于辅助用户确定图像中的位置，当不需要使用标尺时，可以将标尺隐藏。方法是选择【视图】→【标尺】菜单命令，或按【Ctrl】+【R】组合键即可显示标尺；在标尺上单击鼠标右键，在弹出的快捷菜单中选择【像素】命令即可将标尺单位设置为像素；再次选择【视图】→【标尺】菜单命令，或按【Ctrl】+【R】组合键可隐藏标尺。标尺窗口如图 9-3 所示。

2. 设置网格

网格主要用于辅助用户设计图像，使图像更加精确。设置网格的方法是选择【视图】→【显示】→【网格】菜单命令。按【Ctrl】+【'】组合键，即可显示或隐藏网格线；按【Ctrl】+【K】组合键可打开【首选项】对话框，设置网格的颜色、样式、网格线间距和子网格数量，如图 9-4 所示。

3. 设置参考线

参考线是浮动在图像上给设计者提供参考位置的直线，不会被打印出来。方法是选

图 9-3　设置标尺

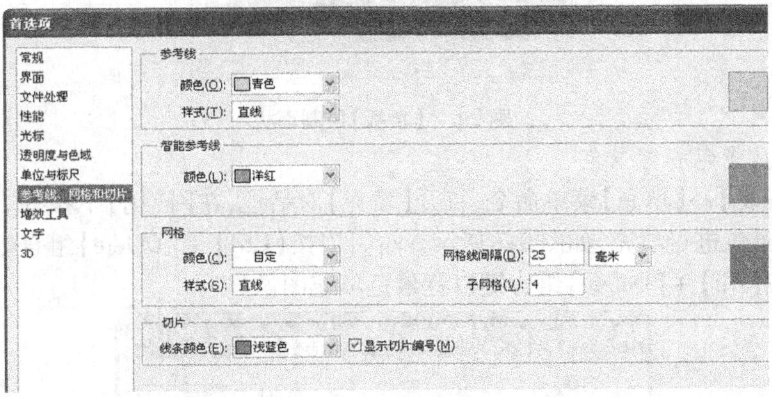

图 9-4　【首选项】对话框

择【视图】→【新建参考线】菜单命令，打开【新建参考线】对话框，设置参考线方向和位置。单击【确定】按钮，即可新建一条参考线；将鼠标移动到标尺上，拖曳鼠标也可创建参考线；选择【视图】→【显示】→【参考线】菜单命令，可将参考线隐藏，再次操作可显示参考线；选择【视图】→【清除参考线】菜单命令可清除参考线。

4. 设置绘图颜色

1）设置前景色和背景色

通过拾色器设置：单击工具箱中的“设置前景色”图标，打开【拾色器（前景色）】对话框，在对话框中设置图像颜色，如图 9-5 所示。

通过吸管工具设置：使用吸管工具在图像中所需颜色周围单击，取样的颜色会成为新的前景色；按住【Ctrl】键不放单击可取样背景色。

通过【色板】控制面板设置：选择【窗口】→【色板】菜单命令，打开【色板】控制面板，如图 9-6 所示，单击需要的色块可设置前景色。按住【Ctrl】键不放单击所需的色块，可设置背景色。

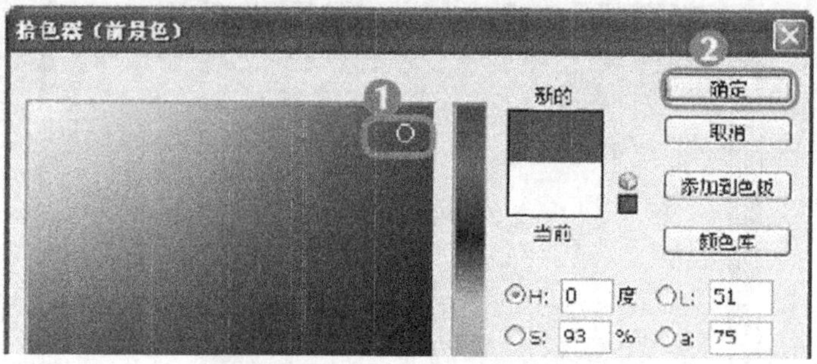

图 9-5　【拾色器(前景色)】对话框

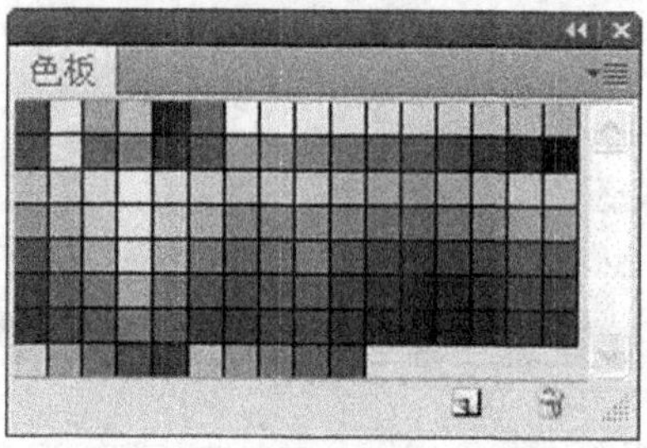

图 9-6　【色板】控制面板

2)填充前景色和背景色

选择【编辑】→【填充】菜单命令,打开【填充】对话框,在【使用】下拉列表框中选择从前景色或背景色进行填充,如图 9-7 所示。也可以按【Ctrl】+【Delete】组合键以前景色填充图像,或按【Alt】+【Delete】组合键以背景色填充图像。

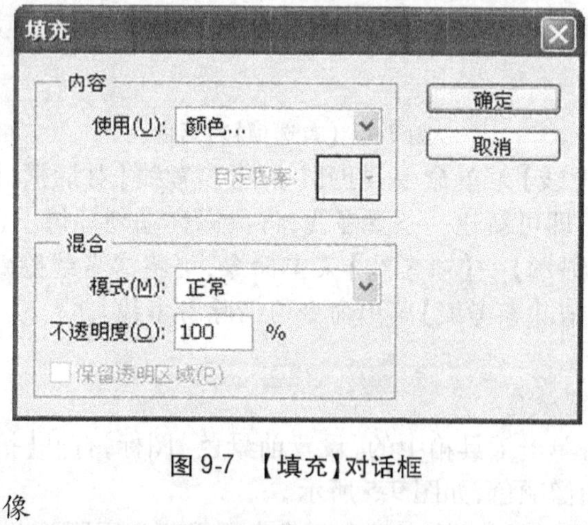

图 9-7　【填充】对话框

5. 填充"星夜"图像

利用工具箱中的"渐变填充"按钮可对图像进行渐变填充,如图 9-8 所示。

6. 使用绘图工具绘制星月

效果如图 9-9 所示。

7. 保存"星夜"图像

选择【文件】→【存储为】菜单命令,打开【存储为】对话框,在其中设置文件存储路径、文件名和存储类型,单击【确定】按钮即可保存图像文件。

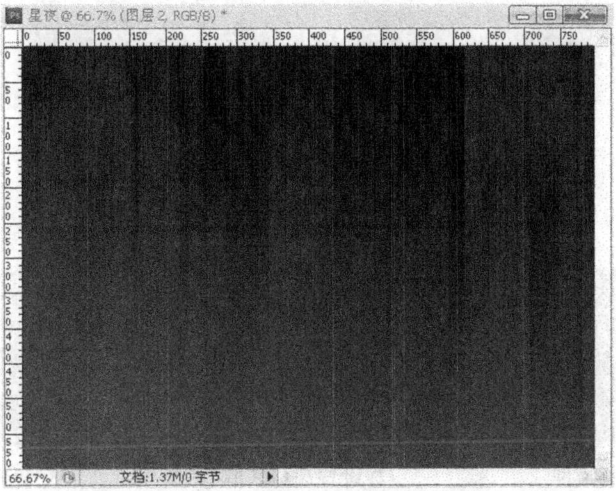

图 9-8　渐变填充

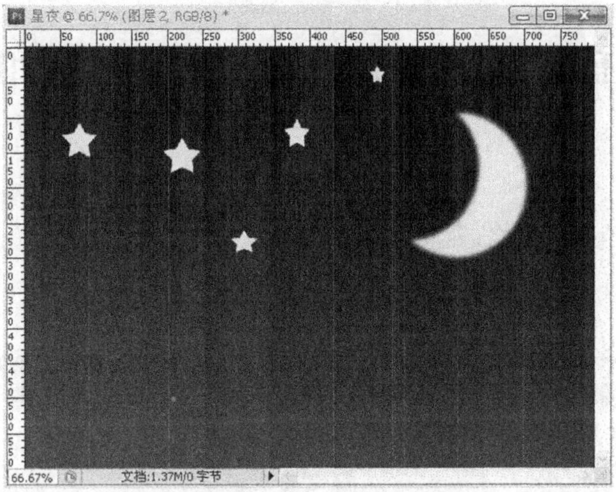

图 9-9　使用绘图工具绘制星月

对已存在的文件进行再次存储时，按【Ctrl】+【S】键或选择【文件】→【存储】菜单命令即可。

(五)实训练习——制作寸照效果

本实训的目标是将一张照片制作为一寸照片效果，首先要了解寸照的相关尺寸，然后使用裁剪工具修改即可。本实训的前后对比效果如图 9-10 所示，操作过程如图 9-11 所示。

三、拓展操作

1. 了解 Photoshop CS5 的文件浏览器 Adobe Bridge 的相关操作方法。

2. 熟练掌握 Photoshop CS5 的基本操作，在设计中提高工作效率。

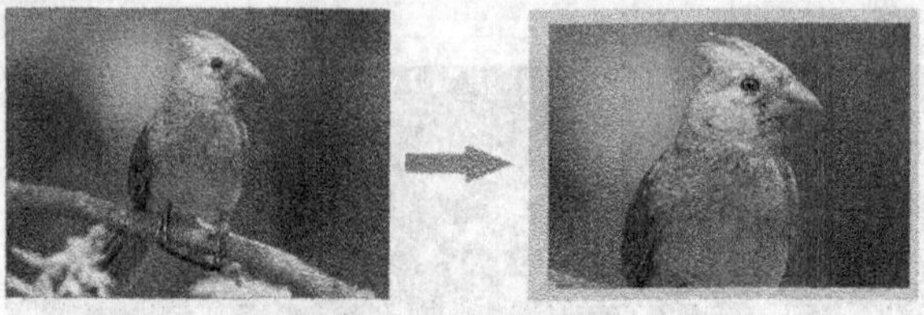

图 9-10　前后对比效果图

(1) 打开素材文件　　(2) 设置裁剪区域　　(3) 裁剪后的效果

图 9-11　操作思路流程图

任务二　Premiere Pro 2.0 软件使用

一、实训要点

掌握 Premiere Pro 2.0 软件基本使用方法。

二、实训过程

(1)打开 Premiere Pro,就会出现【装载预置】选项卡,如图 9-12 所示。

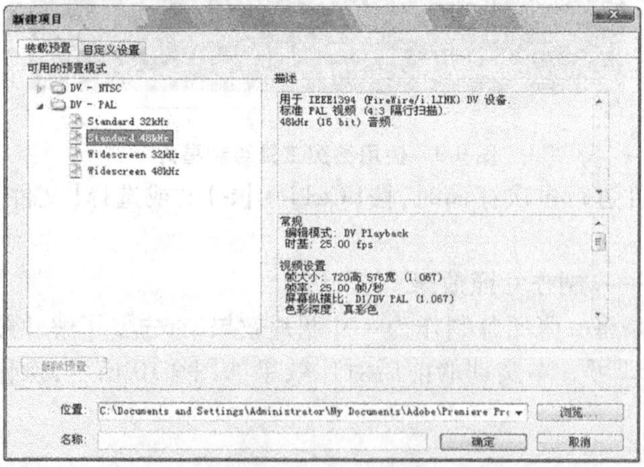

图 9-12　装载预置

每种预设方案中包括文件的压缩类型、视频尺寸、播放速度、音频模式等,如需改变已有的设置选项,可选择【自定义设置】选项卡,然后就可在出现的对话框中改变设置。

(2)从预设表中选择"Standard 48kHz",单击【确定】按钮,屏幕上会同时显示几个窗口，如图 9-13 所示。

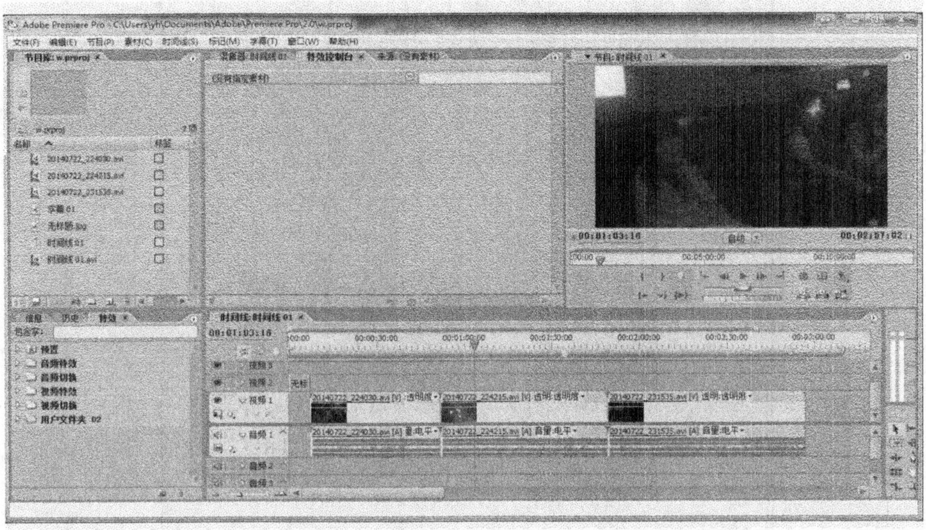

图 9-13　Premiere Pro 主界面

(3)在 Premiere Pro 中导入这些素材的方法是在菜单栏中选择【文件】→【导入】命令，或双击项目窗口的空白处，就会弹出输入窗口，如图 9-14 所示。

图 9-14　导入素材

(4)选中电影素材后，单击【打开】按钮，即将它们导入到项目窗口中，如图 9-15 所示。

可将项目窗口中的素材直接拖到时间轴的通道上，要改变素材在时间轴上的位置，只要沿通道拖动就行，如图 9-16 所示。

图 9-15　项目窗口

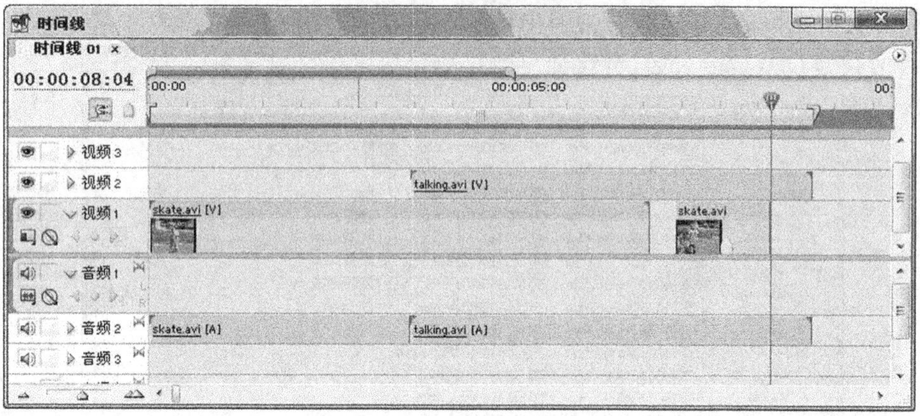

图 9-16　时间轴

将两段素材首尾相连，就能实现画面的无缝拼接；若两段素材之间有空隙，则空隙会显示为黑屏。

(5)如需删除时间轴上的某段素材，可单击该素材，出现虚线框后按【Delete】键。

(6)在时间轴中可剪断一段素材，方法是在工具栏中选取刀片形按钮 ，然后在素材需剪断位置单击，则素材被切为两段。被分开的两段素材彼此不再相关，可以对它们分别进行删除、位移、特技处理等操作。时间轴的素材剪断后，不会影响到项目窗口中原有的素材文件。

(7)在时间轴标尺上还有一个可以移动的播放头 ，播放头下方一条竖线直贯整个时间轴。播放头位置上的素材会在监视窗口中显示，可以通过拖移播放头来查找及预览素材。

(8)运用过渡效果,可选择项目窗口的【特效】选项卡,则出现特效面板,如图9-17所示。

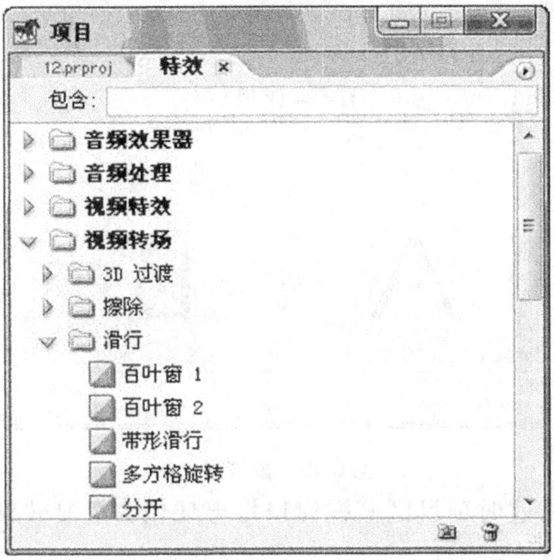

图9-17　加入过渡效果

在过渡窗口中,可看到详细分类的文件夹,单击任意一个扩展标志,则会显示一组过渡效果。

(9)过渡窗口的使用。

在时间轴中,先把两段视频素材分别置于视频1的A通道和B通道中,然后在过渡面板中将滑行拖到时间线视频1与视频2两通道的视频重叠处,Premiere会自动确定过渡长度,以匹配过渡部分,如图9-18所示。

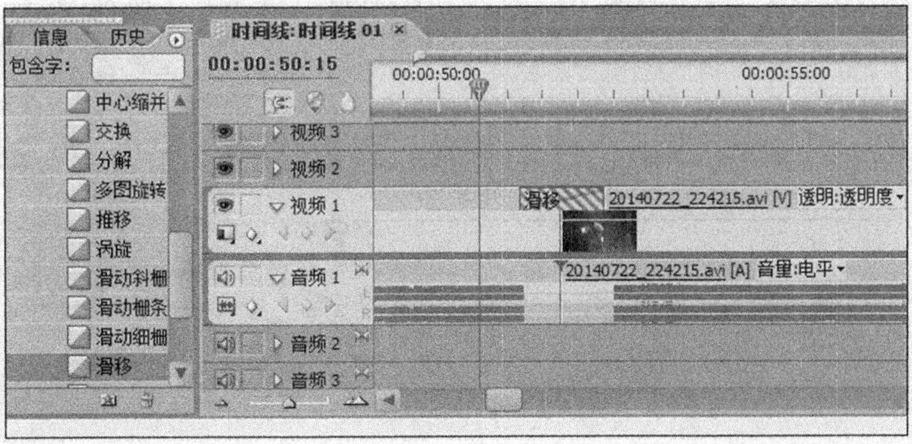

图9-18　加入过渡效果

(10)在时间线中双击滑行特效的过渡显示区,会出现过渡属性设置对话框,如图9-19所示。

(11)设置完成后,按【Enter】键,将会生成预览电影。如果希望快速显示效果,可按下

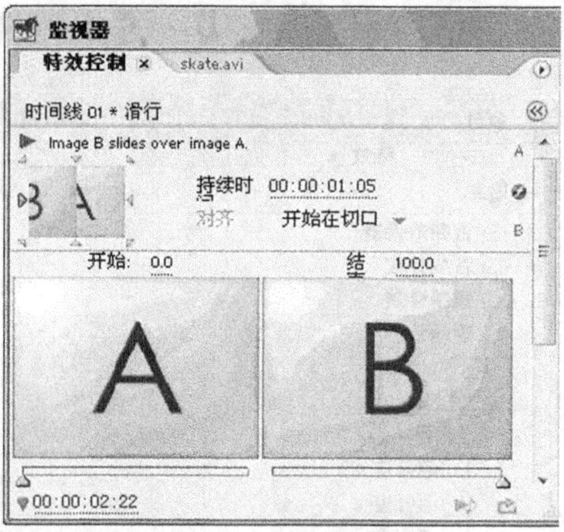

图 9-19　设置过渡

【Alt】键后拖动播放头，这时项目区监视窗口将出现包含过渡效果的画面，如图 9-20 所示。

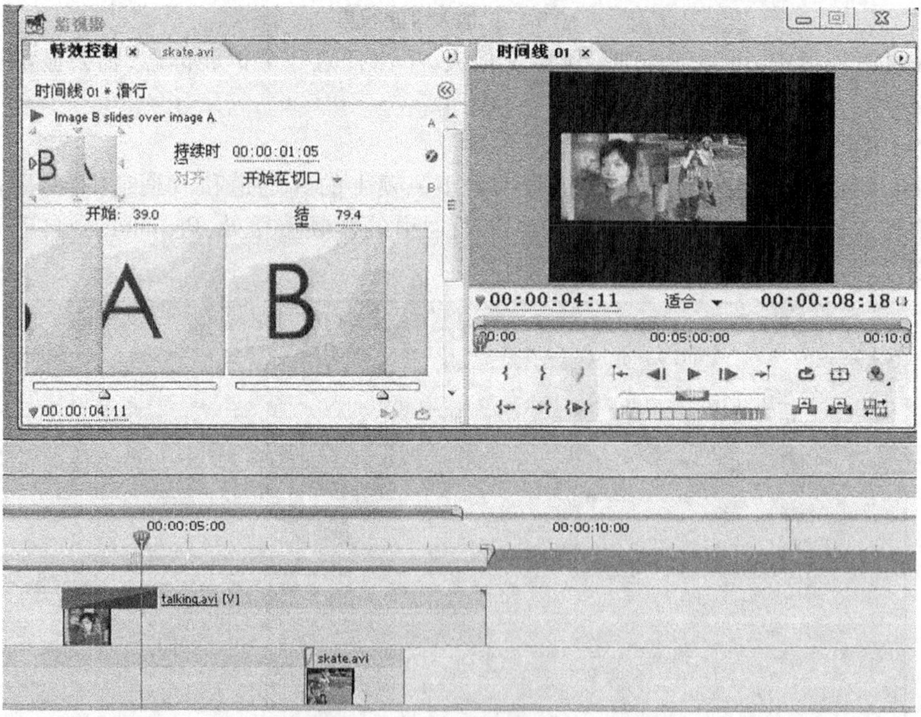

图 9-20　通过拖放播放头快速预览电影

(12)选择菜单【文件】→【新建文件】→【字幕】命令，出现文字编辑器。

(13)在编辑区中写入需要显示的所有文字内容，由于在水平及垂直方向都有滑块，因此文字内容的篇幅不会受到矩形框的限制，如图 9-21 所示。可以通过右侧的工具给滚动字幕设置字体、颜色、渐变、阴影等。

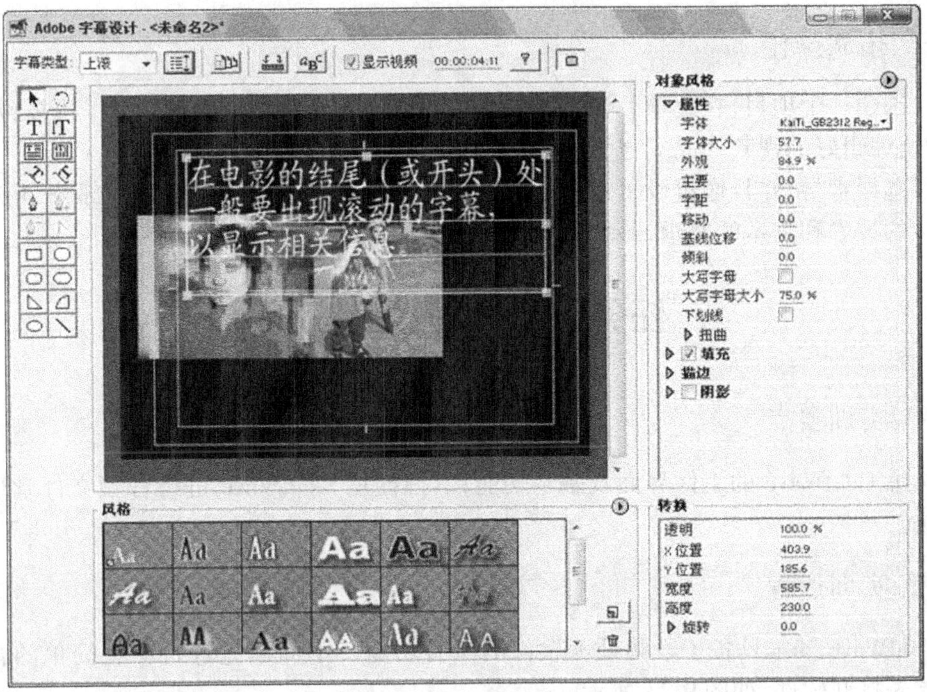

图 9-21　输入滚动字幕

(14)选择菜单【文件】→【保存】命令，将字幕文件命名后保存，然后可关闭文字编辑器。

(15)在项目窗口中可找到这个字幕文件，将它拖动到时间轴的视频 2 通道，就会自动产生向上滚动的字幕。

(16)将时间轴中的素材合成为完整的电影。在菜单中选取【文件】→【导出时间线】→【电影】，出现【输出电影设置】对话框，给电影命名并选择存放目录后，单击【保存】按钮，Premiere 就开始合成 AVI 电影，如图 9-22 所示。

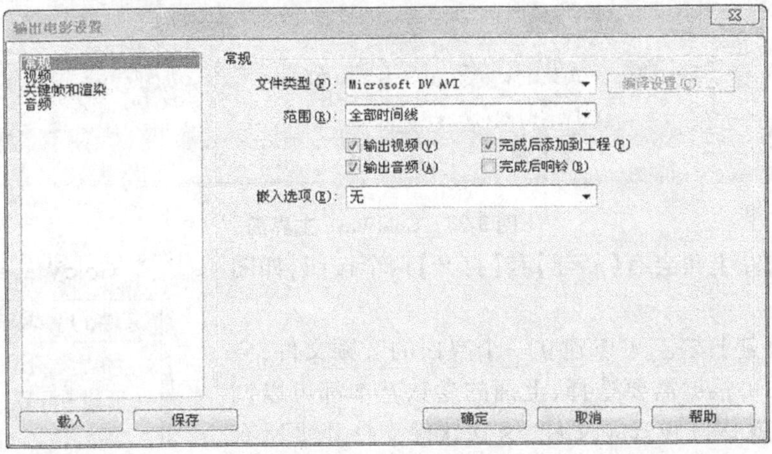

图 9-22　选择输出格式

三、拓展操作

1. 创建一个项目，在此项目下完成素材的采集、导入和编辑处理，制作特技，加入字幕，输出编辑好的视频作品等过程。

2. 选择素材，并且通过设置素材的入点和出点以选择素材中最适合的部分，并遵循镜头组接的技术和艺术的要求，最终形成完整和连续的影视作品。

任务三　音频文件处理

一、实训要点

熟悉 GoldWave 的工作界面及基本功能；掌握使用 GoldWave 进行音频文件管理的基本方法。

二、实训过程

GoldWave 基本具备了音频处理软件的所有功能。下面用它进行一些简单的音频处理。首先打开软件，如图 9-23 所示。

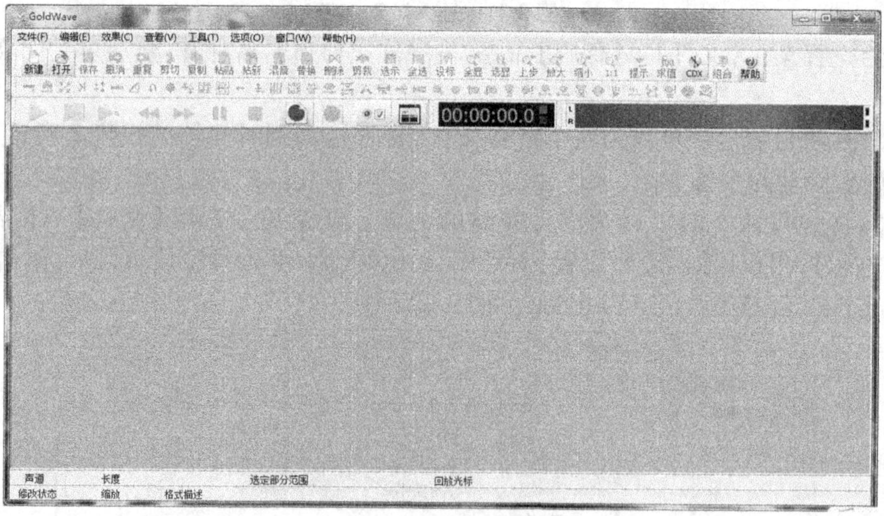

图 9-23　GoldWave 主界面

然后，在左上角会有【新建】和【打开】两个按钮，如图 9-24 所示。

图 9-24　【新建】和【打开】按钮

点击【新建】按钮，可以建立一个空白的音频文件，会有一些预设，可根据需要选择，上面的参数基本都可以调整。“打开”就是打开音频文件，这款软件支持几乎所有的音频文件，无论是从网上下载的还是录音文件，它基本都能编辑。

图 9-25 所示为录音按钮，点击之后会自动新建一个录音文件，然后就可以开始录音。

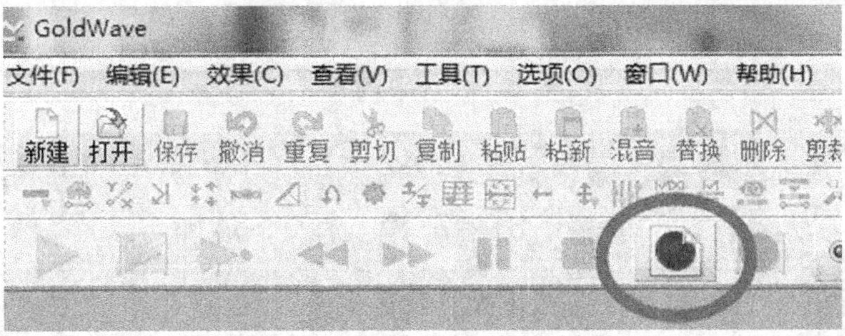

图 9-25　录音按钮

点击停止按钮，即可停止录音，鼠标指上去都有汉字说明。

图 9-26 所示为打开文件的界面，右边的按钮可以让你预览选择的文件。图 9-27 所示为打开文件后的界面。

图 9-26　打开文件界面

这些键位都可以在【选项】→【键盘】里面设置。下面介绍几个简单常用的。按【空格】键开始暂停，按【H】键播放鼠标指的地方（英文输入法的时候有效，无效的时候切换下输入法），【CTRL】+【C】复制，【CTRL】+【V】粘贴，【CTRL】+【X】剪切，这些跟 Windows 是一致的。鼠标单击即为选框，也就是选取了一片区域，通常是选择了从单击点到文件最后的区域。拉动鼠标进行选框的时候，如图 9-28 所示，就是选择了框住的这一部分。

如果想删除某一部分就选中，然后点击【删除】按钮，如图 9-29 所示，或者按键盘上的【Delete】键。如果想保留某一部分而删除其他所有的部分，则点击【剪裁】按钮。

鼠标滚轮在音频区域内上下滚动可放大缩小所编辑的范围，如图 9-30 所示。

如果想在一个地方插入静音，就把音频编辑点放得很大很大，然后圈一个小框，点击【编辑】菜单中的【插入静音】，如图 9-31 所示。如果是想把框住的音频直接换成静音，就选择【编辑】菜单中的【静音】。

制作的音频一般都会在开始的时候用一个淡入，最后用一个淡出，这样的话不突兀，

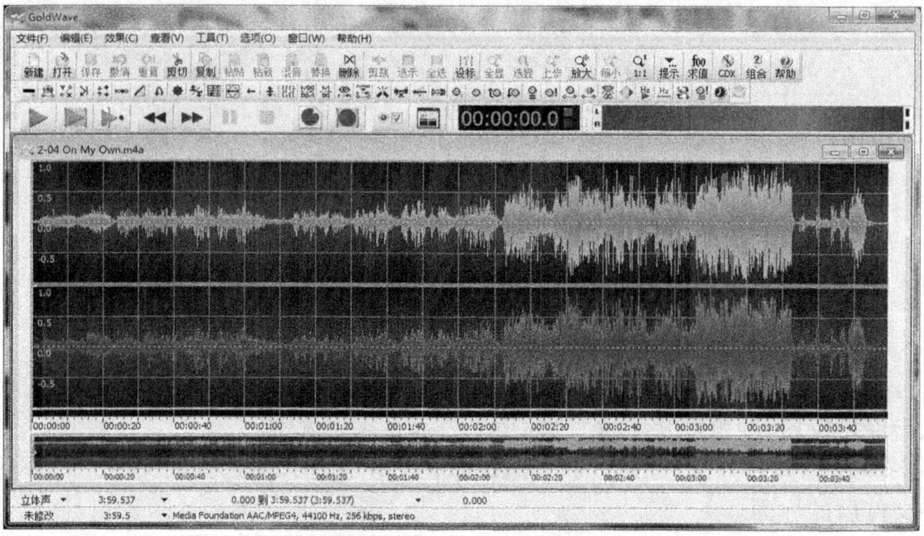

图 9-27　打开文件后的界面

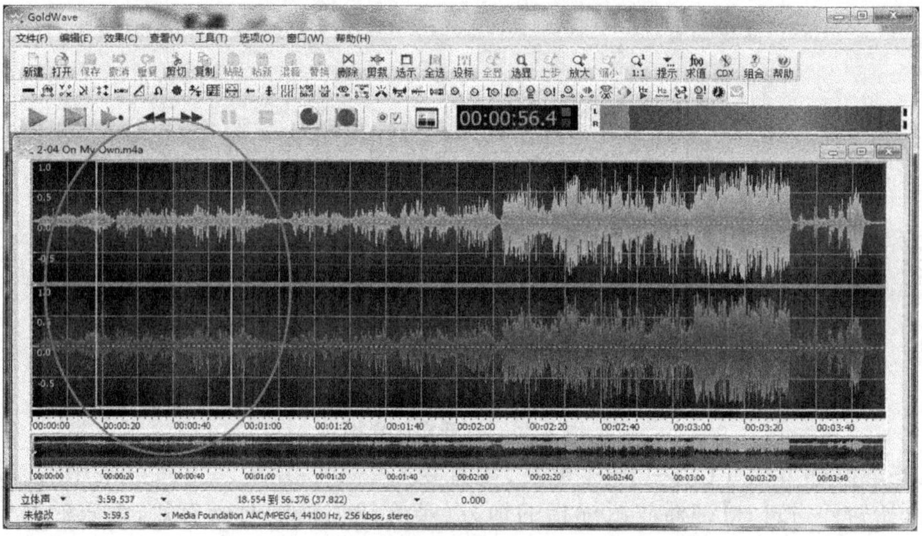

图 9-28　选框

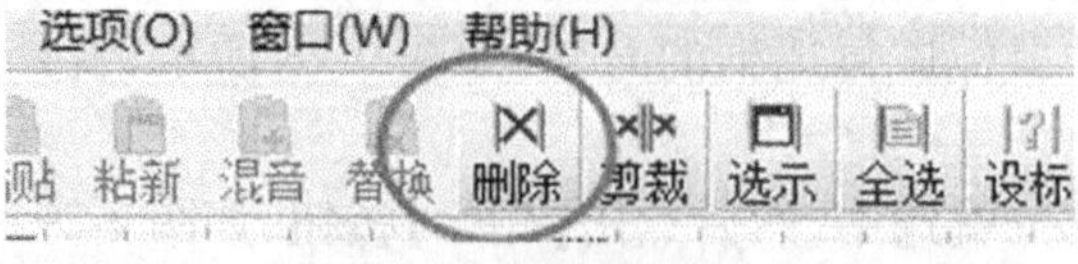

图 9-29　删除按钮

听着比较舒服。具体操作是圈住想进行淡入淡出的地方，然后点击【效果】→【音量】→【淡入】(或【淡出】)，如图 9-32 所示。

最后是保存，点击【文件】→【保存】即可，有各种各样的格式，还有采样频率等的选项，直接选需要的格式，常用的有 mp3、wav、wma 等。

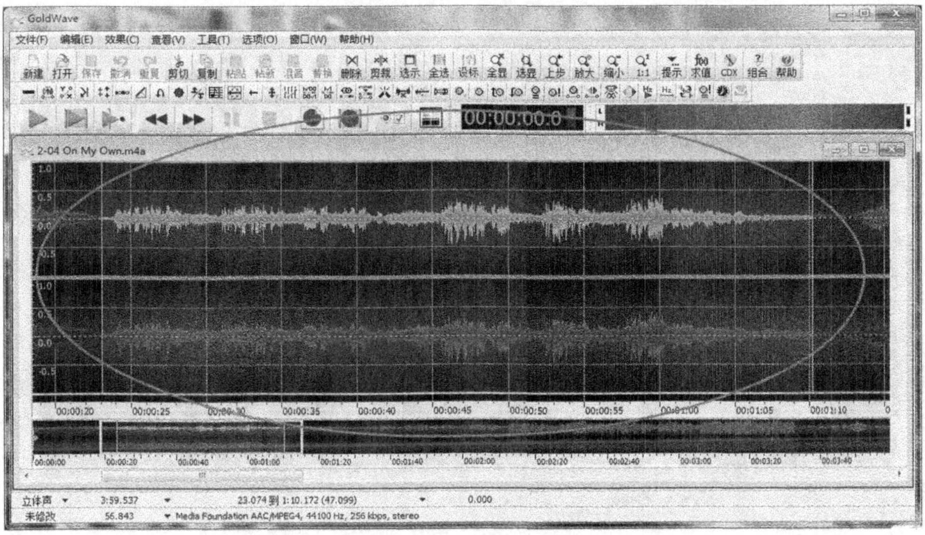

图 9-30　缩放范围

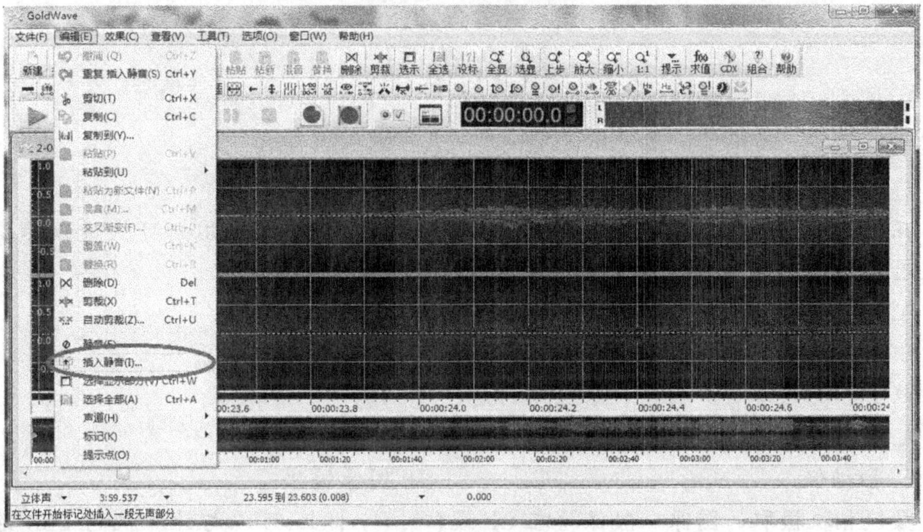

图 9-31　插入静音

三、拓展操作

1. 在声道数不变的情况下，分别设置一个较低的采样频率和较高的采样频率进行录音，然后播放音频文件，比较录音质量和音频文件大小是否有明显区别。

2. 在相同的采样频率下，分别设置不同的声道数进行录音，然后播放音频文件，比较音效是否有区别。

3. 录制一个音频文件，然后进行音效设置。

4. 将两个音频文件合并为一个音频文件。

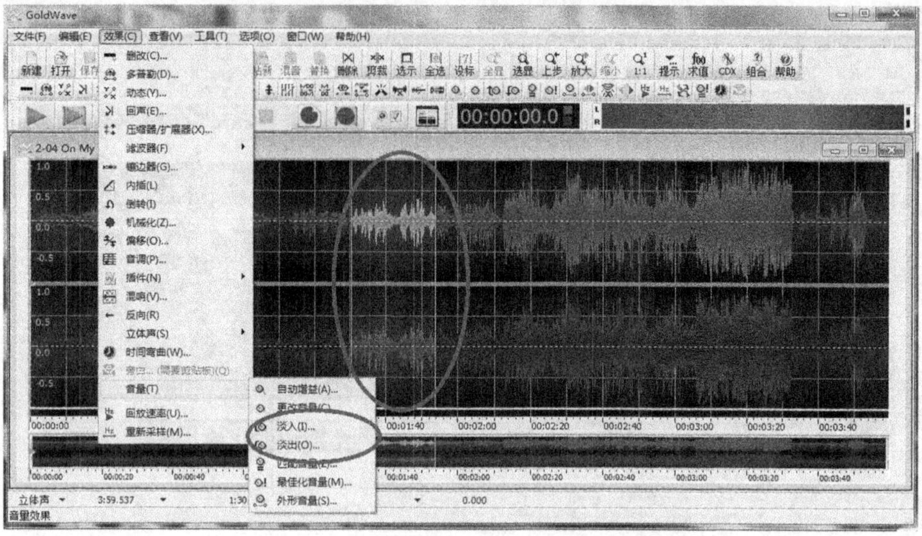

图 9-32　淡入淡出处理

综合练习

一、选择题

1. 在(　　)流式传输中,音频信息可被实时听到或观看到,用户可快进或后退观看前面或后面的内容。

A. 顺序　　　　B. 实时

C. 线性　　　　D. 任意

2. 以下各类媒体之中属于表示媒体的是(　　)。

A. 声音　　　　B. 键盘

C. 扫描仪　　　　D. 图像编码

3. 数码相机摄取的图像一般保存在 CF 或(　　)卡上,可以与计算机的 USB 通信端口连接。

A. RAM　　　　B. VCD

C. CCD　　　　D. SM

4. BMP 和 JPEG 属于以下选项中(　　)文件的格式。

A. 图像　　　　B. 动画

C. 视频　　　　D. 声音

5. 需要使用多媒体创作工具的原因是(　　)。

A. 比用多媒体程序设计的功能、效果更强

B. 需要创作者懂得较多的多媒体程序设计

C. 适用于更多的用户进行多媒体创作

D. 降低对多媒体创作者的要求,创作者不再需要了解多媒体程序的细节

E. 简化多媒体创作过程

6.(　　)适用于互联网上的图像传输,常在广告设计中作为图像素材,在存储容量有限的条件下进行携带和传输。

A. GIF 格式　　B. PNG 格式

C. BMP 格式　　D. JPEG 格式

7. 以下各类媒体之中属于存储媒体的是(　　)。

A. 图像　　B. 摄像机

C. 光盘　　D. 同轴电缆

8. MPEG 卡的功能不包括(　　)。

A. 音频和视频同步解压　　B. MPEG 音频解压

C. MPEG 视频解压　　D. 音频和视频同步压缩

9. 下列关于数码相机的叙述中正确的是(　　)。

A. 数码相机有内部存储介质

B. 数码相机拍照的图像可以通过串行口、SCSI 或 USB 接口进入计算机

C. 数码相机的关键部件是 CCD(电荷耦合器件)

D. 数码相机输出的是数字或模拟数据

E. 数码相机拍的图像不能被送入计算机

10. 图像文件所占存储空间与(　　)有关。

A. 颜色深度　　B. 图像分辨率

C. 像素分辨率　　D. 显示分辨率

E. 压缩比

11. 下列文件格式特别适合于动画制作的是(　　)。

A. PNG　　B. GIF

C. JPEG　　D. BMP

12. 在 MIDI 合成器中,不曾采用过的合成技术是(　　)。

A. 硬波表　　B. 混合波表

C. 软波表　　D. FM 频率调制

13. 多媒体的(　　)特性满足了人的感官对多媒体信息的需求。

A. 实时性　　B. 集成性

C. 交互性　　D. 多样性

14. 以下各类媒体中属于表现媒体的是(　　)。

A. RAM　　B. 双绞线

C. 喇叭　　D. 硬盘

15. 采样频率的基本单位是(　　)。

A. Bit　　B. Byte

C. Hz　　D. Mips

16. 以下各类媒体中不属于感觉媒体的是(　　)。

A. 图像　　B. 文本编码

C. 扫描仪　　D. 双绞线

E. 声音

17. MIDI 技术中的波表技术有多种,其中包括(　　)。

A. 存储在硬盘上的软波表　　B. 存储在硬盘上的混合波表

C. 存储在硬盘上的硬波表　　D. 存储在声卡上的硬波表

E. 存储在声卡上的软波表

18. (　　)标准采用基于模型的编码、分形编码等方法,获得了极低码率的压缩效果,涉及的应用范围覆盖了有线、无线、移动通信、Internet 及数字存储回放等各个领域。

A. MPEG - 3　　B. MPEG - 4

C. MPEG - 2　　D. MPEG - 1

19. 目前市面上应用最广泛的 CD - ROM 驱动器大都是(　　)。

A. 内置式的　　B. 外置式的

C. 专用型的　　D. 便携式的

20. 在计算机辅助教学中,最能体现多媒体的(　　)特性。

A. 集成性　　B. 多样性

C. 交互性　　D. 智能性

21. 在专业图片领域,为了取得更加逼真的效果,一般使用(　　)打印机。

A. 点阵　　B. 热升华

C. 激光　　D. 喷墨

22. 以下(　　)选项属于多媒体技术在影视娱乐业方面的应用。

A. 电影特技　　B. 变形效果

C. 三维成像模拟特技　　D. MTV 特技

E. 仿真游戏

23. WORM 光盘的特点是(　　)。

A. 一次写,多次读　　B. 可重写几千次

C. 只读　　D. 可以写十万次以上

24. 多媒体技术主要应用在(　　)领域。

A. 虚拟现实　　B. 产品广告

C. 模拟训练　　D. 动画制作

E. 计算机辅助教育

25. 下列选项中,(　)不是多媒体技术研究的主要方向。

A. 多媒体数据的表示技术　　B. 多媒体数据的存储技术

C. 多媒体数据的安全技术　　D. 多媒体的应用开发

26. 下面不属于表现媒体的是(　　)。

A. 光纤　　B. 音箱

C. 打印机　　D. 键盘

27. DVD - RW 光盘特点是(　　)。

A. 只读　　B. 可重写十万次以上

C. 一次写,多次读　　　　　　　　　D. 可重写几千次

二、判断题

1. 对于灰度图像来说,颜色深度决定了该图像可以使用的亮度级别数目。(　　)

2. 图形和图像实际上就是一回事,只是说法不同而已。(　　)

3. WinRAR 完全支持市面上最通用的 RAR 及 ZIP 压缩格式,并且可以解开 ARI、CRA、LZM、TGZ 等压缩格式。(　　)

4. 视频的播放只能通过软件来实现。(　　)

5. 图像是离散的视频,而视频是连续的图像。(　　)

6. DVD 盘与现在使用的 CD 盘相比,在形状、尺寸、面积、重量、存储密度方面都一样。(　　)

7. JPEG 算法的平均压缩比为 15:1,当压缩比大于 50:1时将可能出现方块效应,这一标准使用于黑白及彩色照片、传真和印刷图片。(　　)

8. 使用电视编码卡可以用计算机接收电视节目。(　　)

9. 流媒体无需先将整个影音文件下载并储存在本地计算机上就可以观看。(　　)

10. 位图可以用画图程序获得。(　　)

11. 常用的音频压缩编码方法有 ADPCM 和 ACM 等,压缩比为 2:1 ~5:1。(　　)

12. 音频信号是模拟信号,电脑可对音频信号直接处理。(　　)

参考文献

[1] 杨辉,高晓黎. 计算机文化基础[M]. 2版. 郑州:黄河水利出版社,2015.
[2] 解福. 计算机文化基础[M]. 青岛:中国石油大学出版社,2014.
[3] 龙天才. 计算机文化基础[M]. 北京:高等教育出版社,2014.
[4] 陈伟. 计算机文化基础[M]. 北京:清华大学出版社,2012.
[5] 鲁燃. 计算机文化基础实验教程[M]. 青岛:中国石油大学出版社,2014.
[6] 王长友,王中生. 大学计算机基础[M]. 北京:清华大学出版社,2006.
[7] 丁爱萍. 计算机应用基础[M]. 郑州:黄河水利出版社,2007.
[8] 张瑞源. 新编计算机应用基础教程[M]. 郑州:黄河水利出版社,2009.
[9] 宋长龙. 大学计算机基础[M]. 北京:高等教育出版社,2008.
[10] 张玲,潘爱先,张翰韬. 计算机基础知识与基本操作[M]. 北京:清华大学出版社,2008.
[11] 黄永才. 大学计算机基础[M]. 北京:清华大学出版社,2010.
[12] 丛晓红,郭江鸿. 大学计算机基础[M]. 北京:清华大学出版社,2010.
[13] 周学君. 计算机基础教程[M]. 武汉:华中科技大学出版社,2009.
[14] 牟绍波,刘义常. 计算机应用基础[M]. 北京:清华大学出版社,2010.
[15] 张莉. 大学计算机基础教程[M]. 北京:清华大学出版社,2009.
[16] 刘春燕,吴黎兵,黄华. 计算机基础应用教程[M]. 北京:机械工业出版社,2010.
[17] 李秀. 计算机文化基础[M]. 北京:清华大学出版社,2005.
[18] 徐立新. 计算机文化基础[M]. 北京:电子工业出版社,2010.
[19] 蒋加伏,沈岳. 大学计算机基础[M]. 北京:邮电大学出版社,2008.
[20] 蒋加伏,杨鼎强,欧阳利军. 计算机应用基础[M]. 北京:邮电大学出版社,2006.
[21] 焦东方. 计算机应用基础[M]. 郑州:黄河水利出版社,2011.